汉语教育国际化理论与实践研究丛书

丛书主编　吴　坚

中美高校二语教师培养模式研究

高皇伟　著

科学出版社
北京

内 容 简 介

国际汉语教师是新时代汉语国际教育中“三教”问题的核心。国际汉语教师教育质量的优劣直接影响了各国民众对中国的形象认识和看法。新时代教育在扩大对外开放、人文交流事业和“一带一路”倡议背景下，国际汉语教师如何讲好中国故事，传播好中国声音，都对其培养质量提出新的要求。因此，本书着眼于如何培养高质量国际汉语教师，基于复杂系统理论和库玛 KARDS 理论，以汉语国际教育和英语国际教育为研究对象，从理论、历史、现状、比较和评价等方面展开中美高校二语教师培养模式研究，进而揭示新时代国际汉语教师培养改革的发展走向。

本书适合汉语国际教育的研究者和政府相关部门的管理者，以及高校相关专业的师生阅读参考。

图书在版编目（CIP）数据

中美高校二语教师培养模式研究/高皇伟著. —北京：科学出版社，2020.4

（汉语教育国际化理论与实践研究丛书/吴坚主编）

ISBN 978-7-03-064705-4

I. ①中… II. ①高… III. ①高等学校－汉语－对外汉语教学－师资培养－研究 IV. ①H195.3

中国版本图书馆 CIP 数据核字(2020)第 046391 号

责任编辑：郭勇斌 彭婧煜 陈楚迎 / 责任校对：贾伟娟
责任印制：张 伟 / 封面设计：黄华斌

科学出版社 出版
北京东黄城根北街 16 号
邮政编码：100717
http://www.sciencep.com
北京中石油彩色印刷有限责任公司 印刷
科学出版社发行 各地新华书店经销

*

2020 年 4 月第 一 版 开本：720×1000 1/16
2020 年 4 月第一次印刷 印张：15 1/4
字数：300 000

定价：98.00 元

（如有印装质量问题，我社负责调换）

丛书序

新时代背景下，汉语国际教育事业承担着新的时代使命和任务，需要进一步系统地反思和研究汉语国际教育理论和实践体系。汉语教育国际化则为汉语国际教育理论和实践的改革与创新提供了新的领域和新的视角。汉语教育国际化既是汉语国际教育发展的趋势，也是教育国际化发展的重要组成部分，是新时代“讲好中国故事，传播好中国声音”，树立中国在国际舞台品牌形象的重要抓手，助力中外人文交流事业发展，为“一带一路”建设和人类命运共同体建设提供强有力的支撑。2019 年 12 月，国际中文教育大会上，中共中央政治局委员、国务院副总理孙春兰指出，语言是沟通交流的桥梁纽带，各国对学习中文的需求持续旺盛，汉语人才越来越受到欢迎。现在很多国家将中文纳入国民教育体系，在大中小学开设汉语课程，支持企业、社会组织参与中文教育，促进了中外人文交流、文明互鉴和民心相通。……中国政府把推动国际中文教育作为义不容辞的责任，……构建更加开放、包容、规范的现代国际中文教育体系。

现代国际中文教育体系的构建需要通过政策给予保障。为此，我国政府采取了各项政策措施，积极支持和服务汉语国际教育理论和实践，既为汉语国际教育在全球的永续发展提供政策指引和政策保障，也极力地服务世界各国汉语教育的本土化、特色化、信息化和创新发展。鉴于此，近年来我国政府发布和实施了多项政策。例如，2016 年，中共中央办公厅、国务院办公厅印发《关于做好新时期教育对外开放工作的若干意见》，加强在汉语推广和非通用语种学习中的互帮互助，推进与世界各国语言互通，并把“讲好中国故事，传播好中国声音”作为教育对外开放的重要内容。2016 年，教育部也牵头制订了《推进共建“一带一路”教育行动》指出支持更多社会力量助力孔子学院和孔子课堂建设，加强汉语教师和汉语教学志愿者队伍建设，全力满足“一带一路”沿线国家和地区汉语学习需求。同年，文化部发布的《文化部“一带一路”文化发展行动计划（2016—2020 年）》指出，助推“一带一路”沿线国家和地区积极参与文化交流与合作，推动中国文化“走出去”，扩大中国文化的国际影响力。2017 年中共中央办公厅、国务院办公厅印发了《关于加强和改进中外人文交流工作的若干意见》，着力加大汉语国际推广力度，支持更多国家将汉语教学纳入国民教育体系，努力将孔子学院打造成国际一流的语言推广机构。做大做强“互联网+人文交流”，通过丰富的媒体交流形式打造具有国际影响力的全媒体和文化传播机构，阐释中国道路，增强中国文化形象的亲近感。2018 年，中共中央办公厅、国务院办公厅印发了《加快推进教育现代化实施方案（2018－2022 年）》，提出要优化孔子学院区域布局，加强孔子学院能力建设，全面提高办学水平，加大汉语国际教育工作力度。2019 年，中共中央、国务院印发了《中国教育现代化 2035》，强调促进孔子学院和孔子课堂特色发展。这些政策，在一定程度上，反映了加快汉语教育国际化理论和实践研究的重要性和必要性。

全球化社会中，汉语国际教育系统时刻处于动态变化发展中，我们要从新时代背景、新使命和新任务出发，开启汉语国际教育新征程，不断促进汉语国际教育的改革与创新。这不仅是汉语国际教育自身发展的必然趋势，也是世界各国对汉语国际教育的质量诉求。当前，汉语国际教育发展中出现的种种问题反映了加快推进汉语国际教育改革与创新的紧迫性。因此，教育部国别和区域研究基地：华南师范大学东南亚研究中心组织撰写了“汉语教育国际化理论与实践研究丛书”。该丛书对新时代背景下汉语教育国际化理论和实践进行系统反思和研究，以期加快推进汉语国际教育工作，加强孔子学院能力建设和特色发展，进而更好地满足世界各国人民学习汉语的需求，为促进中外人文交流事业和构建人类命运共同体贡献力量。

“汉语教育国际化理论与实践研究丛书”共有 7 册。每一册都围绕各自的研究视角对汉语国际教育发展中的前沿问题进行系统而深入的研究。比如，教育国际化背景下汉语国际教育如何改革与发展？在汉语作为第二语言教学中，需要遵循什么样的教学规律和学习规律？汉语作为第二语言教学有哪些不同于其他语言的特征？新教育技术对汉语学习方式产生哪些新影响？我们如何培养新时代汉语国际教育专业硕士人才？中美比较视角下我国如何培养高质量的国际汉语教师？国际汉语教师培养模式的改革走向是什么？从教育治理视角来看，我们如何科学有效地进行汉语国际教育管理？新媒体时代汉语教育传播的制度和策略是什么？基于传统演进、社区影响与政策议程的考察，孔子学院跨文化传播机制的运行状况及其优化路径是什么？这些问题是本丛书主要解决的问题，而这些问题既体现了我国汉语国际教育发展的战略需求，也反映了汉语国际教育改革与实践中所面临的困境，需要我们进行全方位解剖和探讨。

本丛书力求系统地展现汉语教育国际化的理论和实践，从多个视角和多个学科反思和研究汉语国际教育的相关问题，既有历史和现状，也有未来和展望，既有整体性和宏观性，也有局部性和微观性，既有理论基础，也有实践案例，既有问题意识和批判意识，也有政策意识和前沿意识，融入了新时代、新媒体、“一带一路”倡议、“互联网+”等新要素，涵盖了汉语国际教育理论和实践中可能出现的各种新问题和新方案。

吴　坚

2019 年 5 月 25 日

于华南师范大学

序

新时代背景下，汉语国际教育工作是我国树立新形象，讲好中国故事和传播好中国声音的重要路径，也是“走出去”战略的重要组成部分，为满足世界各国人民日益增长的汉语语言和文化学习需求，为传播中国文化提供坚强的后盾。尽管如此，在汉语国际推广过程中，由于世界各国语言和文化等方面的差异，加上汉语国际教育自身发展的不成熟性，其理论和实践存在许多不可忽视的问题。其中，教师不仅是传统上“三教”问题的核心，也是新时代赋予国际汉语教师的新使命和新要求。在“一带一路”倡议背景下，国际汉语教师培养在推动我国与沿线国家的人文交流和民心相通，共同打造教育共同体、语言共同体和教师共同体中发挥着举足轻重的作用。

国际汉语教师培养是新时代汉语国际教育创新发展中一个亟待加强的研究领域。《中美高校二语教师培养模式研究》一书就是在这种新时代背景下，立足中国，放眼世界，对中美高校二语教师培养模式进行全面深入的比较研究。既反思历史、剖析现状和预测未来，也建构了国际汉语教师培养的理论分析框架，还试图从多个学科视角批判性地比较分析中美高校二语教师培养模式，具有重要的学术理论和实践价值。

该书全面梳理了中美高校二语教师培养模式的历史和现状，并以多维视角和批判的眼光，结合复杂系统理论和库玛理论，提炼出这两种模式的类型特征，即“专业实践匠师型”中国汉语国际教育（teaching Chinese to speakers of other languages，TCSOL）教师培养模式与“反思实践建构型”美国英语国际教育（teaching English to speakers of other languages，TESOL）教师培养模式，并发现中美两国在历史演进、现实背景、培养理念目标的价值旨趣、课程设置的内容选择、教学实践的活动机制、教师培养特点、语言变体、国际功能、研究写作和保障机制等方面存在差异。这一研究结论加深和丰富了学界对国际语言教师培养模式的本质及其差异的认识，在一定程度上也指出了国际汉语教师培养模式改革的方向，包括转向“走进去”战略、构建多中心自组织协同网、注重人师培养的学生视角等新观点，并呼吁国际汉语教师培养走向“专业成长人师型”模式。

该书呈现出前沿性与历史性相结合、理论深度与实践宽度相结合、批判意识与创新意识相结合、多学科逻辑与语言教育逻辑相结合等特点，其价值体现在：一是丰富了国际汉语教师培养研究的理论成果。该书首次对库玛 KARDS 理论进行改造并运用于国际汉语教师培养模式中，并从复杂系统理论和多个学科理论视角进行分析。二是探寻了国际汉语教师培养实践问题的域外之道。该书在国际汉语教师培养问题的基础上，从国际比较视野出发，研究和反思美国国际英语教师的培养模式，并通过对比中美高校二语教师培养模式，让我们进一步反思国际汉语教师培养的理念、课程、教学、研究、评价及保障等方面在实践中存在的问题，启发我们改进和优化国际汉语教师培养模式，提高培养质量，为促进新时代中外人文交流事业及构建人类命运共同体提供强大的师资力量。三是完善了国际汉语教师培养体系。该书与其他论著不同的是将学习者的自主与成长这一维度纳入国际汉语教师培养体系中，形成了教师培养的理念与目标、学习者的自主与成长、教师培养的知识与课程、教师培养的教学实践与研究、教师培养的反思与评价五大方面的语言教师培养结构模型，弥补了全球化背景下语言教师培养体系中国际汉语教师培养模块的不足，既加深了国际汉语教师培养的理论研究，也扩大了国际汉语教师培养的国际比较视野，贡献非凡。

总而言之，该书是新时代高校二语教师培养领域的一大力作，对于反思二语或外语教育，特别是关于汉语国际教育和英语国际教育的人才培养问题，给我们提供了一个全新的理论思维框架和实践探索机理，是一部值得阅读的著作。

吴　坚

2019 年 6 月 15 日于华南师范大学东南亚研究中心

前　言

当今世界，全球化发展进程日益加速。汉语国际教育在推动全球多元文化繁荣、世界和平与发展中扮演着越来越重要角色。它不仅是全球多元文化的重要资源，也是中国积极推动世界和平与发展的软实力基础。在新时代我国扩大教育对外开放和“一带一路”倡议的背景下，汉语国际教育被赋予了新的使命。此时，反思国际化阶段高校二语教师培养模式具有重要的理论和实践意义。

研究表明，现有文献多数集中在语言教学与二语习得研究或教师培养的某一个层面，较少着眼于汉语国际教育专业培养模式，实践性和单一性研究成果较多，理论性和评价性研究成果较少，比较研究则更少。理论和国际比较研究的薄弱严重制约着汉语国际教育实践的深入发展。

因此，本书围绕“中国如何培养高质量的国际汉语教师”这一核心问题，基于复杂系统理论和库玛 KARDS 理论，主要采用质性研究法，包括个案法、访谈法和比较法，以汉语国际教育（TCSOL）和英语国际教育（TESOL）为研究对象，从国际比较和批判视角分析职前教育和硕士专业培养现状，并从理论、历史、现状、比较和评价等方面展开中美高校二语教师培养模式的比较研究，进而提出中国国际汉语教师培养模式改革的方向。本书主要内容分为五大模块：

第一模块，思考高校二语教师培养模式的理论诉求。对此，根据理论的内涵特点、现实研究需要及前人的研究情况，本书选取复杂系统理论和库玛 KARDS 理论作为研究的理论基础，深入全面地解析理论与高校二语教师培养的逻辑关系。

第二模块，主要分析中国 TCSOL 和美国 TESOL 教师培养的历史演进过程中呈现的形态特征。因而，本书从横向和纵向、宏观和微观的角度出发，以变化发展和多维联系的眼光理清各自演进的基本脉络，从而揭示出各个历史时期的形态特征及整体的演进关系。

第三模块，主要着眼于中美两国如何培养国际语言教师。根据自建的理论分析框架，本书运用个案法和访谈法，重在反思和分析 TCSOL 教师培养的理念与目标、学习者的自主与成长、教师培养的知识与课程、教师培养的教学实践与研究、教师培养的反思与评价，进而提炼出“专业实践匠师型”中国 TCSOL 教师培养模式。同时，立足美国 TESOL 教师培养现状，综合运用文献、个案和实地调查方法，提出“反思实践建构型”美国 TESOL 教师培养模式。

第四模块，主要运用比较法来分析中国 TCSOL 和美国 TESOL 教师培养模式的相通和差异之处。从宏观整体视角，阐明中美国际语言教师培养的共同发展趋向。同时，从不同的逻辑视角，发现中美两国在历史演进、现实背景及培养理念目标的价值旨趣、课程设置的内容选择、教学实践的活动机制、教师培养特点、语言变体、国际功能、研究写作和保障机制等方面存在差异。

第五模块，综合评价和分析中国 TCSOL 教师培养的现状，主要包括培养成效、问题和影响因素，并思考如何进一步优化国际汉语教师培养质量，希望能对我国培养高质量的国际汉语教师有所启发。据此，提出结论：从国家战略角度来看，我国汉语国际教育事业需要进一步转型，从“请进来”战略转向“走进去”战略，以更好地进行顶层设计。从语言教育与社会关系来看，中国 TCSOL 教师培养需要从“局部”思维转向“整体”思维，从“问题解决”转向“问题情境”，并在“自上而下”和“自下而上”方式路径的基础上，着眼于构建多中心自组织协同网。从人才培养的微观视角来看，中国 TCSOL 教师培养需要从学生视角出发，立足“全人”思想，培养人师型国际汉语教师，从而促使教师培养从“专业实践匠师型”向“专业成长人师型”发展。

在撰写过程中，笔者借鉴和吸收了国内外大量专家学者的学术成果、研究报告及二语教师培养项目的最新前沿信息，并以参考文献形式附于本书中，但仍恐未能尽囊，敬谢之余当盼理谅。鉴于笔者学识水平有限，书中难免有不足之处，敬请各位专家、读者不吝指正。

高皇伟
2019 年 6 月于华南师范大学教育国际化研究中心

目　录

第一章　中美高校二语教师培养模式的研究设计

不同于以往关于汉语或英语作为二语教育或外语教育的某一类语言比较研究，本书以汉语国际教育（teaching Chinese to speakers of other languages，TCSOL）和英语国际教育（teaching English to speakers of other languages，TESOL）为研究对象，以一种国际视野分析中国汉语教育和美国英语教育分别如何走向世界，并重点针对新时代二语教师培养的问题展开设计，探讨和比较中美两国高校二语教师培养模式，为讲好中国故事，传播好中国声音，扩大教育对外开放，促进中外人文交流和构建人类命运共同体提供强大的师资保障。

第一节　国际汉语教师培养的新时代背景

国际汉语教师培养的新时代背景，为高校二语教师培养模式的研究提供了新条件、新环境和新空间。这不仅凸显新时代教师队伍建设的重要性，也预示着教师培养发展的必要性。这种发展是以培养人才为轴心而展开的新教育、新师范、新汉语的探索，为新时代深化国际汉语教师队伍建设改革奠定基础。

一、扩大教育对外开放带来的新机遇

全球化时代背景下，建设教育强国是新时代我国教育未来发展的目标，而语言作为对外交流的工具和软实力策略，是扩大教育对外开放、构建人类命运共同体的发展资源。扩大教育对外开放给国际汉语教师培养带来新的发展机遇。当前，汉语不仅是我国的文化象征，也是向世界贡献中国智慧的语言基础。“一带一路”倡议加大了中外文化的交流范围和力度，使得作为文化传承与创新途径的汉语国际教育在国际关系中的地位也逐渐上升，进一步促进中外人文交流事业的发展，为中华文化创造性转化和创新发展注入新的生机。

在此，教师作为教育强国工程建设和汉语国际教育可持续发展的中坚力量就尤为重要，并引起许多学者的讨论，比如潘先军在强调教师培养的重要性后，探

讨了汉语国际教育硕士培养的普适性和针对性问题。①陆俭明②、赵金铭③、吴坚④等学者则揭示了本土汉语教师培养的未来发展走向。扩大教育对外开放给国际汉语教师培养带来的新机遇还与当今时代所处的多元文化国际背景息息相关。

21世纪以来，世界多元文化的繁荣既为我国扩大教育对外开放提供良好的国际环境，也对国际汉语教师培养提出了更高的要求。这点主要基于教师文化与多元文化考虑。多元文化既注重文化多元性的价值和特质，也强调不同文化的差异性和融通性。所以，多元文化教育旨在确保所有学生的教育，不但要肯定学生身上独特的文化，也要保证所有学生能够享有平等的教育机会和权利。⑤国际汉语教师与语文教师、外语教师有所不同，他们需具备适应不同文化背景和多元文化的国际环境的能力，其教学对象和教学内容在不同国家间相差较大。现实中，出现 A 国的优秀教师不能成为 B 国优秀教师的现象也是可以理解的。这就需要教师具有高超的跨文化交际能力、跨文化适应能力和多元文化的国际视野等素养，并从教师适应型文化，走向教师合作型文化，进而走向教师创生型文化。多元文化背景下国际汉语教师培养的高要求彰显出教师培养不仅仅是传承文化，还要尊重和理解不同的文化，推动全球多元文化繁荣。在多元文化的国际背景下，我国“世界一流大学和一流学科”建设，对于加快高等教育治理体系和治理能力现代化，推动高水平大学建设具有重要意义。如何促进汉语教育加入到世界一流学科的队伍中，国际汉语教师培养的重要性不言而喻。由此，本书主要基于库玛（Kumararadivelu）KARDS（knowing，analyzing，recognizing，doing and seeing）理论建立分析框架，积极探索多元文化全球视野下国际汉语教师培养模式及其优化路径。这种模式旨在发展国际教育服务，培养国际化人才，也符合《中华人民共和国教育法（2016年最新修订）》第六十七条的内容。

此外，汉语国际推广是国家文化软实力建设的一项基础性工程，关乎国家和民族的发展。随着汉语国际推广的深入发展，汉语国际推广的教育功能日益彰显出来，从而为汉语国际教育的发展注入另一股清流。全球化时代背景下，扩大教育对外开放是我国教育未来的发展方向，而语言作为对外交流的工具和软实力策略，是扩大教育对外开放的排头兵。

汉语教育发展历经“对外汉语教学”“汉语国际推广”“汉语国际教育”乃

---

① 潘先军. 汉语国际教育硕士培养的普适性与针对性[J]. 学术研究，2015，(3)：129-131.

② 陆俭明. 汉语国际传播中的几个问题[J]. 华文教学与研究，2013，(3)：1-4.

③ 赵金铭. 何为国际汉语教育“国际化”“本土化”[J]. 云南师范大学学报（对外汉语教学与研究版），2014，12(2)：24-31.

④ 吴坚. 孔子学院本土汉语教师培养：现状、问题与对策[J]. 华南师范大学学报（社会科学版），2014，(5)：63-66.

⑤ Okoye-Johnson O. Does multicultural education improve students' racial attitudes? Implications for closing the achievement gap[J]. Journal of Black Studies，2011，42(8)：1252-1274.

至“汉语教育国际化”，其内涵和目标都发生了变化，逐渐由“请进来”向“走出去”再向“走进去”发展，同时由“中国化”向“国别化”“国际化”发展迈进，反映了汉语的国际地位和国家战略的全新定位。这种定位从某种程度上讲也体现了扩大教育对外开放对汉语国际教育事业发展的推动力。

二、新时代对汉语人才语言素养的新倡议

随着语言国际化进程的发展，语言素养成为国际汉语教师培养一种不可忽视的基本素养和核心技能。经济合作与发展组织教育技能司发表的《为 21 世纪培育教师和学校领导者——来自世界的经验》指出沟通交流是 21 世纪的一种核心技能，并在《PISA 全球素养框架》中提出不同文化背景的人如何有效互动及分析当地、全球及跨文化问题。联合国教科文组织和美国著名智库机构布鲁金斯学会（Brookings Institution）共同发布的《向普及学习迈进——每个孩子应该学什么》同样强调了“文字与沟通”的重要性。《中国学生发展核心素养》强调文明礼貌，诚信友善，宽和待人，积极参与跨文化交流。这些都离不开语言素养的培养，而国际汉语教师则肩负起培养汉语人才语言素养的责任。这种素养将贯穿于汉语作为二语教育和跨文化教学中，是新时代学生核心素养能力建设的表现方式。

当前，核心素养改变了之前我国所强调的三维目标，即注重知识与技能、过程与方法、情感态度与价值观，促使教书走向育人这一动态立体的多维思想观，并成为新时代未来学校的育人目标，助力落实“立德树人”的根本任务。这一思想和任务也反映在汉语国际教育发展中，表明了我们不仅要培养具有汉语语言交际能力、中华文化传播能力的本土汉语人才，还要基于核心素养取向培养具有语言素养的国际竞争型汉语人才。这是新时代对汉语人才语言素养的新倡议。

2017 年《关于加强和改进中外人文交流工作的若干意见》提出：构建语言互通工作机制，着力加大汉语国际推广力度。语言互通需要心灵相通，而心灵相通则需要基于一定的语言素养，并不是简单或机械地遵循所谓的语言交际功能理论而表现出来的语言交流行为。国际汉语教师的语言素养需要语言的实践与应用，也需要一定的理论支撑与引导。

根据复杂系统理论和库玛 KARDS 理论，本书对中美两国的高校二语教师培养模式进行比较分析，主要源自拓展比较教育研究的内容领域、呼唤教师培养研究的批判视角、强化国际汉语教师理论研究的需要这三个理论背景。

随着学科知识分化和跨学科发展，汉语国际教育研究已经不再是语言学、文化学、外语领域学者的研究范围，同时也吸引教育学、社会学、心理学、传播学等领域学者从事汉语国际教育研究。近年来，比较教育研究学者开始研究汉语国

际教育，然其研究成果并不多，且更多聚焦某一外国语言教育研究或从国际比较角度分析汉语国际推广，对教师培养领域的研究较少，特别是系统性和批判性的分析，仍需要进一步增强教师培养研究的批判视角研究。同样，国际汉语教师培养研究，也有助于扩大教师培养研究的学科内容范畴。此外，在国际汉语教师培养实践中，存在诸多培养问题，如教师跨文化适应力不强、教师评价指标体系不健全及教师人才培养平庸等问题，这些问题已经成为汉语国际教育进一步发展的瓶颈，急需加强国际汉语教师培养的理论研究，并从国际比较视角出发，完善国际汉语教师培养理论研究，进而更好地指导汉语国际教育实践。鉴于此，本书将结合中美两国高校二语教师培养的历史和实践现状，并主要依据复杂系统理论和库玛 KARDS 理论，从多个视角去厘清中美高校二语教师培养模式的来龙去脉及其发展问题，并从教师培养的理念与目标、学习者的自主与成长、教师培养的知识与课程、教师培养的教学实践与研究、教师培养的反思与评价五个维度展开模式的具体探讨，同时在国际比较研究中明晰中美高校二语教师培养模式的异同点，为评价和优化国际汉语教师培养质量提供理论依据。

总言之，新时代呼吁汉语国际人才语言素养，这既是国际汉语教师培养发展的诉求，也是行业发展对汉语国际人才的期望。我们需要将国际汉语教师培养与职业教育结合起来，并将汉语国际人才的语言素养融入其中，为民心相通和中外人文交流提供基本素养，进而助力支撑“一带一路”倡议背景下行业型汉语人才的发展。

三、“一带一路”倡议背景下对行业型国际汉语人才的新需求

语言互通是“一带一路”建设开展教育互联互通合作的重点内容之一。《推进共建“一带一路”教育行动》强调构建语言互通协调机制，发挥政府引领、行业主导作用，为沿线各国专项培养行业领军人才和优秀技能人才，并加强汉语教师和汉语教学志愿者队伍建设，全力满足沿线国家的汉语学习需求。语言是“一带一路”建设的基础，而行业是发展方向。所以，“一带一路”沿线国家的汉语教育不能仅仅关注语言教育层面，还要结合行业发展需求，培养行业型国际汉语人才。

例如，印度尼西亚亚洲国际友好学院支持当地学校教育、投资招商及旅游发展等行业发展，强化汉语教育的社会服务能力，成为当地社会发展的一股力量。[①]根据笔者的实地调查可知：亚洲国际友好学院中文系的学生在毕业之前，已经被

① 高皇伟，吴坚.“一带一路”战略下东南亚汉语人才培养探析——以印度尼西亚亚洲国际友好学院为例[J].比较教育研究，2016，(12)：31-37.

很多企业或事业单位“预定”了，成为一种订单式的行业型国际人才培养模式。可见，行业型国际汉语人才需求量大。又如：很多中国投资商在东南亚开办企业或工厂，他们根据所在国的法律和政策规定，需要雇佣本地的工人，可本地工人中能熟练讲汉语的人才并不多，而具有本行业领域的知识和技能的汉语人才则更是稀缺。

“一带一路”建设的可持续发展需要各行各业国际汉语人才的强力支撑，而这些人才培养的落脚点在于教师。由此，如何培养具备一种或多种行业的知识和技能的教师就势在必行了。在“一带一路”建设的新需求下，以汉语语言本体知识、汉语作为二语或外语教学技能和跨文化传播能力培养为主导的国际汉语教师培养模式就需要进一步反思。这种发展不仅要基于现代教师培养的实践，还要引入新教育的价值思想，进行全方位系统的改革，以切实提升国际汉语教师的培养质量。

“一带一路”建设需要提升国际汉语教师的质量。这点主要基于国家战略需求考虑。“一带一路”倡议不仅是一种合作发展的理念，也是一种开放性思想，并依据中国与相关国家现有的区域合作平台与双多边机制，共建利益、责任和命运共同体。在这种理念下，孔子学院不仅是汉语国际推广的重要平台，也是“一带一路”建设的重镇之一。当前，孔子学院和孔子课堂数量逐年递增。截至 2020 年 3 月，共有 541 所孔子学院和 1170 个孔子课堂分布于全球 162 个国家（地区）。① 孔子学院办学在数量方面，取得一定进展，但是质量仍需加大力度提升，其中教师质量就是孔子学院办学的重要因素之一。在孔子学院助力“一带一路”建设的新时代背景下，孔子学院的办学质量和教师质量越受重视。在 2015 年第十届孔子学院大会上，为贯彻落实《孔子学院发展规划（2010—2020 年）》，明确 2016—2020 年孔子学院发展目标，其中目标之一就是大力提高孔子学院办学质量和水平，并对教师质量提出相应要求，如教师持证上岗等。

另外，2016 年，《关于做好新时期教育对外开放工作的若干意见》强调汉语推广，推动与世界各国语言互通，并把讲好中国故事、传播好中国声音作为教育对外开放的重要内容。《推进共建“一带一路”教育行动》也提出联合培养、相互培养高层次语言人才，并支持更多社会力量助力孔子学院和孔子课堂建设，加强汉语教师和汉语教学志愿者队伍建设，全力满足沿线国家汉语学习需求。对此，本书期望通过与国际英语教师培养模式的比较分析，厘清国际汉语教师培养模式，从而为教师培养质量的提升及“一带一路”倡议背景下孔子学院人力资源的质量

① 孔子学院总部/国家汉语国际推广领导小组办公室. 关于孔子学院/课堂[EB/OL]. http://www.hanban.org/confuciousinstitutes/node_10961.htm[2020-3-27].

保证提供参照。

四、新教育对国际汉语教师质量的新追求

新时代呼吁新教育，而新教育就是一种“智慧教育”。智慧教育是教育发展过程中出现的一种新形态，是适应新时代信息化知识社会的新追求，也是一个不断变化发展的实践和探索过程。在智慧教育新形态下，汉语国际教育的深入推广既充满机遇，也蕴含各种挑战。教师、教材、教法“三教”问题依旧任重道远。其中，教师是核心基础。所以，提升国际汉语教师质量不仅是新教育对新师范发展的必然要求，也是深化新时代国际汉语教师队伍建设改革的追求路径。2018年中共中央、国务院颁布的《关于全面深化新时代教师队伍建设改革的意见》从实践上确立了教师队伍建设的“极端重要性”战略地位，有助于进一步强化国际汉语教师队伍建设。国际汉语教师队伍建设离不开汉语国际教育学科的建设与发展。

汉语国际教育的可持续发展需要建设一支卓越的师资队伍。这点主要基于学科发展的实践考虑。随着汉语国际教育发展，来华留学生数量日益增多。据我国教育部2018年来华留学统计报告，2018年有49.21万外国留学生在我国高等院校学习，而汉语学习几乎是每一位来华留学生的必经之旅，加上孔子学院和孔子课堂规模的扩大，为汉语国际教育学科的发展提供了良好的土壤。但是，汉语国际教育作为一门年轻的学科专业，其理论根基和现实发展问题导致其学科地位不稳，备受争议。究其原因，主要是缺乏独立的学科依托。在现有研究生学科、专业目录中，汉语国际教育学科附庸于其他学科，没有独立出来，其人才培养主要散落在中国语言文学、外国语言文学及教育学等不同学科领域，限制了汉语国际教育复合型专业人才的发展。目前，教师、教材、教法“三教”问题依旧是制约汉语国际教育发展的瓶颈。其中，如何建设一支高质量的国际汉语教师队伍就尤显重要，而目前国际汉语教师培养模式存在一些问题，如培养模式针对性不足等。学科学位专业培养模式在汉语作为二语教学的实践技能训练、外语能力及跨文化交流能力等方面都较为平庸，而专业学位则以应用为主，对学术科研能力训练不足，培养规格与需求不匹配。不仅如此，现有的汉语国际教育人才培养层次主要局限于本科及硕士层次，而汉语国际教育博士层次也仅有个别高校作为一个方向进行培养。可喜的是，自2018年设立教育博士专业学位学校课程与教学领域汉语国际教育方向以来，博士层次的高水平汉语人才培养得到重视，并于2019年扩大了试点院校和培养规模。不过，目前国际汉语教师还是以本科和硕士层次人才培养为主。由于教师候选人培养时间短，且多为年轻人，其实战教学经验不足、知识储备不够、研究能力缺失及综合素养不高等问题，很大程度上影响和制约了师资队

伍建设，由此有必要对教师培养模式进行探讨，并从国际比较视角和理论分析角度进一步洞悉国际汉语教师的职前培养模式。鉴于这种培养现状，新教育要求什么样的新师范，如何追求卓越的国际汉语教师质量呢？

基于智慧教育取向的新师范立足新时代国家和社会发展的需求，遵循教育规律和教师成长发展规律，加强师德师风建设，全面提升教师素质和判断能力，增强教师教育智慧和教学机智，倡导全社会尊师重教，努力解决好教师培养发展不平衡、不充分的问题，从而开启新时代教师培养发展的新征程。在此基础上，我们需要积极探索国际汉语教师质量的内涵式发展道路，并通过战略目标、教师知识、教师技能和教育手段等方面来全面加强教师的综合素养和提升教师培养质量。对此，在新师范背景下，新教育对国际汉语教师质量的新追求，既赋予了国际汉语教师培养新任务、新目标和新方案，也为国际汉语教师培养进一步发展提供了有利的条件。

第二节　中美高校二语教师培养模式的概念厘定

因汉语国际教育和教师培养涉及面广，具有一定的复杂性和综合性，相关概念也存在一定的争议。对此，本书将对以下四个相关概念进行厘定，即汉语国际教育、英语国际教育、教师培养和培养模式，并分别对中国 TCSOL 和美国 TESOL 教师培养模式进行重点说明。

一、汉语国际教育

“汉语国际教育”这个概念在不同的历史时期，具有不同的表征意义。早在 2000 多年前，《礼记》中提到的“通译”，汉语国际教育已经初显端倪。随后，许多外国人或外族人陆续来华学习汉语，但到中华人民共和国成立前，汉语国际教育始终没能成为一项专门的学问和事业。直到 1950 年，汉语国际教育事业才开始发轫，标志是清华大学正式成立的“东欧交换生中国语文进修班”。1962 年，国务院批准成立“外国留学生高等预备学校”（1964 年，定名为“北京语言学院”），成为我国第一所以汉语国际教育为主要任务的高校。①

改革开放以来，在中国经济发展和宽松的开放环境下，汉语国际教育得到进一步发展。1983 年，开始使用“对外汉语教学”，并将汉语作为二语进行教学，以有别于以汉语为母语的语文教学。2005 年，对外汉语教学被认为“请进来”的

① 中国人民大学汉语国际推广研究所. 汉语国际推广战略研究报告[R]. [出版地不详：出版者不详]，2008：3-4.

特征已经不符合时代发展的需要，逐渐转向以“走出去”为特征的“汉语国际推广”。2007 年，教育部推出“汉语国际教育硕士专业学位”（Master of teaching Chinese to speakers of other languages，MTCSOL），并公布相应的学位设置方案，反映了汉语国际教育及其教师培养模式的变化，有力推动汉语和文化走向国际市场。2012 年，教育部在《普通高等学校本科专业目录》中，将其正式更名为“汉语国际教育”。此时，汉语国际教育已经不是单纯的语言战略，而是国家和民族的事业，事关国家的软实力。总之，不管汉语国际教育的概念如何流变，都预示着汉语在国际化和全球化中发挥着越来越重要的作用。

关于汉语国际教育的概念内涵，不同学者有不同观点和看法。尽管当前更多的学者使用“汉语国际教育”一词，但是一些学者仍然倾向使用“国际汉语教育”、“对外汉语教学”或“汉语国际推广”，还有学者开始提出“汉语教育国际化”[①]。这几个词汇的主要区别在于“教育”、“教学”、“推广”、“国际教育”和“国际化”几个核心词。根据词汇学语义分析，“教育”一是主要指学校培养儿童、少年和青年的过程；二是指以道理说服别人怎么去做。[②]相比教育，“教学”常常被认为是教育的重要组成部分之一，内涵更窄小。“推广”指的是把事物的使用或作用范围进一步扩大。[③]“国际化”指超越国家界限的各种活动[④]，包括参与到国家间交往的国际环境中、按国际规则办事、国际范围内资源配置、靠拢国际标准等。随着汉语国际教育内涵和外延的扩展，“对外汉语教学”侧重的“教学层面”显然内涵过于窄小，而“汉语国际推广”则偏向于推广层面，即在国际范围内传播汉语言和文化，进而提升国际影响力，增强国家的软实力。

相比之下，汉语国际教育，不仅聚焦教学和推广层面，还强调汉语的教育功能，讲道理说服别人，让其他国家洞悉中华文明优良的传统文化，进而认可中国、理解中国。需要注意的是，华文教育主要针对华人华侨，而汉语国际教育涵盖的对象范围更广，所以华文教育也包括在汉语国际教育里面。根据国家汉语国际推广领导小组办公室（以下简称国家汉办）的定义，汉语国际教育是指面向海外母语为非汉语者的汉语教学。[⑤]这个概念与当前汉语国际教育似乎又不相符合，一是对象不符，二是内容范围太窄。李春玲提出“新汉语国际教育”概念，认为它既传承了 1983 年所说的“对外汉语教学”和 2007 年所述的“汉语国际教育”，同时又是一个内涵更丰富、外延更开放和综合色彩更加浓厚的交叉学科。其具体内

① 吴坚. 汉语教育国际化发展的现状、问题及对策[J]. 华南师范大学学报（社会科学版），2015，(6)：89-93.
② 沈米成，宋福聚. 现代汉语词典[M]. 长春：吉林教育出版社，2008：576.
③ 沈米成，宋福聚. 现代汉语词典[M]. 长春：吉林教育出版社，2008：1184.
④ 吴坚. 当代高等教育国际化发展[M]. 北京：人民出版社，2009：18.
⑤ 孔子学院总部/国家汉语国际推广领导小组办公室. 汉语国际教育硕士专业学位[EB/OL]. http://uk.hanban.org/teachers/node_9730.htm [2019-10-18].

涵是：以中国为施教主体，逐渐走向以中外为双施教主体，以海内外母语为非汉语者（本国少数民族除外）为施教对象的以汉语言文化教学为中心的培养人的教育、教学活动或与之相关的所有活动的总称。①本书则提出“大汉语国际教育”概念，即以教育国际化理论为指导，以汉语国际推广为目标，以汉语国际教育为核心，以中外合作办学和留学生教育为手段，整合汉语国际教育的各种途径资源，实施更加系统化、更具协同性的大汉语国际教育。

针对当前汉语国际教育的实施现状及问题，如传统文化的教学并未获得外国人对中国的文化认同等，汉语国际教育似乎不像国际教育，而是中国教育，倾向汉语教育中国化。借鉴英语国际教育，汉语国际教育需要更具包容性、时代性和现代性，并允许类似“美式汉语”“日式汉语”“英式汉语”“泰式汉语”等存在和发展。为此，在教育国际化的背景下，汉语教育需要走向国际化，“汉语教育国际化”这一概念由此提出。教育国际化就是要求教育反映出各国为同一目标而表现出共同的行为和问题倾向，从而促使各国政府和各民族间能够基本团结。这是一种真正的国际精神的交互融通。②教育国际化还被定义为“第二次世界大战后国际相互交流、研讨、协作及解决教育上共同问题的发展趋势”。③可见，汉语国际教育需要进一步强化国际化内涵，从而推进汉语国际教育从文化认同走向文化融通，乃至走向文化创生。

本书将“汉语国际教育”定义为以中外为双施教主体（少数民族除外），并以中外学生为双施教对象，以中国本土培养汉语教师为主要活动方式，通过汉语国际教育的专业训练，培养能够胜任将汉语作为二语或外语教学的应用型、复合型的高层次人才。同时，本书将汉语国际教育统一界定为二语教育，这是因为外语教育带有一种对国外的偏见，而他语教育的内涵也相对宽泛。

二、英语国际教育

英语国际教育，也称“他语者英语教育”或“对外英语教学”，指对母语为非英语的学习者所进行的英语教育。英语作为二语（English as a second languages，ESL）同样也是对母语为非英语的学生进行的英语教育，但它有别于母语为英语的学生来所受的英语教育。然而，随着英语国际教育的发展，其内涵更加丰富，甚至将对母语为英语的学生进行的英语教育也包括在内。相比英语作为二语，英

① 李春玲. 关于汉语国际教育师资培养的新构想[J]. 云南师范大学学报（对外汉语教学与研究版），2015，13(1)：63-70.

② 联合国教科文组织国际教育发展委员会. 学会生存——教育世界的今天和明天[M]. 华东师范大学比较教育研究所，译. 北京：教育科学出版社，1996：286.

③ 顾明远. 教育大辞典[M]. 上海：上海教育出版社，1990：307.

语国际教育的内涵更广。它的对象不仅指那些把英语当成二语的学习者，也指那些把英语当成外语的学习者等。目前，英语国际教育基本上可以划分为四个部分①：英语作为外语（English as a foreign language，EFL）、英语作为二语、双语教学、对讲其他方言者的英语（English to speakers of other dialects，ESOD）。ESOD，又称“作为第二方言的标准英语”（standard/school English as a second dialect，SESD）②，指对那些母语为一种截然不同的，与标准英语有明显差异的英语方言的人所进行的英语教育，如美国的黑人、新西兰的毛利人、加拿大的本土居民等。

值得注意的是，在美国，TESOL 教师和 ESL 教师所指的对象范围基本是重合的，其内涵和外延一致。③为此，英语国际教育常常把英语作为二语来看待。两者既可以说是一种专业，也可以说是一门课程。在高等教育领域中，两者可以看成是同一种专业，一种旨在培养国际英语教师的专业。在基础教育领域，两者又可以看作同一门课程，为母语为非英语的学习者所提供的课程。那么，英语作为二语和英语作为外语有何异同点呢？

EFL 多为英国人使用的术语，而 ESL 则为美国人使用的术语。EFL 在非英语国家中为非本国人教授英语，而 ESL 则是在英语国家中为非本国人教授英语。比如 A 为英国人，A 在中国为非英国人教授英语，这种情况下，常把英语当作外语。如果 A 在英国、美国等英语国家中为非英国人、非美国人教授英语，那么这种情况则把英语当作二语。但是在《国际教育百科全书》中，则言明 EFL 学生通常是在一个英语没有特别地位的国家里学习英语。ESL 学生则主要是母语为非英语的人群，比如来自非英语国家的移民或难民及其子女、土著印第安人和留学生等。由此看来，区分英语是作为外语还是二语，主要是教授者教授英语或学习者学习英语时所处的地域或英语语言环境的差别。

在美国，ESL 比 EFL 使用更多，主要基于三种定义考量④：EFL 带有“外国的”这一贬义词；ESL 指在一个讲英语的环境中学习英语；ESL 把二语定义为一个国家非本国语言的官方语言，该国公民要全面参与国家的社会经济和政治生活，就必须学习这种官方语言。

在英语作为外语教学和英语作为二语教学中，课程设置具有相似之处。一些主张将英语作为外语的人强调纯粹的英语教学法，把英语当成教学的第一语言，

① Robinett B W. The domains of TESOL[J]. TESOL Quarterly，1972，6(3)：197-207.

② 袁军. 英语作为一门外语或第二语言的教学 [M]//李维. 国际教育百科全书（第 3 卷）. 贵阳：贵州教育出版社，1991：418.

③ 林丽花. 美国英语教师培养标准和评估程序述评——基于 NCATE 认证框架下“ESL 教师”培养方案认证的研究[D]. 福州：福建师范大学，2009：3-4.

④ 袁军. 英语作为一门外语或第二语言的教学[M]//李维. 国际教育百科全书（第 3 卷）. 贵阳：贵州教育出版社，1991：416.

而主张将英语作为二语的人则不管学习者是否可能还存在第三语言、第四语言、第五语言或第六语言的情况。[①]不管英语是作为外语还是作为二语，都是属于应用语言学范畴，都强调二语习得、语言教学法、二语写作和语言技术，特别是着眼于英语这一领域。

本书中，TESOL 教师培养着眼于美国国际英语教师职前培养模式。由此，根据以上概念内涵的界定，TESOL 教师培养，主要指将英语作为二语的职前教师培养。

除了 TESOL 与 ESL、EFL 等概念的外在界定外，TESOL 本身内在的概念也需要进一步厘清。在职前教师培养方面，比如在培养对象上，既有母语为英语的本土学生，也有母语为非英语的国际学生；在培养层次方面，TESOL 既有本科生层次，也有研究生层次，其中，研究生层次又分为硕士研究生和博士研究生；在培养地域上，既有在本土地区或本国地区（英语语言环境）培养国际英语教师，也有在非本土地区或非本国地区中培养；在培养国别上，由于国际上，母语为英语国家的甚多，比如英国、美国、澳大利亚、新西兰等，为此在不同国家中，TESOL 教师培养的目标、方式、内容和模式等方面存在一定的差异。

鉴于本书侧重对 TESOL 教师培养模式的理念目标、课程设置、教学实践和评价等方面的研究，由此本书对 TESOL 培养对象和培养层次不予约束，但在研究中，主要着眼硕士研究生层次，本科和博士研究生层次也会加以考虑分析。在培养地域方面，TESOL 着眼于在本国地区中。在国别选择上，将选取美国作为研究对象进行研究，这是因为美国在英语国际教育中具有较强的国际竞争力。

综上所述，英语国际教育的概念界定，从外延上讲，主要指英语作为外语或二语进行的英语教育，本书将其统一为英语作为二语教育。从内涵上说，在对其国别、培养层次和培养地域等方面的界定中，侧重对美国 TESOL 教师培养模式进行研究。

三、教师培养

根据《国际教学与教师教育百科全书》的解析，教师教育包括职前教育、入职教育和职后教育，而本书研究的“教师培养”主要界定为职前教师培养。职前教师培养即职前教师教育，在英文中，可以表述为“teacher preparation”“pre-service teacher education”“initial teacher education（training）”等词汇。职前教师培养是相对于教师职后继续教育而言，以培养新入职教师为目标的教师培养类型、方法、结构和形式等要素的组合。[②]为此，职前教师培养可以被认为是在教师入岗前进行

① TEFL.net. EFL or ESL? TEFL or TESL? [EB/OL]. http://www.tefl.net/teaching/efl-esl.htm[2019-10-18].
② 梅新林. 中国教师教育 30 年[M]. 北京：中国社会科学出版社，2008：163.

的教育，或者说是培养日后准备从事教师行业的学生，且往往是教师取得教师资格证之前所受的教育。就目前来看，职前教师培养主要在大学里面进行，这里的大学，包括各种类别和层次的大学和院校。

由于国际汉语教师或国际英语教师职前培养涉及不同的培养层次和培养途径，需要进一步厘清职前教师培养的概念内涵。国际汉语教师培养，又叫教师发展，主要有两种培养途径[①]：一是学历教育，即从本科、硕士到博士的“培养链”；二是短期培训班的非学历教育，如外派教师和志愿者的进修或岗前培训。目前，考虑中国 TCSOL 和美国 TESOL 教师培养模式比较的单元对等性和可比性等问题，本书将侧重硕士层次的学历教育，同时适当考虑本科层次和博士层次的学历教育。以中国 TCSOL 教师培养为例，本书主要聚焦的是在中国本土培养的国际汉语教师，培养对象可以是中国学生，也可以是国际学生，但是不包括海外本土培养的汉语教师和中外联合培养的国际汉语教师。同理，美国 TESOL 教师培养也主要限于美国大学本土独立培养的教师，其对象可以是美国本土学生也可以是国际学生。这是因为不管是本土学生还是国际学生，其培养的目标模式基本相同，所以本书对培养对象不予考虑，而只是从教师培养模式出发，探索中美大学如何培养国际汉语或英语教师。

概而言之，本书里的中国 TCSOL 或美国 TESOL 教师培养指的是教师入职前所接受的国际汉语或英语的学历教育，并以中国大学或美国大学独立培养的国际汉语或英语教师为培养途径，以本土学生和国际学生为培养对象，对中国 TCSOL 或美国 TESOL 教师培养模式进行比较研究。

四、培养模式

为厘清“培养模式”概念，先对“模式”一词进行解释。对于“模式”，目前尚无统一的概念定义。模式一般指作为模本、范本和变本的式样，不同学科有不同的含义，如在社会学中，是研究自然现象或社会现象的理论图式和解释方案，同时也是一种思想体系和思维方式。[②]模式是理论的一种简化形式。[③]模式不仅是一种科学认识手段、思维方式，也是理论和实践的中间桥梁，具有理论和指导培养实践两种价值。[④]对此，模式是在理论加工的基础上，用来指导实践的模板或标准，是沟通理论和实践的桥梁。

---

① 王祖嫘，彭芃．漫谈汉语国际教育学科建设与师资培养——对外汉语教学专家刘珣教授访谈[J]. 汉语国际教育，2012，(2)：3-10.

② 辞海编辑委员会. 辞海[M]. 上海：上海辞书出版社，2002：1185.

③ 韩明安. 新语词大词典[M]. 哈尔滨：黑龙江人民出版社，1991：329.

④ 董泽芳. 高校人才培养模式的概念界定与要素解析[J]. 大学教育科学，2012，(3)：30-35.

有关培养模式的争议，一种是将其外延扩宽，包括整个管理活动的组织建设；一种是将内涵缩窄为教学活动层面。还有培养模式属性范畴的讨论，到底是结构范畴还是过程范畴。结构范畴指一种为实现培养目标而将所有相关要素加以整合的系统结构。而过程范畴，则认为培养模式是在一定理论和思想指导下，为实现一定的目标而采用的特定的教育教学组织形式和运行机制，这是一种动态的过程培养方式。对此，胡玲琳强调培养模式应包含四个方面：有一定的教育理论和特定需求作为指导根据；结构范畴与过程范畴的统一；介于办学模式和教学模式之间，体现整个教育教学培养过程；具有可操作性和实践性，即一种实践中的标准样式。[①]

黄正夫表明当前关于培养模式的内涵主要有三种：第一种是要素论，即从人才培养质量的核心要素出发，培养模式是与培养目标紧密联系的优化组合或要素系统；第二种是方式论，即培养模式是教育机构和教育者为实现人才培养目标而运用的方式方法；第三种是结构过程论，即培养模式是为实现人才培养目标的一种“结构范畴与过程范畴的统一”，是培养过程的“动态内容和静态内容的统一”。[②]本书则倾向于第一种和第三种，即要素论和结构过程论。结合教师教育理论和汉语（英语）国际教育的学科特征，本书选取几种核心要素而优化组合的教师培养模式系统，且每一要素既相互独立又相互影响，同时将其当作一个耗散结构，并着眼于整个动态过程的各种参量内容。

刘明浚指出培养模式应包括教育途径、课程体系、教学组织形式、教学方法和手段等。[③]何勇涛将培养模式分为培养目标、入学形式、培养方式、培养评价和培养体制五部分。[④]曾诚等则将培养模式解释为在一定教育理论和思想指导下，为实现培养目标而建构的素质、知识、能力结构的样式，具体包括培养目标、专业设置、课程结构、培养途径、教学实施、组织制度和淘汰机制等。[⑤]徐平认为培养模式具有稳定性和长期性，从萌芽到成熟是一个相当长的提炼过程。[⑥]由此看来，培养模式是一种为实现特定培养目标，在理论指导与培养实践过程中形成的较为稳定且多方要素相互影响和相互联系的样式标准。

若将培养模式引申为人才培养模式，人才培养模式的概念亦呈现仁智互见现象。董泽芳总结十种说法，如培养活动样式说、目标实现方式说、人才培养方案

① 胡玲琳. 我国高校研究生培养模式研究——从单一走向双元模式[D]. 上海：华东师范大学，2004：16-18.
② 黄正夫. 基于协同创新的全日制教育硕士培养模式研究[D]. 重庆：西南大学，2014：7.
③ 刘明浚. 大学教育环境论要[M]. 北京：航空工业出版社，1993.
④ 何勇涛. 中国生物医学博士研究生培养模式研究[D]. 重庆：第三军医大学，2012：24.
⑤ 曾诚，张伟，向东，等. 关于研究型大学人才培养模式的构建[J]. 教育评论，2004，(4)：56-58.
⑥ 徐平. 我国研究型大学博士生培养模式研究[D]. 厦门：厦门大学，2008：17.

说等。[①]张瑞林则将人才培养模式的含义简化为：培养目标+过程与方式。[②]周远清曾在“第一次全国高校教学工作会议”上指出：人才培养模式，实际上就是人才培养目标、培养规格和基本培养方式，规定着人才培养的根本特征。王晓辉认为人才培养模式只是人才培养系统中的一部分，并把人才培养模式当成是培养过程的建构，而人才培养系统包括培养理念、目标、主体、客体、途径、模式和制度。[③]其中，人才培养理念主要体现高校和教师层面的教育理念，包括学生观、管理观、教学观、科研观、质量观、评价观等。黄国勋从操作层面界定人才培养模式，认为其主要包括培养目标、培养规格和培养方式。[④]

李亚萍和金佩华将目前人才培养模式内涵概括为狭义论、泛化论、中介论和状态论。[⑤]狭义论主要将人才培养模式局限于教学方式方法，如教育思想观念、课程体系、教学手段、教学方法、教学管理、教学资源、教学环境等。泛化论则将其拓展至整个管理活动，包括整个人才培养的结构和策略体系。中介论把人才培养模式划入教学活动和整个管理活动之间。状态论强调结构状态特点，且“人才培养”和“模式”两个词都有状态的含义，即人才培养是状态的变化，而模式是状态体现出来的特质。

成中梅针对学习型高校中不同的人才培养模式提出四种构成要素：培养目标、培养过程、培养制度和培养评价。[⑥]此外，有关人才培养模式的界定还有培养目标和培养方法的“二要素说”，培养目标、培养过程和培养方法的“三要素说”，培养目标、课程、教学模式、教学管理和毕业生就业的“五要素说”，培养目标、选拔制度、专业结构、课程结构与设置、教学模式、教学制度、日常教学管理和校园文化等“多要素说”。

相比人才培养模式，本书的教师培养模式更为微观，可视为人才培养模式中的一种，只是培养目标指向教师，聚焦教师职前发展。综合培养模式和人才培养模式的相关概念和观点，教师培养模式可归纳为在一定的教育理论和教师思想的指导下，为实现教师培养目标而在长期实践过程中形成的较为稳定和系统的培养样式和范型，其培养要素可表现为：教师培养理念、培养目标、课程设置、培养过程（如招生录取、课程学习、教学实践、科研、论文写作等）、培养制度和培养评价等方面。若从教师培养的要求来讲，教师培养模式可包括教师素养、教师

① 董泽芳. 高校人才培养模式的概念界定与要素解析[J]. 大学教育科学，2012，(3)：30-35.
② 张瑞林. 我国体育学硕士研究生培养模式研究[D]. 福州：福建师范大学，2009：28.
③ 王晓辉. 一流大学个性化人才培养模式研究[D]. 武汉：华中师范大学，2014：29-30.
④ 黄国勋，席鸿建，曾冬梅. 地方综合大学人才培养模式整体改革研究[M]. 南宁：广西民族出版社，2001：38.
⑤ 李亚萍，金佩华. 我国高校本科人才培养模式理论研究综述[J]. 江苏高教，2003，(5)：103-105.
⑥ 成中梅. 学习型高校的人才培养模式研究[D]. 武汉：华中科技大学，2008：22-24.

心理、教师知识和教师能力等方面。

在界定教师培养模式的基础上，有必要对中国 TCSOL 和美国 TESOL 教师培养模式做进一步具体说明。基于复杂系统理论和库玛 KARDS 理论，本书从教师培养的理念与目标、学习者的自主与成长、教师培养的知识与课程、教师培养的教学实践与研究、教师培养的反思与评价这五个维度中的理念、目标、课程、教学、研究、评价及学习者需求、动机、自主等核心要素展开讨论和分析，而这五个维度又蕴含教师、学习者、课程、教学、评价等多个耗散结构系统，且彼此之间形成一个动态变化螺旋发展的开放过程。在此基础上，提出当前教师培养模式为“专业实践匠师型”TCSOL 教师培养模式，并展望未来 TCSOL 教师培养向“专业成长人师型”模式发展。这是高质量 TCSOL 教师培养的取向模型，强调在生命教育学理论和全球化社会及个体思想引领下，注重专业实践国际化和多元社会情境的个体性最佳本土教学，并秉承生命成长的教育机理，推动“全人”教师养成和教师专业的可持续发展。同理，基于教师培养的理念与目标、学习者的自主与成长、教师培养的知识与课程、教师培养的教学实践与研究、教师培养的反思与评价的模式分析框架，本书立足 TESOL 教师培养现状，提出美国“反思实践建构型”TESOL 教师培养模式。

第三节　中美高校二语教师培养模式设计的机理

机理主要指的是某一系统结构为实现某一特定功能，其各要素间内外部相互联系、相互作用的运行原理。从内部机理来看，强调各要素间的内在工作方式。从外部机理来看，注重各要素在一定的条件或环境下的运行规则。对此，机理离不开整个系统结构及其内外部各要素之间的关系，并被运用于各个领域中。高校二语教师培养模式主要基于语言教师培养系统中关于二语、教师、培养模式等核心要素，其设计机理主要是探讨高校二语教师培养模式的理论框架设计和方法选择机理。

一、理论框架设计

本书选取库玛 KARDS 理论的依据主要是因为其理论的批判和解构范式、语言教师培养模型及对全球化社会背景下语言教师培养的独特洞见。从批判和解构范式来看，库玛持批判眼光，重新界定教师与理论研究者的关系，强调教师个体的理论和实践，即教师从实践中发掘理论，并用自己的理论指导教学实践，同时从后国家视域、后现代视域、后殖民视域、后传播视域和后方法视域对以前的理论进行解构和反驳，为本书开展 TCSOL 和 TESOL 教师培养模式比较研究提供许多新的思路。

从语言教师培养模型来看，库玛将学习者、教师和教师培养者视为合作探索者，设计出全球社会视野下的语言教师培养模型，包括认知、分析、认识、践行和体悟五大模块内容，对于研究者审视当前语言教师培养问题具有重要启发。对此，本书基于其模块内容，结合中国 TCSOL 教师培养的现实和研究需要，做了些许修正，从而构建研究的理论分析框架。

此外，库玛还深入分析全球化背景下语言教师培养理论和实践，提出许多令人感触颇深的见解①，比如远离传统的、具体的、以内容为主的课程设计方式，强调整体的、以过程为主的学习设计；远离传统的教师培养项目中单一和线性思维方式，强调多重入口点和多重出口点；远离孤立的、结果和传递导向教学和教师培养方法，强调接近整体的、过程和转换导向教学和教师培养方法，从而引导未来教师不再依赖于教学方法，实现教学方法独立。

在库玛 KARDS 理论模型和思想原则基础上，积极解读其理论内涵和模块内容义理，并结合现实中国 TCSOL 和美国 TESOL 教师培养的项目方案，参考当前研究文献现状，对库玛 KARDS 理论模块的顺序和内容做了简要修正和改造。构架顺序方面，将认知与认识两个方面对调；内容方面，如认识模块，在认可库玛所提出的教师个体导向及身份认同、信念和价值观的基础上，本书结合教师培养目标和社会导向因素，倡导教师个体与社会协同导向，明晰教师目标定位、情感态度和职业道德。认知模块，依据心理学认知理论，本书在专业性知识、程序性知识和个体性知识的基础上，增加“条件性知识”，因为库玛所谈的专业性知识，主要涉及语言的知识、语言的学习和语言的教学，程序性知识主要涉及课堂学习和教学管理的知识，个体性知识则关乎教师个人的反思、身份、信念和价值观等，对教育学和心理学理论涉及甚微。体悟模块，库玛论证教师观点时承认教师权威的作用和师生的不平等性，而本书认为师生是平等的主体间关系。

综合上述考量，本书试图将库玛 KARDS 理论模型与中国 TCSOL 和美国 TESOL 教师培养模式的现状联系起来，并参考前人关于教师培养及培养模式的研究成果，尝试建构出本书的理论分析框架。在此框架下，认识维度对应教师培养的理念与目标、分析维度对应学习者的自主与成长、认知维度对应教师培养的知识与课程、践行维度对应教师培养的教学实践与研究、体悟维度对应教师培养的

① 库玛. 全球化社会中的语言教师教育：“知”“析”“识”“行”“察”的模块模型[M]. 赵杨，付玲毓，译. 北京：北京大学出版社，2014：110-115.

反思与评价。这五个维度相互联系、相互影响，共同塑造出全球化社会中语言教师培养模式，从而为研究中国 TCSOL 和美国 TESOL 教师培养模式提供理论分析框架。

二、方法选择机理

方法选择机理探讨的是高校二语教师培养模式是立足于什么样的方式方法而形成的一定的系统模式。不同的方法选择将会影响教师培养模式的建构与生成。由于高校二语教师培养模式涉及不同高校的二语教育项目，形成不同的个案特点与发展取向，且在不同的国际或本土环境中呈现出一定的异同。对此，本书结合个案研究和比较研究的方法探寻高校二语教师培养模式建构的依据。

（一）模式构建的个案选择

个案选择为探析高校二语教师培养模式构建提供基础。约翰·W.克雷斯威尔（John W. Creswell）认为个案研究法是质性研究中的一种研究方法。个案研究法包含对某个问题的研究，并在某一特定的系统（如某一背景）中，探索该问题的一个或多个个案的研究方法。个案研究包括单一个案工具性研究（the single instrumental case study）、多个个案研究（the collective or multiple case study）、个案本体研究（the intrinsic case study）。①单一个案工具性研究聚焦某一问题，然后选择一个特定的个案进行解释。多个个案研究同样着眼某一问题，但是它选择多个个案进行阐述。这些个案可以为同一问题提供不同的分析视角。然而由于各个个案背景不同，研究者需要选取具有代表性的个案进行质性研究。个案本体研究则研究的是个案本身，比如评价一个方案或研究某一个学生的困难等，这是因为个案代表的就是它本身特殊的情况，类似于叙事研究，但个案研究的分析过程基于其背景环境。

结合斯塔克（Stake）观点，约翰·W.克雷斯威尔将个案研究法的研究过程分为以下五个步骤：一是研究者需要确定个案研究法是否适用于本研究问题；二是研究者需要进一步识别个案；三是个案研究法中的数据收集特别广泛；四是数据分析时需要对所有个案进行全面整体分析或者对个案的某一方面进行深入分析；五是无论是个案研究中的问题意义还是个案本身的特殊情况意义，研究者都需要表明个案的意义。

① Creswell J W . Qualitative Inquiry and Research Design：Choosing among Five Approaches[M]. California：Sage Publication Inc，2007：3-74.

对此，根据约翰·W.克雷斯威尔的个案研究理论原理，本书将聚焦职前教师培养模式，选取多个个案进行分析。个案的选择和研究，将根据地域分布和培养质量，考虑选取中国 TCSOL 和美国 TESOL 教师培养较为卓越的几所大学，如中国的北京语言大学、北京大学、华东师范大学、中山大学、暨南大学、华南师范大学，美国的哥伦比亚大学、宾夕法尼亚大学、宾夕法尼亚州印第安纳大学、亚利桑那州立大学、南加利福尼亚大学、密歇根州立大学、佐治亚大学、北佛罗里达大学等，审视其培养内容的变化特征，研究其产生的影响等，并尽可能识别个案实施的信度和效度问题，广泛收集相关文本和口头资料，然后对多所大学的 TCSOL 或 TESOL 教师培养模式进行整体分析和评价，同时分析各所大学 TCSOL 或 TESOL 教师培养模式的差异性，最后阐明高校二语教师培养模式的意义。

另外，个案研究法是指对某一个体、某一群体或某一组织在较长时间里进行连续调查，以研究其行为发展变化的全过程的方法。为此，在研究这些大学 TCSOL 或 TESOL 教师培养模式的时候，需要结合大学的历史发展背景等因素进行探究，以期梳理其前后发生变化的过程，加强个案研究的深度理解，为本书的进一步研究奠定基础。总之，由于高校是二语教师培养的主要力量，而每一所高校都具有自身的办学特色和教师培养模式，对此，采用个案研究法分析高校二语教师培养模式具有一定的适切性。

（二）中美模式的比较机理

古罗马著名学者塔西佗曾说过：“要想认识自己，就要把自己同别人进行比较。”比较是认识事物的基础，是人类认识、区别和确定事物异同关系中最常用的思维方法。[①]比较法也被运用到比较教育研究中。美国比较教育学者贝雷迪（Bereday）曾指出比较研究的四个阶段，即描述、解释、并置和比较。我国吴文侃和杨汉青指出：“比较法是根据一定的标准，对不同国家或地区的教育制度或实践进行比较研究，找出各国教育的特殊规律和普遍规律的方法。”[②]根据不同的标准，比较法可分为同类比较法和异类比较法、异期纵向比较法和同期横向比较法、影响比较法和平行比较法、宏观比较法和微观比较法、结构功能比较法、解决问题过程比较法、主客体三分比较法。[③]

不管采用何种类型的比较法，都必须坚守可比性原则，可比性表明不同事物间存在比较的可能和价值比较的意义。对此，不同事物之间既存在相似之处，也

① 袁振国. 教育研究方法[M]. 北京：高等教育出版社，2010：158.
② 吴文侃，杨汉青. 比较教育学[M]. 北京：人民教育出版社，1989：19.
③ 顾明远，薛理银. 比较教育导论——教育与国家发展[M]. 北京：人民教育出版社，1998：45-52.

必然存在不同之处。这样，才有了比较的可能和价值。中国 TCSOL 和美国 TESOL 教师培养模式的比较，是因为汉语和英语都是联合国的工作语言，是根据语种的影响力及其在世界范围内的通用程度，是当今全球发展的两种重要语言，而且中国 TCSOL 和美国 TESOL 都是作为外语或二语教育，其发展均存在相通之处。尽管当前中国 TCSOL 教师培养模式专注于境外教学，而美国 TESOL 教师培养模式专注于境内教学，但是美国 TESOL 教师培养目标同样强调为世界各地培养出适用型和竞争型的国际英语教师，其培养性质、过程和取向与中国 TCSOL 教师培养模式有着异曲同工之处。与此同时，由于中美两国的历史文化传统、教育制度等存在差异，勾勒出中国 TCSOL 和美国 TESOL 不同的教师培养模式，加上美国 TESOL 发展较早，较成熟，而中国 TCSOL 起步较晚，有待完善。所以，通过比较中国 TCSOL 和美国 TESOL 教师培养模式，可以更好地发现中国 TCSOL 教师培养模式自身的优势和不足，从而建设新时期高质量的国际汉语师资队伍。

本书比较中国 TCSOL 和美国 TESOL 教师培养模式，将主要基于著名比较教育学者贝雷迪的四阶段比较法，即描述、解释、并置和比较。前两个阶段属于区域研究，后两个阶段则属于比较研究。[①]该方法论促使比较教育研究程序由朴素的观察和实验转向具体系统，增强其科学性。[②]在此原理基础上，本书做了一定的修正，形成“比较问题的确定—比较维度的假设—比较事物的描述与解释—比较事物的并置与比较”的比较研究程序。

首先，在了解和研究中国 TCSOL 和美国 TESOL 教师培养模式的基础上，本书确定了两者的比较问题，主要包括四个问题：①中国 TCSOL 和美国 TESOL 教师培养模式的内容都有哪些异同点？②中国 TCSOL 和美国 TESOL 教师培养模式存在几种逻辑关系？③中国 TCSOL 和美国 TESOL 教师培养模式演进存在哪些差异？④中国 TCSOL 和美国 TESOL 教师培养模式各有何特点？

其次，结合中美 TCSOL 和 TESOL 教师培养模式的历史与现状，假设三个比较分析维度：背景、内容和整体。其中，背景维度，主要从其演进过程中寻求中国 TCSOL 和美国 TESOL 教师培养模式的普遍性和特殊性规律，同时立足当前现实，揭示国际语言教师培养的复杂性。内容维度，主要基于培养模式的现状，探索两种模式的异同。整体维度，旨在探求中美 TCSOL 和 TESOL 教师培养模式的逻辑关系和整体特征。之后，本书确定了比较研究的比较基点，主要包括背景动因、路径方式、形态特征、理念目标、课程设置、教学实践、培养特点等方面，

① Bereday G Z F. Comparative Method in Education[M]. New York：Holt，Rinehart and Winston，Inc，1964：9-23.

② 高皇伟，吴坚. 后现代主义视域下比较教育实证研究方法论的审思与转向[J]. 华南师范大学学报（社会科学版），2016，(4)：86-91.

为比较研究的描述和解释阶段提供比较基点。

再次，本书分别将中国TCSOL和美国TESOL教师培养模式中的拟比较基点尽可能客观、完整地描述出来，必要时对两国相关大学的一线教师和学生进行实地调查和访谈。在描述的基础上，分别了解中国TCSOL和美国TESOL教师培养模式到底是怎样的，以及为什么是那样，从而说明教师培养模式的多方面意义，达到解释的目的，并为进一步并置和比较提供依据。

最后，对中国TCSOL和美国TESOL教师培养模式的背景、内容、特点的具体层面进行并置，即分类整理，并按照一定的比较标准和逻辑视角，确定比较的整体格局，从多个视角进行综合比较分析，从而提出自己的结论。

简言之，比较法对本书研究具有一定的合理性和科学性。这是因为本书是关于中美高校二语教师培养模式的比较研究，所以比较法是本书数据分析的重要方法，也是本书欲通过中美高校二语教师培养比较探索TCSOL教师培养质量优化之道的必要方法。

第二章　中美高校二语教师培养模式理论

中国TCSOL和美国TESOL教师培养模式是语言教师培养和培养模式理论的有机组成部分。在理性主义和经验主义交融的朗照下，本书从理论构思和构架双维出发，多方寻求高校二语教师培养模式的理论渊源和理据，特遴选复杂系统理论和库玛KARDS理论，为深入研究中国TCSOL和美国TESOL教师培养模式提供思路和分析框架。

第一节　复杂系统理论

复杂系统理论是当代科学前沿出现的一种新的哲学方法，是一种关乎整体、非线性、过程和关系思维的复杂认识方法。[①]该理论不仅是科学哲学发展的产物，也是跨学科时代的发展诉求，被广泛运用于自然科学和社会科学的多个学科领域。那么，复杂系统理论到底有何魅力，对语言教师培养领域又能提供什么新的思路？

一、复杂系统理论的发展渊源

19世纪至20世纪上半叶，世界被认为处于一种混沌状态，需要人们探寻另一种基本世界观，即把世界作为一种组织（the world as organization）[②]。复杂系统理论的诞生则迎合人们探索新的世界观和科学研究思想的需要，其发展与复杂性科学、系统科学有着千丝万缕的关系。

追溯历史渊源，复杂性科学大体经历三个发展阶段[③]：早在20世纪40年代，冯·贝塔朗菲（von Bertalanffy）就言明组织的原则蕴含在自然系统的多个层面上，并不断探索，提出“一般系统论”（general systems theory，GST）和建立整体主义新范式，推动了一般系统论、人工智能、控制论的发展。他在借鉴尼古拉·哈

---

① 郭文祥. 复杂性系统理论不能简单套用于社会历史观[J]. 理论研究，2008，(5)：51-53.

② Laszlo A，Krippner S. Systems theories：Their origins，foundation and development[C]// Jordan J S. Systems Theories and a Priori Aspects of Perception. Amsterdam：Elsevier Science，1998：47-74.

③ 吴志伟，袁德成. 关于复杂系统研究的发展情况[J]. 控制工程，2005，(S2)：14-17.

特曼（Nicolai Hartmann）的新本体论，承认莱布尼茨思想所犯错误及 J.C.斯姆茨（J.C. Smuts）整体论的基础上，于 1968 年，同 J.H.伍杰（J.H. Woodger）等学者，全面归纳一般系统论概念架构及其思想理论，如目的论、整体性、组织、有序性等概念。20 世纪六七十年代，各种复杂性科学理论如雨后春笋般涌现出来，如协同论、混沌理论（chaos theory）、耗散结构论、分形论、超循环理论、元胞自动机理论（cellular automate theory）及突变论（catastrophe theory）等。到 20 世纪 80 年代后，复杂性科学的学科界限日益模糊，使各种学科领域卷入复杂性科学的研究阵地中，如物理、生物、计算机、经济、人文社会科学等学科领域。此时，著名的桑塔菲研究机构（Santa Fe Institute）成立，呼吁把复杂系统的学科研究纳入复杂性科学。由此，复杂系统研究扩大到几乎所有自然科学和人文社会科学领域，研究内容也更加丰富多元，还涉及标度（scale）、复杂适应系统理论、自相似等问题。相比自然科学系统，社会系统所构成的适应性组元（agent）更具有目的性和主动性，且适应性组元与环境的交互作用，是社会演化和发展的基本原因。为此，社会系统的演化都是在适应性基础上的涌现（emergence）。①

关于系统科学理论的发展渊源，整体论是系统科学理论发展的起源，其形成过程主要通过三条路径②：冯•贝塔朗菲的“一般系统论”、保尔丁（Boulding）的“系统层级论”和切克兰德（Checkland）的“系统运动与系统管理思想”。冯•贝塔朗菲旨在建立一个适合多领域普遍现象的一般理论模式，而保尔丁则把经验世界分不同级别和种类进行研究，如动态随机系统、动态决定性系统、静态系统、自组织系统、开放系统、复杂适应系统、控制系统等。不管是哪种系统科学理论路径，都获得了较大的进展。

直到 20 世纪 70 年代，由于系统科学理论缺乏足够的实践性，引发质疑，加上还原论思想的影响，系统科学理论备受批判，甚至几乎停止发展③。这时，切克兰德将系统管理理论与实践有力结合，创建了“软”系统方法论，为系统科学理论发展注入一股强心剂。该方法论着眼于问题情景，而非问题本身；致力于改善问题情景，而非解决问题；讨论的是“不安全感”，而非“目标”；以个体“成功有效”为检验标准，而不是以“客观”为切合基准。同时，他还提出一个“软”系统的新范式，即学习范式。

20 世纪 80 年代，我国钱学森、于景元和戴汝为等学者也提出“复杂巨系统”这一开放系统理论，主要着眼于社会系统，形成复杂社会系统理论。相比之下，

① 范如国. 复杂网络结构范型下的社会治理协同创新[J]. 中国社会科学，2014，(4)：98-120.
② 齐磊磊. 系统科学、复杂性科学与复杂系统科学哲学[J]. 系统科学学报，2012，20(3)：7-11.
③ 切克兰德. 系统论的思想与实践[M]. 左晓斯，史然，译. 北京：华夏出版社，1990：2-4.

对此该系统不是封闭的，而是向外部开放的，呈现出开放性。受外部物质流、能量流、信息流等条件影响，复杂系统中的各个子系统会相互作用、相互协同，以形成新的有序的结构和功能。这一系列的变化也推动着复杂系统不断进化，并朝着有序的态势发展。所以可以说复杂系统的变化性促使其具有进化性，即系统的组元、结构、功能、规模等会随着时间的推移和环境的改变而进化出利于自身发展的变化，这亦是复杂系统的自组织性和开放性所产生的系统内外变化的产物。这种开放性和进化性的特征，反映出复杂系统是一个处于不断变化的动态系统。此外，系统之所以称之为系统，正是因为系统是作为一个宏观的动态整体而存在的。复杂系统之所以不同于传统系统，也正因为其非还原性和非线性，从而造就系统的复杂局面。

（五）整体性和非线性

系统方法试图把世界当作一个不能简约的整体系统。它既关注整体，也重视其各组元间复杂的相互关系。这种方式方法不是一种选择，而是一种补偿，一种具备包罗万象且能够整合各专业领域的一般概念。相比传统科学研究还原论的线性和单一对象性，复杂系统具有整体性和非线性，必须从系统的整体视角进行研究。尽管复杂系统中各组元相互联系、相互影响和相互作用，但是单一的组元无法构成复杂系统。确实，复杂系统也离不开各个组元，然而系统的复杂性是由于复杂系统整体的错综复杂。那么，是何动力造成系统如此错综复杂呢？复杂系统的动力通常是正反馈（positive feedback）和负反馈（negative feedback）的结合。正反馈将扩大系统微小、随机的波动，使之变得更加复杂和难以预料。相反，负反馈将使整个系统行为更加稳定和可预测，但也会使系统更难以控制。[①]不管怎么说，系统的相互作用呈现的是一种非线性关系。正因为如此，整个系统进化从某种程度上说才难以预测和控制。值得一提的是，非线性系统包含复杂系统，也就是说不一定所有非线性系统都是复杂系统，但复杂系统一定是具有非线性的。

综上所述，一个复杂系统通常被形塑成大量交互作用组元的集合，代表了系统及其组元的多样性、复杂性、非线性、动态性、不确定性、涌现性、开放性、脆性、网络性、非均匀性、整体性、差异性、进化性、自组织性及多层性等特征，这些特征也决定了复杂系统的研究对象、方法和内容。如普里戈金（Prigogine）和赫尔曼·哈肯（Hermann Haken）等学者提出的“序参量”是复杂系统方法。

① Heylighen F. Complexity and self-organization[EB/OL]. http://pespmc1.vub.ac.be/papers/elis-complexity.pdf [2016-11-24].

（二）多层性和涌现性

复杂系统之所以复杂，不仅由于巨量性，还由于系统多层组元的不确定性及随之涌现的多样性和不可预测性。复杂系统的组元并非仅仅是单层或是单一的独立体，而是具有多层性，并随时可能产生涌现现象。那么，如何判定复杂系统是否产生涌现现象呢？慕勒指出三个特征依据①：一是涌现性的种类不同于组元的特征种类，二是整体涌现性不等于各组元特性总和，三是涌现性无法仅仅通过组元的行为推测而来。由此看来，涌现现象是关乎系统不同层级的现象。低层级的事物无法解释说明高层级事物的性质，但高层级事物确实是由低层级事物组合而成。正如亚里士多德所言："整体大于部分之和"的整体论推断。比方说，人的大脑是物质的，却产生精神性的思维，而思维不是大脑的任何组元②。系统的涌现性有助于催生协同作用，这意味着系统的功能必将超越部分之和的功能。复杂系统的多层性，也表明了系统组元的差异性。

（三）差异性和自组织性

复杂系统各组元在相互作用的初始阶段，会产生细微变化，且不同的细微变化能够促使结果产生巨大差异③，如"蝴蝶效应"（butterfly effect），即系统的任何一个组元或环节处理不当，均有可能催生"蝴蝶效应"，进而引发系统危机或涌现新的系统特点。由于系统能够自我调节、自我组织，进而创生涌现现象，这种现象注重各组元间的相互作用，并从局部到整体、低层向高层、微观到宏观不断发生变化。对此，复杂系统具有自组织性的特征。相比涌现所注重的系统宏观结构，自组织则更侧重于系统各组元间的相互作用。虽然这种相互作用是非线性的，但是系统具有自组织功能。对此，从某种意义上讲，本土交互作用最终将产生全球协调和协同作用。相比他组织，自组织强调内生性，即系统不需要外部组织力量就能在其内部中按照某种原则自动生成一定的结构和功能。当然，复杂系统除了具有内在的自组织性外，还与外部环境进行物质、能量和信息转换，其不断变化和演进的性质也说明系统的进化性。

（四）开放性和进化性

复杂系统可以与外部环境进行物质、能量和信息转换，并受外部环境影响，

① 欧阳莹之. 复杂系统理论基础[M]. 田宝国，周亚，樊瑛，译. 上海：上海科技教育出版社，2002：181.
② 吴彤. 试论复杂系统思想对于科学哲学的影响[J]. 系统科学学报，2013，21(1)：9-14.
③ 张嗣瀛. 复杂系统与复杂性科学简介[J]. 青岛大学学报，2001，16(4)：25-29.

调整和适应外部环境需要。同样，复杂系统的外部环境也通过各种方式影响系统内部的参量和秩序，推动系统内部发生变化，甚至涌现出新的系统特征。这种涌现是一种“自下而上”的方法，而不是一种“自上而下”的控制方法。

简言之，复杂系统理论的产生不是偶然的，其产生有着深厚的理论和时代渊源，不仅对传统科学提出挑战，也助力复杂系统科学哲学的进一步发展，其本身的机理和内涵使其具有多重的属性特征，也切合 21 世纪跨学科发展的需求，是一种跨学科哲学思想，同时也是一种非还原论的方法论。

二、复杂系统理论的内涵特征

当前，复杂系统理论还没有统一的内涵和定义，但却有一些公认的特征。复杂系统科学哲学争论的焦点主要是还原与突现、整体主义、隐喻和模型、系统思想与复杂性的关系等问题。[①]复杂系统理论的内涵与特征大致可归纳如下。

（一）复杂性和巨量性

复杂系统是由大量的组元组成，且这些组元种类繁多，并交互作用而构造出庞杂的系统网，折射出系统的复杂性和巨量性特征。然而，复杂系统不但具有复杂性，还有可能具有简单性[②]。这种复杂性指的是整体大于部分之和，所以说系统是否复杂得从整体角度进行考量。相比较而言，还原论则更加强调把系统还原为一个个的个体。在复杂系统中，如果系统中某一个或几个组元能够支配系统，那么该系统就容易把控，自然也就不复杂。[③]如果系统中无法确定是哪个组元起支配作用，那么系统将充满矛盾和竞争，加上系统内部组元的多样性、差异性、巨量性和多层性及系统的开放性，造成系统愈加复杂。然而，复杂系统理论并不是有关“复杂性”的研究，而在于对系统行为的理解，且这种系统行为往往在其演变、学习和适应过程中呈现复杂现象。[④]黛安娜•拉森•弗里曼（Diane Larsen-Freeman）指出复杂系统之所以复杂，原因在于系统内部的组元及各子系统之间多种方式的相互依赖与相互作用。[⑤]

---

① 齐磊磊. 系统科学、复杂性科学与复杂系统科学哲学[J]. 系统科学学报，2012，20(3)：7-11.

② 王成红，王飞跃，宋苏，等. 复杂系统研究中几个值得关注的问题[J]. 控制理论与应用，2005，22(4)：604-608.

③ 彭纳揆，邹素文. 论系统的复杂性和复杂系统[J]. 系统科学学报，2006，14(1)：10-13.

④ McCarthy I P，Rakotobe-Joel T. Complex systems theory：Implications and promises for manufacturing organizations[J]. International Journal of Manufacturing Technology and Management，2000，2：559-579.

⑤ Larsen-Freeman D，Cameron L. Research methodology on language development from a complex systems perspective[J]. The Modern Language Journal，2008，92(2) ：200-213.

欧洲学者们聚焦物理系统，形成复杂物理系统理论，而美国学者们则立足生物系统，形成复杂生物系统理论。①对社会系统的复杂性研究，需要通过不同角度对系统进行全面解剖和分析，而复杂系统的描述，即系统模型，换句话讲，就是要构建社会系统的组织模型、功能模型、过程模型、进化管理模型、资源模型。②另外，美国系统论科学家亚历山大·拉斯洛（Alexander Laszlo）和斯坦利·克里普纳（Stanley Krippner）对系统运动的形成进行梳理，表明了特定理论分支的发展，具体如图 2-1 所示：

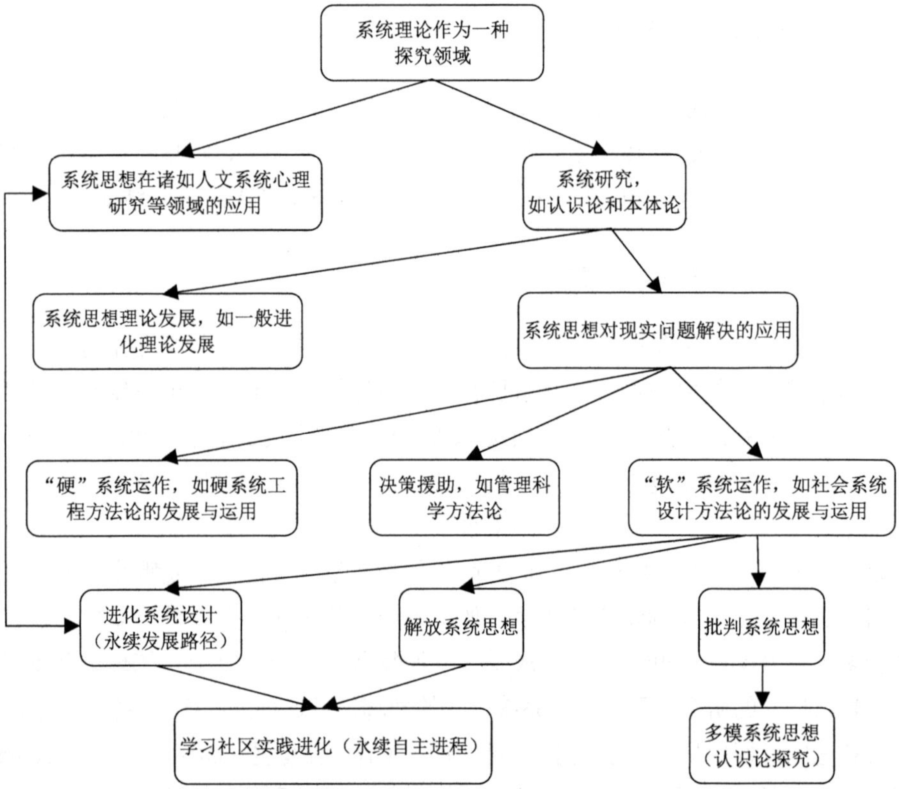

图 2-1　系统运动形成图

复杂系统是具有复杂行为的多样性、差异性和竞争性的系统。对内而言，复杂系统由多个子系统的组元构成并紧密联系和相互作用，具有自组织等功能。对外而言，复杂系统与外部环境交互作用，并进行物质、能量和信息转换。复杂系统的内外系统也是相互制约、相互影响的。复杂系统内部可以通过自组织等功能

① 许国志. 系统科学与工程研究[M]. 上海：上海科技教育出版社，2001.

② 董淑英. 复杂系统的认识与系统模型[J]. 系统仿真学报，2006，18(2)：554-558.

三、复杂系统理论的表现内容

20 世纪以来，科学界曾出现过三次革命，一个是量子力学，一个是相对论，另一个就是 20 世纪 60 年代末至 70 年代初萌发的非线性科学，主要包括耗散结构论、协同论、分形论、突变论等，这些理论都体现出了复杂系统的复杂功能，不仅具有非线性科学的性质，也含有复杂系统理论的意蕴。基于研究的需要，本书选取复杂系统理论中的耗散结构论和协同论作为研究的理论诉求。

（一）耗散结构论

耗散结构论是普里戈金提出的。他在论述简单性和复杂性的科学观问题时，指出西方经典科学注重还原论，而中国古典哲学凸显整体论。[①]随着科学研究的发展，科学研究需要将两者有机结合起来，这标志着复杂性科学的发轫。同时，他认为任何系统都存在特殊或不同的耗散结构，而且是一个不断与外部环境进行物质、能量和信息转换的开放系统。该系统是由巨量组元构成并相互作用，同时向外部环境开放，并与之进行能量、信息等的交互转换，进而破坏系统的平衡态，呈现出耗散结构，以达到从无序到有序的进化。对此，这是一种需要耗散一定的能量和物质才能形成有序的结构，即所谓的“耗散结构”。在这种多元化转换情景下，系统内部自组织运动的多样性更加反射出各个系统内部的不平衡性及系统与外部环境的不平衡性，而这种不平衡性亦彰显出了系统的复杂性，且这种复杂性是不以人的意志为转移的。由此，人们只能在承认其客观存在的基础上，勾勒出系统合理的发展图景。

鉴于耗散结构论探讨的是一个远离平衡态的开放系统，所以当系统的某一条件或参量发展到一定阈值的时候，系统就会出现涨落，这种涨落将使系统的秩序重新组织，意在从一种杂序的形态转变为有序的新形态，而这种转变既需要不断和外界进行能量转换，也需要系统自身产生组织性和相关性。在一定条件下，系统自行生成组织性和相关性的现象则被称为自组织现象。诚然，耗散结构的形成也是需要一定的条件。耗散结构形成的条件主要涉及四个方面[②]：远离平衡态的开放系统；存在稳定向不稳定转变的阈值；涨落促成有序新形态；存在非线性交互作用所衍生的正反馈。

耗散结构论明确提出要形成生机勃勃的新陈代谢系统，开放是必要条件。我

① 刘曾荣，李挺．复杂系统理论剖析[J]．自然杂志，2004，26(3)：149-151.
② 李士勇．复杂系统、非线性科学与智能控制理论[J]．计算机自动测量与控制，2000，8(4)：1-3.

国“一带一路”倡议正是党的十八大之后提出的新一轮开放战略，且得到沿线国家的支持，成为加强多边交往的重要平台，而 TCSOL 与其他教育的区别在于它更依赖于开放战略。在耗散结构论视域下，中国 TCSOL 和美国 TESOL 教师培养模式都是不断与外部环境进行能量转换的开放系统，同时自身内部也是由一个个自组织系统组成。但是，无论中国 TCSOL 或美国 TESOL 教师培养模式如何进化、如何涨落、如何转换、如何相互作用，都离不开其发生能量反应的条件，主要包括历史条件、现实条件、内部条件、外部条件等，这些条件也将影响中国 TCSOL 或美国 TESOL 教师培养模式的各个参量，进而影响整个教师培养模式的质量。

（二）协同论

协同论或称“协同学”，是系统科学的重要分支理论，是 20 世纪 70 年代以来研究不同领域事物协同机理与其相似特征的新兴综合性学科，是多学科研究发展的产物之一，以寻求各种系统从无序向有序转变时的相似性或共同规律。在整个大环境中，尽管各个系统的性质、结构、功能等方面都可能截然不同，但是各个系统间也存在既相互合作又相互影响的关系，使得协同论在自然和社会发展过程中能够发挥其内在的协同效应。与此同时，系统结构和功能是相互依存的，为系统的协同创造了条件。

1977 年，德国赫尔曼·哈肯提出“协同学”的概念[①]，系统研究协同论。该理论意在揭示复杂系统与其子系统之间的合作与协调关系，并侧重宏观和整体尺度研究。协同论在汲取了现代科学中一般系统论、结构耗散论、控制论、突变论和信息论等研究成果的基础上，根据“许多子系统的协同在忽视其各自的特性时却能遵循某种相同的原理”的意蕴，以多个子系统的相互联合作用为对象，综合运用动力学和统计学的研究方法，并通过各个子系统的协调合作作用，挖掘自组织系统的普遍原理和理论模型，探索宏观层面的功能与结构。

在子系统协同运动过程中，存在许许多多的参量，主要分为“快参量”和“慢参量”，其中“慢参量”也称作“序参量”，对系统的进化起着主导作用。快参量主要用于稳定旧结构，而慢参量则用于推动系统摆脱旧结构，进而走向新结构。两者相互影响、相互制约，并绽放出协同运动的异彩。协同运动聚焦系统宏观尺度上的自组织运动，且协同运动受到参量控制，然其进化的最终有序程度和结构功能亦受序参量支配。序参量是协同论的核心概念。系统越有序，其序参量就越大，反之亦然。当系统到达临界点或阈值时，序参量最大。因此，序参量代表系

① 哈肯. 高等协同学[M]. 郭治安，译. 北京：科学出版社，1989：87.

统有序的结构和类型，是子系统突变前后质的临界表征，也是所有子系统协同运动的结晶，呈现出系统宏观范型的整体性、子系统协同效应的度量性、系统进化过程的支配性等特征。需要注意的是，系统的序参量往往不止一个。当系统出现涨落时，各个序参量间会相互竞争和协调合作，从而形成不同的组织形式。但是，最后只有一个序参量能掌控系统整个宏观而又有序的阵势。

在协同论的机理中，中国 TCSOL 和美国 TESOL 教师培养模式应以教育及其组织为序参量，政府、社会、市场等子系统作为参量，共同协调和合作，不再是纯粹以政府行为，或以市场运作，或以语言发展等组元为核心，而是一种以教育及其组织为中心的多中心自组织协调网络，从而达到各中心的协同效应，提升教师培养质量。

四、复杂系统理论的应用场域

复杂系统理论运用的场域涵盖自然、社会和人文等多学科。美国应用语言学家黛安娜·拉森·弗里曼最早将复杂系统理论引入语言系统，提出复杂系统语言模式。[①]同理，教育系统作为社会系统的一个子系统。将复杂系统理论引入教育系统、教师系统，有助于在复杂系统理论的朗照下窥探中国 TCSOL 和美国 TESOL 教师培养模式的另一片天地。

（一）语言场域应用

复杂系统理论的语言场域应用突出了复杂语言系统的发展特点。1997 年，应用语言学家黛安娜·拉森·弗里曼所提出的复杂系统语言模式，指出语言是一种复杂的动态系统，并阐明了在复杂系统理论视域下，中介语并不是一个独立的线性时段，也衡量不了学习者能否正确习得目的语。凯斯·德博特（Kees de Bot）等也认为语言发展体现了动态系统的核心特点[②]：对初始条件的依附性；各子系统互联的完整性；发展中吸引因子的涌现性；个体内或个体间语言的变体性。与此同时，复杂系统理论是一种“自下而上”的方法，而语言模式是人们在相互交流中涌现的，是一种互为因果关系的过程。[③]然而，本书认为语言虽然是在一定的情景中相互交流而衍生的，但它们并不一定结成因果关系，还可能存在其他关系，所以说更倾向于一种多维的动态网络关系。复杂系统解构传统还原论的语言因果

① Larsen-Freeman D. Chaos/complexity science and second language acquisition[J]. Applied Linguistics，1997，18(2) ：141-165.

② de Bot K，Lowie W，Verspoor M. A dynamic systems theory approach to second language acquisition[J]. Bilingualism：Language and Cognition，2007，10(1)：7-21.

③ 冀小婷. 关于复杂系统与应用语言学——拉尔森·弗里曼访谈[J]. 外语教学与研究，2008，40(5)：376-379.

研究方法，指出语言系统的组元很难通过因果链而独立提取出来，从而探究语言发展变化的目的与原因。对此，复杂系统理论强调将自组织性和突变特征纳入语言系统的考虑范围中。

除了语言系统的内部场域外，外部场域也是不可忽略的一部分。语境就是外部场域变化的语码。语境融合是语言系统本身的一部分，而变化是自身发展必不可少的成分。换言之，语言系统是处于不断变化和发展过程中，且相互作用、相互联系，而不是简单的基于语言因果、假设和预测。此外，王涛指出复杂系统中语言变化发展的三个原因要素：稳定性与变异性、语境、互动水平与时段。①需引起注意的是稳定性只是处于变异性的不同阶段的稳定，不是静止不动的。语境也不是外在环境影响语言系统的外部结构，而是系统本身存在的一个语境因子，包括社会语境、认知语境、教学语境、文化语境、物理语境等。互动水平与时段也表明了复杂系统的多层性、进化性及变化性等特征。

（二）教育场域应用

教育系统及其机构和实践展示出了复杂系统的多个特征，具有动态性和涌现性，且有时含有不确定性。它们形塑和适应了社会宏观和微观变化，且自组织、反馈和影响其所在的环境。为此，教育系统与复杂系统的基本原理特征有着相通之处，有助于人们将复杂系统运用于教育改革与发展中。

复杂系统理论的教育场域应用范围广且内容多样，既彰显复杂系统的普适价值，也表明教育作为人活动场域的丰富多样性。比如，基思·莫里森（Keith Morrison）在论述复杂系统理论的核心原则及其存在问题的基础上，梳理了复杂系统理论在教育场域的应用②，包括在线学习、职员发展、变化的性质和简单化、伯恩斯坦有形与无形教学（Bernstein's visible and invisible pedagogies）、课程改革与创新、对学校道德教育争论的质疑。杰伊·莱姆基（Jay Lemke）把教育作为一个复杂系统的概念框架，并对系统界定、结构分析、子系统与层级间的关系、变化驱动力、建模方法等核心问题进行探究。③迈克·波特瑞（Mike Bottery）则从复杂系统理论角度强调在教育永续发展中，教育者需要从简单的、线性理解转变为复杂的、非线性理解。④另外，在复杂系统理论观照下，教育场域运用的过程性更加

① 王涛. 动态系统理论视角下的复杂系统：理论、实践与方法[J]. 天津外国语大学学报，2011，18(6)：8-15.

② Keith M. Complexity theory and education[R]. [S.l.：s.n.]，2006.

③ Lemke J L，Sabelli N H. Complex systems and educational change：Towards a new research agenda[J]. Educational Philosophy and Theory，2008，40(1) ：118-129.

④ Bottery M. Improving sustainability：What can education learn from other complex systems?[J]. Educational Research Journal，2013，28(2)：5-31.

凸显，而不再只是注重学习的内容，这是因为课程组元的相关性及其内容的持续性是不确定的。为此，教育的涌现性和自组织性将为课程改革与发展提供空间。

（三）教师场域应用

复杂系统视域下，国际汉语或英语教师本身就自成一个系统，受一定的信息、能量等场域的影响，是教师培养系统的组元之一。教师培养是教育系统存在与发展的环境，教育系统则归属于社会系统，是社会系统的子系统之一。教师培养系统各组元的协同，能够确保各组元的能量守恒和动态平衡，以帮助教师适应不同的课堂情景，并通过协同作用去管窥群体的性质，从而构筑一个协调的组织系统。2016 年 10 月，第四届全国外语教师教育与发展专题研讨会上，王蔷等学者提到任何学习都和特定情境息息相关，不是个人的独立认知行为。教师学习须在参与实践过程中，时刻与环境、他人相互作用。可见，情境对于教师培养与发展具有重要作用。以此类推，语境对于语言教师培养同样重要，并且不能仅仅把语境当作教师培养的外部结构，因为它是语言系统里不可分割的组元。那么，教师如何在课堂教学中扮演系统思考者呢？

教师作为系统思考者，需要能够识别现有系统及多个系统间的交互作用和影响，并客观认识系统有效运行的所有组元及其用途，同时能够理解反馈是影响系统的驱动因子，预测系统事件如何发展及掌管系统成果。具体说来，在课堂动态系统里，教师须将自己、每个个体学习者、物理环境、课堂文化和其他相互作用的组元看作一个整体，而每个个体学习者也都是一个复杂系统。除此之外，教师应积极利用自身优势和能力去构建课堂教学环境，设置和实施符合学生发展的课程，并通过反馈意见调整和优化教学设计、教学实施及学习影响，同时着眼教育的长远发展和促进目标的实现。[①]由此，在复杂系统理论视域下，中国 TCSOL 或美国 TESOL 教师培养过程中，需要理解个体学习者之间是怎样交互作用及涌现出的行为表征，并尝试去剖析这一现象，而不一定要进行预测，因为个体语言发展的差异性和不确定性也很难进行预测，同时也需要注意系统内外各组元的作用关系。

五、复杂系统理论的相关评价

复杂系统理论同其他理论一样，在得到认可和称赞的同时，也受到批判和反

① Rodriguez V. The potential of systems thinking in teacher reform as theorized for the teaching brain framework[J]. Mind，Brain，and Education，2013，7(2)：77-85.

驳。总体来说，复杂系统理论是利大于弊，是科学发展的产物，对多个学科领域产生较大影响。

复杂系统理论是学术苍穹中一颗耀眼的新星，并受到许多学科的追捧。[①]它打破了传统科学所倡导的线性、一元、还原等思维，为现代科学发展提供新的思想和视角，也帮助人们建构了许多复杂系统模型工具，比如仿真模拟（Netlogo）等，并为当前多元思想、跨学科发展提供新的科学依据。另外，在“世界作为一种组织”的系统观念下，控制论、信息论、一般系统论、博弈论等新学科理论及系统分析、系统工程、运筹学等实践应用领域获得发展。它们关注系统、整体或组织，为人们提供一种新的方法路径。[②]还有正因为复杂系统理论的动态性、非线性、涌现性和自组织性等特征，使人们在处理大型的、多样组元交互作用的复杂系统中受益匪浅。

但是，由于复杂系统理论不同于以往科学研究所强调的基本假设、数学技术与目的，且有时会陷入自身矛盾中，从而令人心生不满。由于复杂系统自身的特性，加上研究者对其特性、用法的生疏，使得他们难以建立系统模型。同样，也很难产生一套合理的宏观规制来解释被观察系统的宏观性质。[③]由于人们习惯于在单标度中渐进式、线性推理的思维方式，并强调明晰的因果关系，这也对复杂系统理论提出挑战。另外，复杂系统的层次很难界定清楚。[④]有时候，它也只应用在一些定性现象，且方法也较为草率。

不管怎么说，复杂系统理论给以往科学的简单、线性思维带来新的思路和思想，对拉哥尼亚思维法、奥卡姆思维、费米思维等产生冲击和影响。拉哥尼亚思维法强调简练才是真正的丰富，只有最简单的东西才具有最大的想象空间和孕育性。奥卡姆思维注重问题的本质，舍去一切复杂的表象，直戳当前现实病态，即人们常常以为自己获得许多知识就喜欢把事情复杂化。费米思维强调简单化，认为简单化才是最优化、最经济和最合理的，任何问题的复杂化都是因为没有抓住事物的本质规律，没能揭示问题与最基本规律的最短关系，只是停留在表层的复杂性上，反而越来越远离问题的本真解决。除此之外，复杂系统理论也对多个学科领域的系统科学发展产生影响，从物理学、生物学、数学、计算机科学[⑤]等扩展

---

① Thrift N. The place of complexity[J]. Theory Culture and Society，1999，16(3)：31-69.

② Lilienfeld R. The Rise of Systems Theory：An Ideological Analysis[M]. Chicago：The University of Chicago Press，1978：7-8.

③ Sayama H. Introduction to the Modeling and Analysis of Complex Systems[M]. New York：Open SUNY Textbooks，2015：19.

④ Cilliers P. Boundaries，hierarchies and networks in complex systems[J]. International Journal of Innovation Management，2001，5(2)：135-147.

⑤ Hazy J K. Toward a theory of leadership in complex systems：Computational modeling explorations[J]. Nonlinear Dynamics，Psychology，and Life Sciences，2008，12(3)：281-310.

到经济学、社会学[①]、组织管理、语言学[②]、教育学等学科领域。在发展过程中，复杂系统理论也不断调整和克服自身不足之处，如克服过于偏向宏观的系统研究而开始注重微观层面。当前，复杂系统研究逐渐从整体走向具体微观研究，如机制。[③]《复杂系统哲学》一书中多处提及"机制"，并对其进行阐析，包括对机制组元的识别、行动的拟定及在特定的情景下，机制的各个组元如何与行动操作组织起来，以实现机制的宗旨。

六、复杂系统理论的适切性分析

复杂系统理论涵盖范畴广，并在多个学科领域得到应用和发展。复杂系统理论的适切性分析主要探讨的是复杂系统理论与语言教师培养的关联性和合理性。语言教师培养本身也是一个系统，这一系统与复杂系统理论所倡导的认识方法、系统运作及跨学科思想具有较强的适切性。

（一）认识方法的向度

不管是语言、教育，或是教师，其自身都是一个复杂的系统。与此同时，语言教育、语言教师、教师培养、语言教师培养等也是彼此相互作用的复杂系统，需要运用复杂系统的认识方法进一步理清。中国 TCSOL 和美国 TESOL 教师培养模式既具备了复杂系统论整体性、非线性等一般认识特征，也具备了自身语言教育发展的特殊表征。为此，复杂系统理论可以为中国 TCSOL 和美国 TESOL 教师培养模式研究提供整体性、非线性等认识方法向度。

复杂系统理论本身就是一个交叉学科理论。它是关于每一个自然、社会和许多科学领域及通过整体方法进行框架构建的系统。[④]研究发现，人类感知和认知发展开始越来越倚重系统方法。[⑤]对此，整体的认识方法是复杂系统理论的发展向度。为了全面完整地从更高层次（即整体层次）去理解某个现象，人们刚开始都会对这一现象的基础成分进行分析，但是系统理论认为人们不能仅仅通过某一现象的分解和改革就能够完全理解这一现象，而是需要立足整体视角凸显其功能。鉴于

① Condorelli R. Complex systems theory：Some considerations for sociology[J]. Open Journal of Applied Sciences，2016，6：422-448.

② Hensley J. A brief introduction and overview of complex systems in applied linguistics[J]. Journal of the Faculty of Global Communication，2010，(1)：83-95.

③ 吴彤. 试论复杂系统思想对于科学哲学的影响[J]. 系统科学学报，2013，21(1)：9-14.

④ Capra F. The Web of Life：A New Scientific Understanding of Living Systems[M]. New York：Anchor Books，1996：17.

⑤ Laszlo A，Krippner S. Systems theories：Their origins，foundation and development[C]// Jordan J S. Systems Theories and a Priori Aspects of Perception. Amsterdam：Elsevier Science，1998：47-74.

国际化背景下汉语或英语国际教育的整体结构和功能取向，中国 TCSOL 和美国 TESOL 教师培养模式仍需要秉承复杂系统所强调的整体思维，即高校二语教师培养模式不是简单地掌握多种技能或能力就可以了，还需要具备母语及二语间转换的整体观，否则就只是语言的机械转换，不利于促进二语教育国际化和教师培养国际化。库克（Cook）指出二语应用者的思维迥异于母语应用者的思维，必须从整体出发进行不同语言间的转换。①

此外，语言教师培养系统的复杂性反映了系统认识方法的非线性，如教师的教和学之间就不是一种简单的线性关系，教师与学生语言互动亦非简单的线性关系，学生二语习得过程同样也是动态的复杂过程，受多个组元因素和环境能量转换因子的影响。因此，对中国 TCSOL 和美国 TESOL 教师培养模式的探讨需要坚持复杂系统论的整体、非线性的思想及其认识方法。

（二）系统运作的使然

中国 TCSOL 或美国 TESOL 教师培养系统不仅是一个关乎语言系统、教育系统和教师系统的集合，也是人类生命系统和社会系统对语言系统、教育系统和教师系统运作的要求。比如，人不仅具有生命系统的个体和群体特征，也具有与其他动物不同的高级智能，这种生命体征和智能使人成为社会系统中高级而又复杂的组元。福特（Ford）和勒纳（Lerner）就把人类看成一个具有多层次的、情景性结构和功能的组织，并在层里、层间表现出各种稳定性和可变性。②这种以“人”为核心主体的组元在语言系统、教育系统和教师系统中则更加活灵活现。这些系统都体现了复杂系统运作的可能性和应然性。

中国 TCSOL 或美国 TESOL 教师培养系统中，教师的理念目标、课程知识、教学实践、研究能力等内在组元可以被看作一般系统中的子系统，它们互相影响、互相制约，呈现出自组织发展特征。不仅如此，中国 TCSOL 或美国 TESOL 教师培养系统作为汉语国际教育或英语国际教育系统的子系统，还与其汉语国际教育或英语国际教育系统，乃至更大的诸如语言、教育和教师等系统，甚至是人类生命、社会等系统的大环境进行能量和信息交流。所以，环境为中国 TCSOL 和美国 TESOL 教师培养提供外部源泉和支撑力量。另外，中国 TCSOL 或美国 TESOL 教师培养系统与环境系统间及其各个子系统间等结成动态、开放的协同关系网，需要通过中国 TCSOL 或美国 TESOL 教师培养体制机制的协调发展、政策激励及理

---

① Cook V. Background to the L2 user[C]// Cook V. Portraits of the L2 User. Clevedon：Multilingual Matters Ltd，2002：1-28.

② Ford D H，Lerner R M. Developmental Systems Theory：An Integrative Approach[M]. Thousand Oaks：Sage Publications，Inc，1992：47.

论引领予以支撑，从而进一步揭示国际汉语或英语教师开放系统的内在规律、动态演进机制及主导因素和临界条件，表现出复杂系统运作的使然。

（三）跨学科思想的驱动

TCSOL 或 TESOL 本身是一个多学科支撑的学科，涉及语言学、教育学、心理学、文化学等学科领域。其中，教师作为 TCSOL 或 TESOL 的核心主体，需要通过跨学科协同思想来完善国际汉语或英语教师培养系统。这种跨学科协同思想正是复杂系统理论发展的重要思想之一。复杂系统理论的一个优点就是为人们探索个体观与世界观关系提供重要和规范的跨学科框架。例如，协同论是现代系统科学发展的结果。它建立在多个学科研究基础上，正在形成自身的跨学科框架。复杂系统理论已经对生物学、心理学、社会学的变迁产生全面影响。不管是自然现象还是人文现象都蕴含着多个学科领域的复杂组合和多维情景，需要人们通过整体方法探寻问题的解决方案。因此，复杂系统理论更多地被当作一种探究的领域，而不是具体学科的集合。复杂系统理论的复杂性是一种多维度、多学科理念。①

随着多学科和跨学科思想的融入，复杂系统研究日益多元化，并在语言学、教育学、心理学等学科领域得到应用和发展。中国 TCSOL 和美国 TESOL 教师培养模式均深受多个学科领域影响，其培养问题需要通过更深层次的理念和思想，从复杂系统理论出发，驱动跨学科思想，使 TCSOL 和 TESOL 学习者在全球文化差异中得以融通和发展，使他们能够在不同国家文化背景的冲击中增强自组织能力，以实现自我适应，同时强化多元价值思维，与外部环境进行能量转换，以彰显教师的专业价值。

第二节　库玛 KARDS 理论

在全球化全面发展的时代背景下，语言全球化是不可逆转的潮流。那么，语言全球化视野的语言教师培养呈现什么样态呢？库玛 KARDS 理论的批判分析维度为我们提供一个模型路径。由此，审视中国 TCSOL 和美国 TESOL 教师培养模式，理清库玛 KARDS 理论的发展基石、内容蕴意和相关评价就非常必要，能为研究的深入开展和分析提供理论依据。

① McCarthy I P，Rakotobe-Joel T. Complex systems theory：Implications and promises for manufacturing organizations[J]. International Journal of Manufacturing Technology and Management，2000：559-579.

一、库玛KARDS理论的发展基石

库玛 KARDS 理论的发展基石主要源自全球化的理论视域、秉承协同式的操作原则和着眼挑战性的优先要素。

（一）源自全球化的理论视域

库玛 KARDS 理论将教师培养放在当前的国际环境中进行设计，认为至少考虑五个相关的全球化理论视域，包括后国家、后现代、后殖民、后传播和后方法视域[①]，前三者与全世界广泛的历史、政治和社会文化发展运动相关联，后两者更倾向语言教师培养，这体现了教师培养内外部关系的发展规律。

1. 后国家视域

18 世纪中期是现代社会的初始时期，单一民族国家概念被提出。它是欧洲封建君主制度和贵族统治对抗的结果，并伴随着自由民主制度的发展逐渐登上历史舞台。此后，民族性就成为单一民族国家发展的显著特征，对国家政治、经济和社会的发展起到关键作用。然而，随着全球化时代的到来，民族性的力量受到挑战。1999 年联合国发表的《人类发展报告》指出：全球化正在以三种方式改变整个世界，这三种方式分别是空间感的缩小、时间感的缩短和界线感的消失。当中，文化全球化正在塑造着文化资本、兴趣知识和身份认同。世界上各种文化比以前联系得更加紧密，并以更为复杂的方式相互影响。经济全球化影响更为猛烈，全球各种贸易问题及其解决措施大多超越国家层级而存在着。经济和文化社会的超国家发展，也和语言的发展密不可分。语言教育成为全球话语的重要平台。由此，在二语教师培养过程中，不仅要注重全球教育和经济潮流，而且不能忽视当地语言和文化的敏感性要求。“国家”概念在后现代背景下也逐渐弱化。

2. 后现代视域

后现代视域为语言教师培养者提供一种自我概念和理解知识地位的路径。后现代是对现代的批判，强调多元性、复杂性、差异性、个体性、开放性、不确定性和建构性等特点，并对权威和霸权提出挑战，符合全球化多元发展的需求，如后现代主义学者利奥塔所主张的差异性思维，尼采强调的后现代视角下的多元性等。相比现代性的外部影响，后现代性更注重个体内在能动地建构。为此，后现代揭示教师作为个体身份存在，并能够挑战知识权威。在教育教学过程中，必须

① Kumaravadivelu B. Language Teacher Education for a Global Society[M]. New York：Routledge，2012：3-11.

认同个人身份和强化自我理解，而这种身份认同是零散的、多样的、扩展的和能动的。简言之，后现代要求教师培养应考虑知识系统的多元性和影响个体身份意识建构的不同实践。后现代所彰显的知识地位、个体身份意识和自我能动性理念也在后殖民视域中得到很好的呼应。

3. 后殖民视域

后殖民视域下全球化英语教学可从学术、语言、文化和经济四个维度进行分析。学术维度指西方国家如何在语言教学和教师培养过程中宣传西方知识，贬低当地知识。语言维度揭示当地知识和语言应用是怎样被分离的，以实现在世界范围内普及英语。文化维度主要促使当地英语语言教学与西方文化教学保持一致，进而在当地英语学习者中形成文化同化趋势。经济维度主要通过世界范围内的产业发展，促进英语国家经济的发展，而前三个维度的英语教学为产业发展提供良好的土壤。随着全球化的发展，各国人们对不同文化和价值观有了更深的了解和认识，对本地语言和文化传统的保护意识也增强，对英语教师培养的殖民性有更多认识，需要对那些带有殖民性质的学术、语言、文化和经济保持警醒，这也推动教师培养方式的改革与发展。

4. 后传播视域

后传播视域为语言教师培养改革发展提供新的思路。传统上，教师培养者将事先安排和选择好的知识体系传授给教师候选人。这样，很容易造成专家生产知识而教师消费知识，导致专家和教师的分离；教师培养者的角色受到限制，并使教师候选人成为零碎知识的传输工具；教师候选人从教师培养者身上学到教学知识和技能，并运用到自己的课堂上；教师候选人很少被鼓励建构自己的教学方式方法；基本采用“自上而下”的方式，教师候选人的行为受到专家或外部产生的知识的影响。结果是，教师成为知识传输的工具，教师的目的就是帮助学生理解知识并让学生学会运用知识。对此，他们更加依赖原先学来的理论和教学策略，对实际教学环境的有效性考虑不多。后传播视域就是要重新认识教师的认知、信念和其他领域，希望教师扮演反思实践者角色，进而扮演具有变革能力的知识分子角色。如此一来，传统教师培养的信息导向模式将转向后传播视域的问题导向模式，其最终目的就是让教师成为自我指导和自我决定的个体。在这种二语教师培养模式的后传播视域下，传统的方法概念亟需转型。

5. 后方法视域

后方法语言教育理论是库玛的首创之举。传统上，方法的概念反映出专家与教师的不平等的权力关系，即专家负责方法概念理论化，教师则负责方法在具体教学中的理解与应用。这样，教师教学就主要依据专家的方法理论概念，衍生知识导向的“自上而下”的教学模式，而非立足教学实践。况且，世界上并没有最佳的方法，后方法视域旨在探索方法的替代物，而不是一种代替其他方法的方法。此外，后方法视域强调教师的自主性，认为教师有能力自主发展，并知道如何教学和自主行动。同时，后方法视域象征着原则化的实用主义，并以教学的实用性为基础，揭示教师能够在批判性和开明教学的条件下管理好课堂教学。由此看来，后方法视域重视教师在每一种情境的判断，目的是推动教师以自身的知识、技能、态度和自主性形成独立系统化的个人教学理论。这倡导把权力由专家理论者下放到教师教学实践者。因此，后方法视域旨在通过赋予教师权力，使他们能从教学实践中发展自己的理论，进而成为具有战略思想和能力的教师。

（二）秉承协同式的操作原则

教师培养方案的设计除了要考虑五个全球化的理论视域外，还需要与之相配套的具体操作原则，而这些原则不仅是后方法教学法的一部分，而且对二语教师培养的实践和发展具有重要的指导作用。由此，库玛指出 KARDS 理论的三个操作原则：特殊性、实用性和可能性。①这三个原则互相联系、互相影响，并以协同的整体方式取得效果，且这一效果往往超过每一部分的成效。

1. 特殊性原则

特殊性原则受到解释学的影响，强调有意义的教学是基于特定情境的全面诠释，且只有通过改善这些特定情境方能取得进步。这一特殊性包括特殊的教师、特殊的学习者、特殊的目标及特殊的情境等。对此，在教师培养和语言教学过程中，必须充分考虑当地教学的主体、客体、语言环境等方面，反对预先设置的目标原则和实施步骤，也就是说教师培养和语言教学都要立足本土的政治、社会、语言和文化环境、当地的个体和机构等，同时顾及当地的制约条件和资源，帮助教师或教师候选人发展必要的知识和技能。不管是个人的还是集体的，教师旨在评估当地需求，观察当地的教学行为和评价其产生的结果，并能发现问题和寻求解决策略。这种不断循环反复的观察、反思和行动须根植于当地现实，而这种现实的特殊性是与其实用性关联在一起的。

① Kumaravadivelu B. Language Teacher Education for a Global Society[M]. New York：Routledge，2012：11-15.

2. 实用性原则

实用性原则旨在打破现有专家和教师的劳动分工、知识生产者和知识消费者的分流（分工即专家生产知识，教师消费知识或传授知识），因为这种分工给教师自我构想和自我建构教学知识所预留的空间很少，而教学知识要与当地情境关联，就必须立足现实日常教学实践，这需要教师自己去探索，并从实践中发展出自己的理论。为此，在教师培养过程中，我们不能简单要求学习者掌握专业性知识，然后应用于实践中，而是要积极发展他们的知识和技能，帮助他们端正态度和提升自主性，让他们能够适应不同情境的理论需要，进而实践自己的理论。在实用性原则指导下，教师培养的核心在于为学习者提供课堂观察和教学探索的工具，而这种工具不仅仅将教学当作扩大课堂学习机会的一种机制，而且是理解和改造学习者和教师在课内外发展可能性的一种方式。从这个意义上来说，实用性和可能性也是关联在一起的。

3. 可能性原则

相比特殊性原则的解释学基础，可能性原则主要来自批判教育学。批判教育学认为教育教学是那些特权者用来制造并维护社会不平等的工具。他们把课堂现实当作是由社会建构和历史决定的，而教育教学也被赋予参与者批判所拥有直接经验以外知识的权力，并为更好地维持和保护权力结构所构建的社会提供了可能。这种思想被批判语篇分析家们延伸到语言教育和语言教师培养中，揭示语言学习者和教师只能通过语言和权力关系的显现化，方能争取到教学实践决定权。这里，他们强调教师必须发展与个人经验和集体经验相关的理论和实践，而这些经验来自课堂环境中，可能是政策计划者、课程设计者和教材开发者无法料想的却能影响课堂活动的。对此，可能性原则要求教师能够不断改造自我身份，反对传授封闭的知识内容，并积极提高社会政治意识。在设置教师培养方案中，意味着此种方案能够促使教师形成和改造个人和社会身份。

以上的五个全球化理论视域和三个原则融合在一起，为审视和重构教师培养奠定基础，进而催生出一套新的且具有挑战性的优先要素。

（三）着眼具有挑战性的优先要素

库玛 KARDS 理论的全球化理论视域和协同式的操作原则为设计教师培养方案提供一些新的思路和想法，并着眼五个具有挑战性的优先要素①，具体表现为：

① Kumaravadivelu B. Language Teacher Education for a Global Society[M]. New York：Routledge，2012：16.

更注重个人知识的生成性，而非应用已学到的智慧，这样，教师既要吸收已学习到的技能，又要充分利用活生生的经验；更注重主体能动性的积累，而不是一味尊崇权威，以便教师可以拥有自己想要的自由和灵活；更注重当地情境的教师研究，而非全球范围的专家研究，如此一来，教师课堂教学能够满足当地的需求和弥补当地的不足；更注重具有应变潜能的知识分子，而非被动的技师，这种知识分子能够承担他们的社会责任和教育教学责任；更注重教学模式的掌控，而不是将其塑造成大师，对此，培养的是能够应对未知和意外的能力和自信。

总之，全球化的理论视域、协同式的操作原则和挑战性的优先要素不但为库玛 KARDS 理论奠定概念根基，还为本书从批判眼光审视中国 TCSOL 和美国 TESOL 教师培养模式提供理论参考。

二、库玛KARDS理论的内容蕴意

库玛 KARDS 理论主要包括认知（knowing）、分析（analyzing）、认识（recognizing）、践行（doing）和体悟（seeing）这五个内容模块，每个模块代表一个子系统，每个子系统共同形成更大的系统，即语言教师培养模式。它们既互相独立又互相联系，铸造成一个动态、复杂的网络模型。

（一）认知：过程与生成性

“认知”模块强调的是过程和方式方法，而不是知识的结果和主体。[①]教师知识是认知发展的重要积淀。对于教师知识，存在各种不同的术语概念和分类。教师知识的概念基本涵盖教师的个性、信念和价值观及理论知识和实践知识。教师知识也有不同的分类法，如李·舒尔曼（Lee Shulman）把内容知识分为学科内容知识、教学法内容知识和课程内容知识，并进一步细化为一般教学知识、课程知识、教学法知识、学习者知识、教育环境知识、教育目的知识。还有个人实践知识、策略知识、案例知识等。

在此基础上，库玛针对二语教师培养，提出专业性知识、程序性知识和个体性知识。[②]专业性知识是关于某学科领域的知识，包括语言的知识、语言学习的知识、语言教学的知识。其中语言的知识把语言看作语言体系的知识、语言篇章的知识和语言思想的知识，语言学习的知识主要涉及二语习得、认知心理学和信息处理等领域的理论和实践知识见解，语言教学的知识主要关注的是教学方法的知识，

① Kumaravadivelu B. Language Teacher Education for a Global Society[M]. New York：Routledge，2012：20.

② Kumaravadivelu B. Language Teacher Education for a Global Society[M]. New York：Routledge，2012：24-34.

从语法翻译法到视听说教学法再到交际法，都遵循“先讲规则后运用”或“先运用后谈规则”的原则。在教师培养过程中，需要对学习者语言输入的内容和风格、互动机会的范围和种类进行修正和干预。程序性知识是关于课堂教学管理的知识，如语言学习管理，主要包括话语管理和主题管理。课堂管理策略的有效性将影响教学的质量，并促进个体性知识的发展。个体性知识体现了教师的思想运动过程，包括批判性识别、反思、回顾及重塑自身的身份、信念和价值观。个体性知识有助于强化教师判断事物的能力。这里的知识，彰显出了教师培养的动态成长过程及教师知识的开放性和生成性。

（二）分析：多样与能动性

“分析”模块强调不同学习者的多样需求及个体的自主能动性，主要包括分析学习者的需求、动机和自主性。[①]二语教师为了能够成功地、负责地开展教学，就必须发展必要的知识和技能，以分析和理解学习者的需求、动机和自主性。分析学习者需求是分析语言学习者应该学什么、喜欢学什么和还没学什么，即了解学习者的需要、喜好和不足。这种二语学习需求，有利于真正提升学习者的语言交际能力。实际上，这也是一种动机因素。不同的语言学习动机将会产生不同的身份认同形式。传统的融入型动机已经不适合全球化发展，需要从认知心理学、后现代主义和批判教育学中寻求新的动机范式，如认知心理学的自我决定论重视直觉动机和学习者的自主性。需要引起注意的是，不同的社会文化对自主性的概念内涵有不同的理解。广义的自主性体现的是学习者如何学会摆脱束缚，为此学会学习是手段，目的是学会解放，倾向自由自主，而狭义的自主性则着眼于学习者如何学会学习，其目标就是学会学习，倾向学术自主。可是，当我们关注学习者的同时，也要关注教师。只有教师认识“教学自我”（teaching self），教师的知识和学习者的需求、动机和自主性方能有效地结合起来。

（三）认识：自我与情境化

“分析”模块更多的是从学习者的角度进行分析，而“认识”模块则主要从教师出发，因为教学和教师是一体的。教学中知识和意识的有效开发，很大程度上依靠教师的“教学自我”，其认识由教师的身份、信念和价值观三部分组成。[②]

① Kumaravadivelu B. Language Teacher Education for a Global Society[M]. New York：Routledge，2012：37-48.
② Kumaravadivelu B. Language Teacher Education for a Global Society[M]. New York：Routledge，2012：55-56.

在全球化背景下，个体身份认同得到发展。换言之，每一个群体都在努力地保持和维护自己的身份，从而导致多元文化主义（multiculturalism）和单一多重文化主义（multiple monoculturalisms）的产生。然而，教师“教学自我”的实现，需要教师发挥能动性，并具有与权力斗争的策略能力，是各种力量博弈竞争的结果，在其个体身份认同形成过程中，教师不是孤立的个体，但也不能像大众文化那样认为存在“单一”的教师自我。相反地，“教学自我”应该是个体化的，其身份的形成受到多个因素影响，最突出的是教师的信念和价值观。教师想什么、说什么和做什么都反映了他的信念。教师的信念影响了教师及其教学行为，但有时教师的信念和教学行为也会出现不一致的情况，而且教师的信念可能包含价值观，体现教师的道德伦理。面对不同文化背景的学生，教师常使用关怀法，如在关爱伦理和制度伦理发生冲突的时候。那么，教师如何系统审视“教学自我”呢？在“教学自我”认同的时候，教师可通过自传式民族志的分析工具质疑“教学自我”，并从个人、政治、职业、教学等层面了解自我，进而能够全新认识自己和认识自身的身份、信念和价值观。自传式民族志显示了当地具体情境中教师研究的重要性。①

（四）践行：责任与变革性

如果说前三个模块的内容更加注重行为者而非践行，那么“践行”模块则侧重践行，主要包括提升预期学习效果的教学、源自个体实践理论的理论化、与他人和自我的批判性对话。②这三个践行与特殊性、实用性和可能性原则息息相关。由此看来，任何教师培养方案的首要目标之一就是为教师能够成功地教学，构建研究理论和开展对话做好准备。其中，课堂教学聚焦的目标应是：实现学习机会的最大化和指导个体转变。教学是一种反思性活动，在受理论研究影响的同时，也影响了理论研究。对此，在教师培养过程中，应尽可能地引导教师候选人从实践中发展理论，并根据个体理论指导实践的发展。教师理论研究也受到对话式合作过程的影响。因为教师理论研究本身也蕴含有对话式的研究。教师对话就是与他人、自己或文本在学习、教学和理论研究中的问题探究。通过对话，有利教师构建个人实践的行为理论，从知识的消费者角色转向知识的生产者角色，其可能的途径就是促使教师转变为具有变革能力、所需要的知识、技能和性情的知识分子。这不仅是教师对教学的负责，也是对社会的责任。

① Kumaravadivelu B. Language Teacher Education for a Global Society[M]. New York：Routledge，2012：68-72.
② Kumaravadivelu B. Language Teacher Education for a Global Society[M]. New York：Routledge，2012：78.

（五）体悟：内在与竞争性

“体悟”模块旨在将认知、分析、认识和践行四个模块的内容有机联系起来，并通过自己和伙伴，从学习者、教师和观察者三个视角体悟自己的教育教学行为。Kvernbekk 从哲学视角出发，将“体悟”分为外在体悟（seeing-in）、比较体悟（seeing-as）和内在体悟（seeing-that）。[①]外在体悟强调体悟事物的表象特征，多为感知性知识。比较体悟通过挖掘新旧经验、行动和影像间的异同点来理解当前观察的体验，这一般无关乎哲学范式，但超越感知体验。内在体悟是体悟的最高级形式，包含批判性的知识应用，是认识的成就。它是认知和体悟两者结合的批判性工具。对此，外在体悟主要采用互动方法（interaction approach），比较体悟采用话语方法（discourse approach），内在体悟采取的是批判方法（critical approach）。真正的课堂教学应该是内在体悟，而不是事先准备好的互动，也不是通过课堂任务和主题等方面来理解课堂话语。对此，内在体悟承认课堂教学的竞争性和复杂性，而教师则在反思社会政治结构和社会文化的同时，直接或间接地影响了课堂教学的话语内容和特点。鉴于不同参与者具有不同的期望、信念、身份及担忧等，从学习者、教师和观察者不同的视角进行体悟就尤为重要。学习者视角揭示学习者是教与学的重要组成部分，同时教师需要倾听学习者，通过学习者来评价教学效果；教师视角认可教师权威，认同师生关系的不平等性，包括课堂活动、课堂互动及预期目标与结果的评价等；观察者视角认为通过同事间的观察，能够为语言课堂提供重要的见解。这三者相互联系和相互影响，并共同参与到课堂活动中。

三、库玛KARDS理论的相关评价

库玛 KARDS 理论将语言教师培养置于全球化背景下进行探究，并从多学科领域的视角进行学理分析，给予人们全新的思维重构语言教师培养。如从社会文化视角进行教学而非方法驱动式教学，采用反思性批判教学而非最佳教学实践或教学方法传授，聚焦个人教学风格和文化信念而不是前人使用过的理论和方法论。在培养教师自主性方面，倾向运用富有意义的方式促进学生自我学习和提升学习效果，而不是依靠教学和动机策略。颜奕认为库玛较为系统地构建服务全球化社会的语言教师培养模式，并重新定位了语言教师角色，即在反思实践者的基础上，向变革性学者角色发展，同时为当前独立零散的教师培养课程的转型提供实

① Kumaravadivelu B. Language Teacher Education for a Global Society[M]. New York：Routledge，2012：99-101.

践意义。[①]

此外，库玛 KARDS 理论强调周期性、过程本位、转化导向和整体思维设计，取代了传统语言教师培养的线性方式、结果本位、传输导向和离散性课程。还有该理论鼓励教师战略性地思考教学，并在课堂教学中进行开放性创新，凸显教师培养的全球性、动态性、持续性特征，有利于改进传统零散、封闭的教师培养模式，为教师培养实践改革与发展奠定基础。王帅和金沛沛也指出库玛 KARDS 理论为全球化背景下教师不适应性问题的解决、教师教育理念的更新及自传式民族志的分析工具等方面提供有益的参考意见。[②]简言之，库玛 KARDS 理论有助于教师培养者理解理论和实践的关系，从全新的视角和系统的思维重新审视当前语言教师培养的问题，以推动全球化背景下语言教师的可持续发展。

库玛从全球化视角构建 KARDS 理论，改变传统的从可行性到目标实现的思维方式，然而该理论也存在一些局限。颜奕在简评库玛 KARDS 理论过程中，也指出一些值得商榷之处，如五大内容模块及其关系如何，各模块在整个模型中的比例大小和区别，各模块内部构成要素是否为并列关系等疑问。另外，对教师培养者和学习者的要求较高，能否在教师培养模式的实施过程中产生效用还有待进一步考察和验证。从整体理论模型来看，这五大内容模块是否能够涵盖语言教师培养的全部内容呢？这个模型又是如何转化为具体的教师培养方案，其操作难度较大。在全球不同情境背景下，库玛 KARDS 理论的实施信度和效度如何保障呢？从单个内容模块来看，比如“认知”模块，库玛提到专业性知识、程序性知识和个体性知识是否能够很好地体现教师知识？各个模块内容是否存在交叉现象？由此，库玛 KARDS 理论仍需要进一步斟酌，并接受实践的考验。

鉴于此，本书将根据中国 TCSOL 或美国 TESOL 教师培养模式的现实需要，对库玛 KARDS 理论的构架顺序和所蕴含的内容进行进一步改造，试图将库玛 KARDS 理论与中国 TCSOL 和美国 TESOL 教师培养模式联系起来，从而建构出研究的理论分析框架。在此框架下，认识维度对应教师培养的理念与目标、分析维度对应学习者的自主与成长、认知维度对应教师培养的知识与课程、践行维度对应教师培养的教学实践与研究、体悟维度对应教师培养的反思与评价。

① 颜奕.《全球化社会中的语言教师教育》述评[J]. 外语界，2013，(5)：93-96.

② 王帅，金沛沛. Kumaravadivelu《全球化时代的语言教师教育》评介[J]. 海外华文教育，2014，(2)：221-224.

第三章 中国 TCSOL 和美国 TESOL 教师培养模式的演进特征

中国 TCSOL 和美国 TESOL 教师培养模式的演进既是教师培养现实问题的历史透视，也是历史赋予现实发展的重要意义。通过回溯中国 TCSOL 和美国 TESOL 教师培养模式的基本形态，从横向和纵向、宏观和微观的技术路径出发，以变化发展和多维联系的眼光理清各自演进的基本脉络，从而揭示各个历史时期的背景因素、培养内容及其形态特征，并突出语言教师培养模式复杂系统中各参量的竞争与差异流变，为剖析当前中国 TCSOL 和美国 TESOL 教师培养模式的现状及未来走向提供历史铺垫。

第一节 中国 TCSOL 教师培养模式的演进特征

通过追踪中国 TCSOL 教师培养模式的各个历史时期，可以发现 TCSOL 教师培养模式与每个时期的经济、政治、社会、文化和外交背景息息相关，其教学目标、对象、内容、方法、途径、管理等方面都存在显著差异。那么，在 TCSOL 教师培养模式的演进过程中，发生了哪些变化，呈现出怎样的形态特征呢？

一、"松散+附庸"工具式的TCSOL教师培养形态

中华人民共和国成立之前，尽管有许多外国人来华学习汉语，但是国际汉语教师的培养却从未受到重视，这是因为自西汉以来，特别是"丝绸之路"开通之后，汉语往往被当作我国与他国政治、宗教、经济贸易交流的工具，展现了语言的服务功能。汉语国际教育侧重学习者的学习，而忽视教师的培养，加上长期以来我国教师地位不高，促使 TCSOL 教师培养呈现零星松散的形态。

早在西汉时期，汉语就成为我国与其他国家贸易交流的语言之一，这得益于"丝绸之路"的开通。之后，随着佛教传入中国，西域和印度僧人开始学习汉语，

并将各种佛典翻译成汉语，以推动佛教的传播。此时，汉语的学习，不仅仅局限于语言学习，还包括中国文化知识等的学习。国际汉语教师培养主要在一些著名的寺院进行，其授课者是一些僧侣、译场中的中国助手及在汉语环境中成长的双语人才，授课对象主要是来华僧人、商人等，教学内容主要与佛教相关，还有一般的语言教学，教材可能是儒家经典书籍和被翻译成汉语的佛教典籍。[①]汉语国际教育体制尚未建立，汉语学习内容多为宗教和贸易所需，而非教师培养内容，且学习者多来自西域和印度。由此看来，国际汉语教师培养较为松散，并附属在寺院，为佛教传教服务，而汉语也只是作为传播宗教和对外贸易的工具，并未真正培养专门从事汉语教学的教师。

隋唐时期，中国对外经济文化交流日益频繁，使得汉语教学越显紧迫和重要。唐朝建立了完整的留学生制度，汉语作为二语教学的规模也日益壮大，并逐步朝着正规化道路发展。官派留学生制度是唐代汉语国际教育的一大特色，保障和推动了唐代汉语国际教育的发展。唐代留学生的管理机构是鸿胪寺，而国子监则是最高的教育机构，不仅负责全国的教育，也负责留学生教育。留学生主要来自新罗和日本。因为官学名额有限，所以汉语考核就成为他们是否被选拔上的一个重要因素。对于刚来华的留学生，由于他们汉语水平较低，无法跟上国子监的教学进度，对此国子监派教师到鸿胪寺辅导或讲学。留学生一般在中国皇帝批准后，才被安排在国子监读书，学制6—9年，所学习的内容包括《论语》《孝经》《尚书》《礼记》《左传》《周礼》等经典，涵盖语言、文学、文化和其他知识。这些留学生，包括学问僧，留学时间都较长，期限为十年到三十年不等，不但学习汉语，而且全面了解中国政治、经济、文化和社会的方方面面，给留学生自身国家发展带来较大影响，如新罗学者在汉字基础上，创造了自己本民族的文字。后来，汉语学习的内容领域更加宽广，也建立了官派留学生制度，但是国际汉语教师培养同样未被提上议程。对此，国际汉语教师主要出于国家政治需要，满足新罗和日本等留学生汉语学习的需求，未能对教师自身培养和师资建设给予关注。

宋代，随着海上贸易的兴盛，国际汉语教学机构和教学对象发生变化。广州、泉州等沿海口岸蕃学的建立是其主要标志。教师多为精通儒学且熟悉民族文化的汉族人士。教材使用的是国子监的标准教材，说明了国际汉语教师未能很好意识到以汉语为母语的学习者教学和以汉语为二语的学习者教学的差异性。另外，少数民族地区也积极开展汉语教学。元朝疆域的辽阔及大一统的局面，为各个民族和中外文化的交流提供良好的土壤。此时，儒家经典依然是汉语国际教育的主要

① 张西平. 世界汉语教育史[M]. 北京：商务印书馆，2009：21-23.

内容，只是多了时代背景所赋予的新的知识内容，如蒙古语的学习。教学内容更倾向于口语教学，而非文化教学，如《老乞大》和《朴通事》的教材内容偏实用性和口语化。这两本教材转变了以往国际汉语教师的教学取向，包括从以书面语教学为核心转为以口语教学为核心，从以词汇教学为核心转为以课文教学为核心，从以语言要素教学为核心转为以语言交际技能为核心。[①]这种转变与经济贸易的发展密切相关。当时，汉语国际教育主要是出于外交贸易需要，强调实用取向，强调汉语的口语化，突出了汉语的交际功能，带有一定的“单一性”。

明清时期，葡萄牙人的到来，开启了中欧语言交流。汉语国际教育则坚守了读、写、说并进的原则，继续以口语教学为导向，同时还教授汉语写作，如罗明坚的中文诗作，彰显了较高的汉语写作水平。此外，语法书籍的编写与出版也促使汉语教学向以语法为核心的教学转变，如卫匡国的《中国文法》、万济国的《华语官话语法》及黄嘉略的《汉语语法》等语法著作。词典的编撰，特别是双语词典的编撰，如《葡汉辞典》，既为国际汉语教师了解西方人学习汉语的特征奠定基础，也开创了汉字拉丁拼音化的历史。这是汉语教学和汉语研究结合的产物，体现了汉语国际教育实践和理论研究的协同发展。值得注意的是，传教士汉语教学在明清时期汉语国际教育发展中处于重要地位，这与他们秉承“合儒排佛”的理念有关，而士大夫则成为他们的教师。士大夫不仅向传教士学习科学知识，还与他们合著或翻译许多科学著作。由此看来，当时教师和学生彼此相互学习，共同研究，为中西语言和文化的交流提供许多文本资源。此时，汉语国际教育不仅注重口语教学，也重视语法教学，而士大夫则成为明清时期国际汉语教师的代称。他们不仅教授汉语，还向西方传教士学习先进的科学知识，从而为国际汉语教师发展增添了不少的西方思想和文化色彩，彰显出“中西文化”双向交流的特点。

民国时期，由于社会动荡和战乱影响，世界范围内汉语学习人数有限。为此，一些外国机构聘请中国教师出国任教，如老舍、萧乾等人，国内则以传教士和教会在华组织的汉语教学为主。例如，华北协和语言学校[②]，学制 4—5 年，每年分春秋冬三学期。课程设置除了以汉语课程为主体，还涉及传教方法和中国文化课程，如中国哲学、中国社会状况、中国当代国际关系、上古和中古的中国历史等课程。教材可能采用《汉文进阶》，词典为美国版的《五千汉字词典》[③]。教学方法采用的是以听为主的直接法，还有讨论法和实践法，如开展各种研讨会及带学生在中国旅游等。相比中国古代的国际汉语教师，民国时期的国际汉语教师不再

① 程相文.《老乞大》和《朴通事》在汉语第二语言教学发展史上的地位[J]. 汉语学习，2001，(2)：55-62.

② 朱勇，郭芳菲. 华北协和语言学校：民国时期对外汉语教学的奇葩[J]. 人文丛刊（第 4 辑），2009，(00)：193-201.

③ 温云水. 民国时期汉语教学史料探究[J]. 世界汉语教学，2005，(2)：98-102.

局限于国内汉语教学，还走出国门任教，是国际汉语教师“走出去”的雏形，为日后探索国际汉语教师海外汉语教学奠定基础。

在汉语国际教育发展历史过程中，虽然涌现出许多优秀教师，如唐代的赵旋默、明清之际的朱舜水、罗明坚等，但是这些既不算是真正的国际汉语教师，也不算是专职汉语教师，只是在传播其他知识的同时传授汉语。在整个历史演进过程中，国家政治、外交、经济贸易及佛教、基督教等宗教都对汉语教育和教师培养产生重要影响。因此，中华人民共和国成立前，国际汉语教师培养呈现零星松散的形态特点，加上国际汉语教师主要服务于政治、宗教、经济和外交需要，而非真正基于教师教育逻辑而独立培养的汉语教师，带有附庸的工具性质。所以说此时 TCSOL 教师培养更多依靠外在影响，其自组织性脆弱，更多展现的是一种“松散+附庸”工具式的形态特质。

二、“中文+外语”预备式的TCSOL教师培养形态

中华人民共和国成立以后，汉语国际教育事业日渐步入正轨，国际汉语教师扮演的角色也越来越重要。那么，挑选什么样的教师从事汉语国际教育这一事业呢？国际汉语教师候选人的身份背景、教师教学的内容与方法、教材的编写与选用及教师科研情况折射出 20 世纪 50 年代至 70 年代末 TCSOL 教师培养的影像。

（一）20 世纪 50 年代：以汉语预备教育为主导

20 世纪 50 年代开始，我国政府就依据协议派遣国际汉语教师到越南、匈牙利、保加利亚等国家，并从高等院校中文系及部分外语专业选拔应届生进行专业培训，作为储备外派汉语教师，而这些储备外派汉语教师大多数都来源于中文系的毕业生，少数来自外语专业的毕业生。随着汉语国际推广，对国际汉语教师质量的要求也越来越高。到 20 世纪 60 年代初，他们不仅要具有较强的汉语言文学能力，而且要具有较好的外语水平。正如吕必松所揭示，20 世纪 50 年代初到 60 年代初我国国际汉语教师培养的是有一定外语水平的对外汉语师资。①由此，当时在师资培养过程中，就挑选一部分中文系的毕业生进一步学习英语，为培养储备外派汉语教师奠定基础。这是我国专门培养国际汉语教师的最初形态，即“中文+外语”预备式的 TCSOL 教师培养形态。正如访谈资料所示：

> 中华人民共和国成立以后，留学生主要来自欧美、非洲国家或东欧国家的一些学生，还有社会主义阵营的一些学生，所以当时培养的模式

① 吕必松. 对外汉语教学发展概要[M]. 北京：北京语言学院出版社，1990：3.

主要是从一些重点师范大学毕业生，包括北京大学、华东师范大学，还有一些其他重点大学的毕业生中选拔人才进行培训。这些老师主要毕业于中文系，然后再到外国语大学学习外语。学习外语以后，再从事汉语国际教育这一事业。当时，这些教师主要作为预备的师资……也有一部分老师是学俄语、英语的，像吕必松先生、刘珣先生、赵金铭先生。赵金铭先生还学阿拉伯语，他当时是在北京大学中文系学习，后到北京外国语大学学习阿拉伯语，因为他要去阿拉伯国家，所以赵金铭先生、刘珣先生他们学习的是外语。刘珣先生和吕必松先生是华东师范大学毕业的，他们是到北京外国语大学进修的。进修以后，当时正好是 20 世纪 60 年代初，国家成立了外国留学生高等预备学校，就是北京语言大学的前身，所以他们就在北京语言大学工作。当时，这些老师是在国内任教，但是，后来到了 60 年代，也有少量的老师被派到国外教学，不过以前公派老师的名额比较少，一年就只有几个人、十几个人。以前主要培养的教师是在国内教外国人，所以说是请进来式，因为学生是请进来的。

在“中文+外语”预备式的 TCSOL 教师培养形态下，国际汉语教师教学的内容和教学方法既是培养国际汉语预备师资的重要因素，也对国际汉语教师教学实践产生较大影响。由于在 20 世纪 50 年代我国百废待兴，再加上国际环境及与苏联的历史渊源，当时我国很多教育体制和教学方法都来源于苏联。在苏联的影响和国家规范语言文字工作的背景下，国际汉语教师语言需要以普通话为标准，教学内容以词汇和语法分析为主，特别是句法结构分析，这也与美国结构主义语言学理论息息相关。教师教学既注重词汇、语法等基本知识，也重视语言的运用和实践，并对学生的听说读写基本技能进行强有力的训练，其教学目标是培养学生运用汉语的能力。但此时，知识传授和能力发展被认为同等重要，在教学中往往先对语言知识进行讲解，然后进行相应的练习。为此，语言知识教学仍是教师教学的核心因素，是语法导向的语言学理论在课堂教学中的反映。同时，在教学中，教师已经意识到对本国人的汉语教学和对外国人的汉语教学的区别。

同样，在教学方法上，汉语国际教育教学采用了苏联的外语教学方法，主要是自觉对比法。它于 20 世纪 30 年代至 50 年代盛行于苏联，客观上延承了语法翻译法，是一种在母语和目的语的翻译和结构的比较中，自觉习得目的语的教学方法。[①]由此，自觉对比法也成为我国 20 世纪 50 年代外语教学的主要依据。此外，20 世纪 50 年代到 60 年代初是汉语国际教育事业的起步时期，也是教学方法初探的阶段。这一时期受语法翻译法的影响形成了以传授语言知识为主的教学方法，

① 刘珣. 对外汉语教育学引论[M]. 北京：北京语言大学出版社，2000：247.

重视语言规律，其内容以词汇和语法为主。教学方法则主要以语法翻译法为主，但直接法、综合法和对比法等方法也会用到。相比民国时期以听为主的直接法，此时各种方法都发挥了作用，渐渐从听说能力培养过渡到翻译和写作能力培养，并带有明显的语言学倾向，即重语言规律，轻语言学习和语言教学规律。

从中可以看出，20 世纪 50 年代 TCSOL 教师培养主要集中于教学层面，在教材编写与学术科研方面十分欠缺。然而，不管是国际汉语预备师资的教学内容还是教学方法，都需要汉语教材给予支撑。当时，汉语国际教育的教材主要采用赵元任的《国语入门》的单篇材料和邓懿主编的《汉语教科书》。这两本教材都侧重于语法和词汇教学，课文内容不能全面反映生活现状。尽管如此，1958 年出版的《汉语教科书》，不仅是我国第一部对外汉语教材，也首次提出了较为实用的语法教学体系，为 TCSOL 教师培养提供参考素材。教师科研方面，主要是记录和总结教学经验和教学体会，对理论研究缺乏深入探讨。教师学术研究的不足，为教学实践的可持续发展埋下了隐患，产生了许多问题。其中，留学生学用落差问题逐渐凸显出来，为 20 世纪 60 年代和 70 年代 TCSOL 教师培养改革与发展奠定基础。

（二）20 世纪 60 年代：进修培训式的师资储备

相比 20 世纪 50 年代，60 年代教师教学实践性得到强化，倡导课堂教学要“精讲多练”，比如当时的北京语言学院就规定“讲”和“练”的比例大致为 1∶4，大大提升“练”在课堂教学中的比例。在教师教学方法上，直接法得到广泛运用，而不像 20 世纪 50 年代教师纯粹带翻译上课且绝对排斥学生的母语或媒介语。教师通过一些材料，立足课文内容对学生进行大量训练，进而促使学生掌握实际听说技能，发现语言规律。尽管如此，语法导向的汉语教学依然占据重要地位，然其实践性教学原则有助于教师反思教学方法。那么，20 世纪 60 年代，TCSOL 教师培养又发生什么变化呢？

1962 年，外国留学生高等预备学校的建立，为汉语国际教育提供发展基地。该学校不仅提供汉语预备教育，还开办汉语翻译专业。1963 年，外国留学生高等预备学校经调查后，提出有针对性的教学目标[①]，即学生在汉语方面应能应付日常生活，掌握必要数量的数理化词汇，具有一定的阅读数理化浅易原文的能力，初步得到聆听数理化通俗讲座的训练，并具有必要的口头表达能力。该目标体现了国际汉语教师教学的应用性和实践性，并强化专业基础训练。

① 张西平. 世界汉语教育史[M]. 北京：商务印书馆，2009：101.

1964 年，外国留学生高等预备学校肩负起储备出国汉语师资的培养任务，并开始招收本科生，培养专门的国际汉语教师，然而由于“文化大革命”，第一批学生未能顺利毕业。6 月，外国留学生高等预备学校更名为北京语言学院，并开始接手储备出国汉语师资的任务，在教师培养、教学、科研等方面扮演着重要角色，成为迄今为止中国唯一一所以汉语国际教育教学与研究为主要任务的大学。当时，课程秉承精简原则，只开设了汉语、政治、外语、体育这四门课程[①]，重点培养本科生的汉语和外语能力。

1965 年，全国性的对外汉语教师进修班的举办也为那些没有汉语国际教育经验的教师提供了良好的学习机会。集中培训的师资培养方式可分成两种模式[②]：一是中文系优秀毕业生进修外语模式；二是教师培训和专业培养相结合模式。然而，这种中文系出身的背景与当前汉语国际教育专业还是有天壤之别，算不上科班的专业培养。随着留学生数量的增加，国际汉语教师队伍急需扩充。此时，培养单位由北京语言学院拓展至北京大学、北京师范大学、中国人民大学及中央民族大学等全国 23 所高校。[③]在汉语预备教育教材编写上，也反映了实践性教学原则，如《基础汉语》《汉语读本》，强调实际语言的应用，以典型例句来体现教学规则。

往后一段时期，因受“文化大革命”影响，许多高校停止招生，TCSOL 教师培养不仅汉语教学停滞，而且教师公开发表的研究成果也几乎没有。1966 年到 1971 年这 6 年间，汉语国际教育几乎中断，只有少数外派汉语教师教学和对外国驻华使团的教学。当时来华留学生也不是主要学习汉语语言专业，汉语教学带有预科性质。正如访谈资料所示：

> 80 年代以前，主要是“文化大革命”时期，那时候的外国学生，主要不是来学习语言的，他们是来学专业知识的，比如非洲的学生来中国学习水利，汉语教学带有预科性质。那些学生是来学习专业知识的，因为非洲需要造水库、电力，但是我们北京语言大学这类学校又不能培养这个，就在这先学习几年，把中文学好了，再学习专业知识。所以，那时候留学生少。

（三）20 世纪 70 年代：学历型汉语教育的发轫

1971 年，汉语国际教育教学恢复以后，汉语国际教育不再仅仅是预备教育，

① 张洁. 对外汉语教师的知识结构与能力结构研究[D]. 北京：北京语言大学，2007：5.
② 曹秀玲. 对外汉语教学师资培养的历史回顾及相关思考[R]. [出版地不详：出版者不详]，2010：27.
③ 周小兵. 对外汉语教学导论[M]. 北京：商务印书馆，2009：297.

本科教育被提上日程。北京语言学院开始招收本科生，并设置专门的现代汉语教学院系。在教学原则上，教师更加突出实践性教学原则。在教学方法上，在以往语法导向教学的基础上，强调句式句型训练，并开始关注语言的交际功能，其标志性的教学方法是直接法。在教师科研方面，主要探讨教学理论、教学方法、教学技能和教学原则等不同视角的课堂教学，最终着眼于实际问题的解决，而非对汉语教学学科系统的认识，同时对实践性教学和语言技能训练有了更深层次的理解和认识，体现了国际汉语教师交际性的教学思想。不仅如此，学者们也开始对国际汉语语音、汉字、词汇、语法、翻译、写作等分技能专题进行研究。

20 世纪 70 年代，TCSOL 教师培养沿用了 50 年代和 60 年代的“中文+外语”预备式的 TCSOL 教师培养形态，只不过在培养的具体方面发生些许变化，如注重国际汉语教师的本科学历教育、教师实践性教学原则及交际性实践能力培养、语言技能培养等。值得一提的是，此时的实践能力培养的是“交际性实践能力”，而不是“非交际性实践能力”。这种实践性教师培养理念也受国外语言学影响。国外语言学由以往重视语言结构形式向关注语言的意义与功能转变，交际法在这一背景下应运而生，并在 70 年代中期传入中国。汉语国际教育开始形成以语言功能和意念项目为纲来编写教材的新思路，改革“句本位”的传统做法，以话语为教学单位，将凸显交际功能的结构-情境-功能相结合的模式应用于教材编写中。与此同时，受听说法与视听法影响，汉语国际教育课堂教学十分重视语言结构的操练，强化听说实践，强调听说领先、读写并进的实践性原则。这一时期的典型教材是《汉语课本》《初级汉语课本》等，体现了语言在培养国际汉语教师交际能力中的作用。

（四）总结与分析

中华人民共和国成立到改革开放这段时期，我国汉语国际教育事业得到进一步巩固与发展。20 世纪 50 年代，TCSOL 教师培养以汉语预备教育为主。60 年代，除了预备教育外，汉语翻译专业学生也成为培养对象，仅 1962 年至 1966 年四年间，就培训了三批储备国际汉语教师。尽管如此，国际汉语教师师资力量仍十分薄弱，不仅教师数量远远不够，而且质量水平非常低下。此时期，教师培养主要以非学历教育为主。到 70 年代，现代汉语本科专业的设置，使国际汉语教师学历教育逐渐登上 TCSOL 教师培养的历史舞台，为日后教师专业化发展奠定了基础。短期汉语进修也为充实国际汉语师资队伍注入一股强心剂。

总之，该段时期，教师培养主要以“中文”、“外语”或“中文+外语”的形态进行培养。培养机构除了正规学校教育外，还有诸如函授或刊授教学。朱德熙先生是我国首位到国外进行汉语教学的专家。[①]还有吕必松、刘珣、赵金铭等先生都是该时期培养的教师，对中国汉语国际教育事业的发展起到奠基作用。此时，虽说 TCSOL 教师培养主要借用外语教育理论和方法，然其自组织培养系统已经开始发轫，逐渐从非学历教育过渡到学历教育系统，而理论和方法论的发展，有利于 TCSOL 教师培养模式的复杂多样性的发展。

三、"专门+制度"请进来式的TCSOL教师培养形态

改革开放以后，我国政治、经济和社会环境更加宽松、开放，使得来华留学人数迅猛增加，从而为汉语国际教育发展注入了新的生机。1978 年 3 月，在北京地区语言学科规划座谈会上，第一次提出把对外国人的汉语教学当作一门学科进行研究，促使汉语国际教育步入学科专业化轨道。然而，传统的国际汉语教师的专业背景要么是"中文"要么是"外语"，要么是"中文+外语"，已经不能满足国际汉语教师所应具备的知识和能力结构要求，加上学习人数增加及其对高质量教师的需求，对外汉语学历教育应运而生。于是，多所大学专门开设了第一批对外汉语教学专业，以培养国际汉语教师、翻译和汉语研究人员为目标。此外，为更好提升国际汉语教师的培养质量，首个对外汉语教师资格证书制度问世，为 TCSOL 教师培养的专门化道路增添了一条制度保障通道，从而进一步深化请进来式教师培养的专门性和制度性。

（一）20 世纪 80 年代：专门化培养模式启动

值此改革开放契机，北京语言学院正式设置四年制的现代汉语本科专业，并以外国留学生为对象，培养国际汉语教师、翻译和汉语研究人员。之后，南开大学、南京大学、复旦大学也相继开设了该专业。[②]1983 年，北京语言学院成立了对外汉语教学本科专业，以培养国际汉语教师为目标，并于 1984 年开始研制汉语水平考试（Hanyu Shuiping Kaoshi，HSK）。与此同时，全国学术团体"中国教育学会对外汉语教学研究会"的建立，为汉语国际教育学科发展提供了平台，助推 TCSOL 教师培养的专门化和制度化。1985 年，北京语言学院开设了第一批面向中国学生的对外汉语本科专业，以培养国际汉语教学师资。北京外国语大学、华东师范大学、上海外国语大学也陆续开设对外汉语教学专业，其招生对象主要是中国学生，目标是培养国际汉语教师。此时，TCSOL 朝向多层次、多类型方向发展，

① 刘珣. 对外汉语教育学引论[M]. 北京：北京语言大学出版社，2000：39.
② 周小兵. 对外汉语教学导论[M]. 北京：商务印书馆，2009：301.

不仅开展非学历教育，也开展学历教育。1986 年，北京语言学院和北京大学首招对外汉语教学方向硕士研究生。其后，复旦大学、中山大学、南开大学、四川大学等大学也相继设置类似专业方向硕士研究生。

在 TCSOL 教师培养过程中，注重情境功能交际能力的培养，并从视听教学法逐渐转向交际法。以 1980 年出版的《基础汉语课本》为例，教材引入了句型教学，以对话和句型训练为主，强调口语的第一性，对传统教材脱离实际的弊端进行了改革，集中了以往各种优秀教材的特点。此时，交际法的运用促进分技能教学的发展。综合型教材和分技能教材都各自发挥了作用，如《初级汉语课本》《初级汉语课本汉字读写练习》等系列教材。1981 年出版的《实用汉语课本》的编写原则第一条就明确规定“首先介绍日常生活中最必需的，也是初学者在社会交际中急需掌握的活的语言材料”，根据这一原则教材主要涉及日常生活和社交中的话题，强调语言和文化的结合。《说什么和怎么说》《实用汉语课本》等教材不仅充分体现了交际法的教学理念，也凸显 TCSOL 教师培养的实用主义教育价值取向。这种交际性实用主义取向则贯穿于 TCSOL 教师培养实践中，进一步强化 TCSOL 教师培养的实践性。由此可见，缺乏外国学生教育教学实践经验的教师，就不能真正称得上是专门从事汉语国际教育的教师。实践性是 TCSOL 教师培养专门化的核心基础。

（二）20 世纪 90 年代：教师资格制度的探索

20 世纪 90 年代以来，随着全球经济的一体化和社会文化的多元化，加上国际关系的嬗变，语言的功能和价值不断增强。什么样的语言教师才能胜任国际汉语教师这一工作呢？这引发了汉语国际教育学界对国际汉语教师准入及其资格认证进行了讨论。

早在 1985 年，《对外汉语教学师资合格标准》的起草，就为确保汉语师资队伍来源和师资素质作出努力。为了提升国际汉语教师质量和规范师资队伍，1990 年，国家教育委员会就推出了《对外汉语教师资格审定办法》，开始对国际汉语教师资格进行审查，只有拥有对外汉语教师资格证书的教师才有资格出国任教。该资格考试内容分为专业和外语两类。专业测试是以汉语国际教育为特征的综合考试，主要涉及古代汉语、现代汉语、语言学及语言教学理论、中国文化、中国文学等专业知识。外语测试主要有英语、俄语和日语三种。[①]1996 年《〈对外汉语教师资格审定办法〉实施细则》要求各单位加紧国际汉语教师培养工作。1997 年，全国

① 国家教委对外汉语教师资格审查委员会办公室. 中国进行对外汉语教师资格审定试点考试[J]. 世界汉语教学，1992，(1)：53.

对外汉语教师资格审定和培训工作会议进一步促进了对外汉语教师资格证书考试制度的合理化、规范化和科学化。[①]1998 年又发布《国家对外汉语教师资格考试大纲》，规定了国际汉语教师需达到普通话二级甲等要求。这一系列的举措，虽然 1994 年、1997 年曾两度暂停资格考试，到 2006 年最终停止考试，但是对外汉语教师资格证书考试制度和标准的制定确实为当时国际汉语教师培养工作起着促进作用。它既为国际汉语教师培养工作的规范提供制度保障，也为国际汉语教师教学实习提供基本依据，进而更好地完善国际汉语教师培养的制度。

为了进一步提升国际汉语教师培养质量，北京语言文化大学（原北京语言学院，今北京语言大学）于 1997 年成立全国首个对外汉语教学方向的语言学及应用语言学博士专业。汉语国际教育学科体系的建设和发展，为 TCSOL 教师培养模式的创新提供理论和制度保障。如在理论研究和方法论建设方面，赵金铭指出对外汉语研究包括“教什么”的本体论、“如何学”的认识论、“怎样教”的方法论、“用何种技术手段”的工具论。[②]这四个方面分别涉及语言学、心理学、教育学、计算语言学和现代教育技术的学科理论。此时，汉语国际教育研究也从微观研究中解脱出来，对宏观研究进行探索，并进一步明确汉语国际教育是汉语教学和外语教学的结晶。在 TCSOL 教师培养中，既要对学生的汉语语言本体知识、汉语教育教学等方面进行训练，也要对学生的外语能力、跨文化教学等方面进行培养。简言之，汉语国际教育学科的理论建设为教师资格制度提供了理论依据，也为能力取向的教师认证提供机制。

（三）21 世纪初：能力取向的教师认证

经过了 20 世纪 90 年代国际汉语教师资格的实践与反思后，资格认证似乎不能满足人们对国际汉语教师的要求。于是，2004 年，我国教育部出台《汉语作为外语教学能力认定办法》，自此汉语作为外语教学能力证书取代了对外汉语教师资格证书，并分为初级、中级和高级三种。同样，教师必须拥有汉语作为外语教学能力证书，才有资格外派出国教书。这不仅是对国际汉语教师培养的最后把关，也是对教师培养结果进行检验和考察，以确保所有教师候选人有能力胜任汉语国际教学这份工作。这里需要注意的是，汉语作为外语的教学与汉语作为二语的教学的区别。后者可包括前者，但主要指在母语为汉语的环境中进行的以汉语作为二语的教学，而前者则指的是在非汉语环境中的教学。

因此，“汉语作为外语教学能力证书”这一命名主要涵盖了两层含义：一是

① 侯颖. 对外汉语教师资格制度的回顾与前瞻[J]. 语言教学与研究，2012，(6)：36-42.
② 赵金铭. 对外汉语研究的基本框架[J]. 世界汉语教学，2001，(3)：3-11.

此证书主要适用于海外汉语教学，不同于以往资格证书，因为以往的资格证书主要考察在汉语环境中进行的汉语国际教育；二是表明汉语国际教育不再是简单的一种资格认证，更是一种能力认证，这种能力本身就包含资格在内。证书名称的前后变化，反映了国际汉语教师培养理念从“请进来”逐步转向“走出去”路线发展。同时，2004 年 11 月，全球第一所孔子学院在韩国挂牌成立，也印证了国际汉语教师“请进来”培养模式转型的必然性。这种转型既表明汉语国际教育内外环境系统的变化，由境内环境转向境外环境，也体现出教师培养系统结构的开放性和耗散性。

（四）总结与分析

20 世纪 80 年代以后，国际汉语教师培养不再像改革开放前的中文专业或外语专业毕业后进行的预备式师资培养，而是专门设置对外汉语教学本科专业及对外汉语教学硕士研究生专业方向，强化国际汉语教师的专门化培养。然而当时汉语国际教学的组织机构不完善。应汉语国际教育的发展需求，世界汉语教学学会于 1987 年成立。同年，国家对外汉语教学领导小组也正式成立，并认为有必要为从事这一行业的教师设立了一个门槛或标准，于是就制定了对外汉语教师资格证书考试制度，对国际汉语教师培养的情况予以考核，确保了国际汉语教师的基本素养，并促进国际汉语教师培养走向制度化。

尽管如此，此时教师教育主要是为了培养将来在国内从事留学生汉语教育的教学工作者，即培养能够在母语环境下多元文化的留学生课堂中有效教学的国际汉语教师，这种培养是“请进来”的教师培养方式，并未针对海外汉语课堂。这主要原因是当时国内还没完全了解海外人们的汉语学习情况。诚然，这种培养方式也反映在 20 世纪 90 年代国际汉语教师资格证书考试上，为教师准入提供了基本要求。21 世纪初期，国际汉语教师能力认证进一步深化和完善了国际汉语教师资格制度内容。不过，由于当时汉语国际教育的组织机构不完善，加上对海外汉语学习情况不甚了解，导致国际汉语教师培养依然步履维艰，师资问题一直都是汉语国际教育“三教”问题的核心。

四、“职业+专业”走出去式的TCSOL教师培养形态

随着海外汉语学习浪潮袭来，世界各国人民对汉语师资的巨大需求迫使国际汉语教师培养模式进行转型，其人才培养也逐渐瞄向海外汉语市场。由此，国际汉语教师“请进来”的教育方式已经不能适应海外汉语教育发展的师资需求，急

需进一步改革，朝向“走出去”形态发展。

（一）着眼于海外汉语教师教育发展

自全球第一所孔子学院在韩国挂牌成立后，国际汉语教师“请进来”的培养方式已经不适应海外孔子学院发展的师资需求。2005 年 7 月，世界汉语大会的召开，成为汉语国际推广的转折点。2006 年，根据国务院办公厅《关于加强汉语国际推广工作的若干意见》精神，我国各省市汉语国际教育工作主要出现六大转变：工作战略重点从对外汉语教学向全方位的汉语国际推广转变；汉语教学工作重心从“请进来”向“走出去”转变，主战场从国内向国外转变；推广理念从专业汉语教学变为大众化、普及型及应用型；推广机制从教育系统内转变为系统内外、政府民间和国内国外共同推进；推广模式从政府行政主导行为转变为政府推动的市场运作；教学方法从纸质教材面授转变为充分利用现代信息技术和多媒体网络教学。为此，国际汉语教师培养模式也发生转向，从“请进来”转变为“走出去”。直到现在，国际汉语教师培养仍旧以培养能够胜任世界各国汉语教育教学的教师为导向，且具备汉语语言和文化传播的多技能。这种导向和能力要求，彰显出当前国际汉语教师培养模式的培养目标主要是为了培养能够胜任多种国际汉语教学的高层次、应用型、复合型和国际化的专门人才，这种人才带有职业性和专业性的特征。根据访谈资料可知国际汉语教师培养十分重视实践技能，而这种技能的培养需要具备职业精神。

某教师：……必须要学会教课，写论文作用不大，因为到时某单位招聘，需要你能马上就上台讲课，所以你不会教课是不行的。这需要培养一种技能，而技能培养是要花时间的，所以我们专业很适合学徒式，不适合批量式。

研究者：那这种专业是不是跟职业院校培养的职业型和技能型人才有点相似？

某教师：是啊，职业型的那种学校，它有外国学生，我们有对外汉语专业学生。全国 114 所院校都在招，但是很多学校连外国学生都没有，那学生怎么实习，没有实践啊，像大西北有的地方，连外国人都没有，怎么培养？培养还涉及地缘，如广东高校外国生源主要来自东南亚，而新疆高校外国生源主要来自中亚国家。这个问题以前没有人考虑。要成为全能老师是不大可能的，为什么？比如像我在北京教欧美留学生，但我在别的学校就不一定是好老师。

2006 年以来，国际汉语教师培养理念从精英化走向大众化、从单一型走向复合型、从本土化走向国际化，其培养的对象、方式方法、课程教学不仅注重国内，也注重国外，并从“请进来”向“走出去”转变，积极促进本土汉语教师培养，同时积极建立中小学教师培养基地和实习基地，推行“国际汉语教师中国志愿者计划”等教师培养项目。这些既为教师候选人提供教学实践机会，也为他们提供一定的经费支持，从而有效地提升国际汉语教师培养的水平。“一带一路”倡议提出以来，沿线国家的国际汉语师资队伍建设获得更大的发展空间。面对“一带一路”沿线国家多元政治、经济和文化的背景，国际汉语教师培养须发挥更大的作用，而不是仅仅为了汉语国际传播或推广，进而推动人文交流和民心相通，服务我国“一带一路”建设，为构建人类命运共同体贡献力量。

（二）促进教师培养专业化和职业化

随着汉语国际教育理论和实践体系的日益成熟，教师培养的方向也更加明确，地位得到提升。早在 2005 年，全国已有 60 多所大学开设了对外汉语教学专业，其中 10 多所大学招收该专业方向的博士生。由此，TCSOL 专业形成一套从学士到博士学位完整的学历教育体系（不过博士学位只是作为一个方向培养，而不是作为独立的专业培养），既保障了国际汉语教师培养的质量，也促进教师培养的可持续发展。2006 年，教育部批准设置国际汉语硕士专业，2007 年设置汉语国际教育硕士专业学位。“对外汉语教学”更名为“汉语国际教育”，显示了汉语教育不仅仅是对外，其内涵和外延更广。汉语国际教育由专业方向招生到专业学位招生，体现了教师培养的专业化和职业化的学科取向。当前，国际汉语教师，包括孔子学院的师资队伍建设，将朝着专业化和职业化方向发展。2018 年，国内多所高校首次试点招收汉语国际教育方向博士研究生，为国际汉语教师队伍建设提供强有力的支撑，特别是对孔子学院的专职教师队伍建设提供支持。

TCSOL 专业学位和学术学位的设置就是教师专业化发展的重要标志之一。当前，TCSOL 专业硕士培养主要分为三个方向，分别是 TCSOL 专业学位、TCSOL 科学学位、TCSOL 课程与教学论方向。这三种不同的方向对于培养不同类别的理论型、应用型人才提供坚实的基础。TCSOL 专业硕士培养项目旨在培养国际化、复合型、应用型的国际汉语教师。招生对象一般是学士学位获得者，包括脱产生和在职生、国内生和国际生。学生学习年限为 2—3 年，但一般是 2 年，并采取全日制的课程理论学习和汉语国际教育实践（包括见习和实习等）相结合、汉语国际教育和中华文化传播相结合、指导教师负责制或导师指导与集体培养相结合的培养方式。第一年，学生主要进行 TCSOL 的课程学习，第二年则进行实习和毕业论文写作（如果是三年制的，第二年主要是实习，第三年进行毕业论文写作）。在实习方面，国家、省和各高校积极为学生提供各种机会，如国家层面的“国际汉语教师中国志愿者计划”、各高校设立的汉语国际教育实习基地等。

除了设置专门的 TCSOL 专业学位进行教师培养外，我国还实施了一些教师培养项目，比如“孔子新汉学计划”项目新招收来自 37 国的 112 名中外合作培养或来华攻读学位博士生，同比增长 50%。截至 2015 年底，累计录取 260 名外国博士生。[①]还有诸如汉语国际推广种子教师项目、国内汉语教师培训项目、海外汉语教师来华研修项目、专家组赴海外培训项目等。此外，在国家汉办指导下，各个高校积极改革汉语国际教育本科专业，加大汉语教学实习和跨文化交际、中华文化才艺、外语及中小学教学法等课程的训练。随着国家对汉语国际教育和孔子学院发展的重视，培养汉语国际教育的专业师资已经成为不可扭转的趋势，而且这种专业师资必须具备多种职业技能，包括中华文化才艺、跨文化交际技能、汉语教学技能、课堂管理技能、学生教育与管理技能等，同时对教师提出更高的能力要求和质量标准，为标准取向的教师能力建设奠定了基础。

（三）加强标准取向的教师能力建设

加强标准取向的教师能力建设是规范国际汉语教师培养的必然趋势。2005 年，国家汉办发布了《汉语作为外语教学能力等级标准及考试大纲》，为国际汉语教师培养中教学能力的鉴定提供参考。2007 年，《国际汉语教师标准》和《国际汉语能力标准》的颁布，标志着《汉语作为外语教学能力认定办法》废止。《国际汉语教师标准》规定了国际汉语教师应具备的素质、知识与技能，主要包括语言基本知识与技能、文化与交际、二语习得与学习策略、教学方法、教师综合素质。2012 年，国家进一步修订和完善《国际汉语教师标准》，突出国际汉语教师汉语教学、中华文化传播和跨文化交际三项基本能力，彰显教师的学科基础、专业意识和职业修养，主要包括汉语教学基础、汉语教学方法、教学组织与课堂管理、中华文化传播和跨文化交际、职业道德与专业发展五大模块，为国际汉语教师培养提供了依据。不论是国际汉语教师资格认证、能力认定还是国际汉语教师标准的颁布，都为国际汉语教师培养提供了评价标尺，为国际汉语教师培养树立准则。在新标准下，2014 年 10 月，国家汉办再次启动暂停 10 年之久的国际汉语教师证书考试，实施国际汉语教师证书制度，主要面向海外孔子学院（课堂）从

① 孔子学院总部/国家汉语国际推广领导小组办公室. 孔子学院年度发展报告 2015[EB/OL]. http://www.hanban.org/report/2015.pdf[2016-05-12].

事汉语教学的教师和志愿者及有志于从事汉语国际教育工作的各类人员。[①]该证书考试不仅需要笔试，而且要面试。面试倾向于跨文化意识的考核，更加突出海外汉语教学实践的重要性，是走出去式培养形态的重要表现之一。正如访谈资料所示：

> 这个新的国际汉语教师证书，通过率最高的人，知道是什么样的人吗？就是我们在海外做过志愿者的同学，他们工作过两三年。有过海外经历，很容易通过。因为这些考试主要考察他们在海外遇到的各种情况……
>
> 有些人，没去过国外，笔试可以通过，但是面试呢？你没去过海外就不一定能通过。为什么呢？因为我们面试里问的，都是海外的一些情况，再加上，当然不是说你在国内就不能通过，如果你有比较好的跨文化意识、知识和能力，虽然没去过国外，但是能处理好跨文化问题。那么，这类考生也是可以通过的。现在国际汉语教师证书考试要改进的部分就是跨文化意识方面。

在《国际汉语教师标准》和《汉语国际教育硕士专业学位研究生培养方案》的指导下，国际汉语教师培养目标更加强调教师的专业能力和技能，课程设置更加注重实践性和应用性，教学实践更加凸显有效性和技术性，从而使教师候选人能够在国外的主战场中胜任汉语教育教学工作，体现出“职业+专业”走出去式的TCSOL教师培养模式。在课程设置上，多数培养单位根据全国汉语国际教育硕士专业学位教育指导委员会（下文简称教指委）制定的培养方案进行设置，并根据本单位情况进行调整，重点突出汉语国际教育教学能力和跨文化交际能力。教学法则更加多元开放，各种教学法和教学模式在国际汉语教师培养过程中都得到运用，比如“结构-功能-文化”教学法、认知功能教学法、任务型教学模式、实况听力教学模式、词汇-语法教学模式、分技能教学模式、微技能教学模式等。随着教育信息化的发展，教师候选人还需要掌握一定的现代教育技术，学会运用网络和课件等进行授课。在这种信息技术发展的新时代背景下，国际汉语教师培养的信息素养能力也得到重视，成为教师核心素养能力之一，进一步推动标准取向教师能力建设及孔子学院数字化发展。

然而，在培养TCSOL专业硕士研究生时，很多学校都没有专门的教材，数字化教材依旧任重道远。教师培养者多综合与课程相关的教材和研究，同时根据自己的教学实践经验进行课程教学。不仅如此，教师候选人还需要了解和熟悉外国

① 刘军. 国际汉语教师资格考试的回顾与现状[J]. 云南师范大学学报（对外汉语教学与研究版），2015，(5): 87-92.

学生使用的教材。不同国家不同层次的学生，其使用的教材也是不同的，如英语国家大学中文专业使用《新实用汉语课本》，西班牙国家使用《新思维汉语》《今日汉语》；小学生使用《汉语乐园》，初中生使用《快乐汉语》，高中生使用《跟我学汉语》，还有诸如《博雅汉语》等教材。

（四）总结与分析

2004 年之后，国际汉语教师培养主要以海外汉语教师市场为场域，着力打造一支能够胜任海外汉语教育教学，推动中华文化传播的复合型、职业型和应用型的高级专职人才，呈现出“职业+专业”走出去式的 TCSOL 教师培养形态。在这一形态下，我国进一步规范和完善国际汉语教师培养模式，主要表现在提升国际汉语教师的教育层次、加强标准取向的教师能力建设、推进国际汉语师资队伍专职化等方面。在新时代“一带一路”倡议背景下，国际汉语教师培养不仅要承担起汉语国际教育教学和中华文化传播的任务，还要积极推动人文交流和民心相通，为构建人类命运共同体贡献力量。

五、TCSOL教师培养模式的演进关系特征

在教育集权制下，TCSOL 教师培养模式伴随着国家和社会发展需求的变化而发生转变，从零星松散到集中专门培养，从“请进来”到“走出去”，从培训预备式到专业培养式，从不规范到规范等转型，呈现出“松散+附庸”工具式、“中文+外语”预备式、“专门+制度”请进来式、“职业+专业”走出去式的 TCSOL 教师培养形态。但是，这并不意味着 20 世纪 80 年代以前的 TCSOL 教师培养就不职业化，也不意味着当前 TCSOL 教师培养仅仅是“走出去”。只不过，随着我国综合实力的增强和汉语国际教育事业的发展，TCSOL 教师培养势必更加规范和科学，以更好服务国家战略及海外各国人民的汉语学习需求。

可见，中华人民共和国成立 70 多年来，TCSOL 教师培养演进的三大形态，在有限的历史条件下具有先后关系特征，也具有主次关系特征，反映出“非线性”的教师培养发展路径。这种“非线性”表明 TCSOL 教师培养的演进过程中存在着多种教师系统认识方法的非线性，如教师的教和学之间就不是一种简单的线性关系；教师与学生的语言互动亦非简单的线性关系；学生二语习得过程同样也是动态的复杂过程，受多个组元因素和环境能量转换因子的影响。这些关系影响了不同时期教师培养的演进形态。从侧面来看，这也是 TCSOL 教师培养历时和共时、内部与外部系统的交互作用的结果，就是说这种系统将随着全球化进程的加速发

展，开放程度越来越高，协同合作意识越来越强，外部环境越来越复杂多变，且教师培养自组织系统亦将越来越完善，进而确保在全球化背景下维持汉语教师培养系统的整体稳定，并在系统各组元的涨落中不断生成动态网络格局。

第二节　美国 TESOL 教师培养模式的演进特征

美国 TESOL 教师培养模式的演进历史饱经沧桑沉浮，受移民教育政策和教育分权制度的影响甚大，加上英语作为国际性语言的起步较早，各种语言教育理论和教学方法发展成熟，极大地推动了 TESOL 专业教育及其教师培养模式的发展。那么，不同历史时期美国 TESOL 教师培养模式的演进特征是什么呢？

一、"模糊+限定"语言导向的TESOL教师培养形态

TESOL 教师培养，是在一定的时代背景和现实需求的条件下演变的。早在美国为英国殖民地时期，美式英语主要来源于 17 世纪初期的英式英语，同时也受到法语、西班牙语等语言影响。随着美国独立，美国人欲摆脱包括语言在内的殖民影响，寻求自己的语言和发音习惯。托马斯·杰斐逊（Thomas Jefferson）曾指出：美国人需要创新言语，使之成为美国人自己的语言，而非单纯模仿英式英语。[①]美国英语国际教育实践发展最早可追溯到美国的建国时期。那时候，英语教学主要是为了服务那些移民者成为美国公民的语言学习需要，所以既没有专门的教师培养也没有雄厚的研究根基。然而美国殖民时期乃至建国后，美式英语的形成及美式英语传播的需求，都为日后的 TESOL 教师培养提供沃土。

18 世纪末到 19 世纪末，美式英语传播主要通过宗教和教育两种途径。[②]传教士，如来自威克利夫的圣经翻译事工（Wycliffe Bible Translators）远赴海外传授"上帝之道"（the word of God）[③]，其传教语言为英语，为英语传播与英语国际教育发展播下种子。此外，美国政府十分重视学校的英语教育，甚至将其作为维护美国社会稳定和民族团结的战略举措，这是因为语言沟通障碍容易加深当地人民与政府间的龃龉。如 19 世纪中后期，美国和平委员会对边疆地区存在的内乱和冲突问题进行调查，结果显示：美国政府和印第安人产生矛盾的主要原因竟然是

① Baugh A C，Cable T. A History of the English Language[M]. Cambridge：University of Cambridge Press，1997：358.

② 崔砚. 美国英语国际推广政策研究[D]. 长春：东北师范大学，2012：6.

③ Gray P X. The formation and development of TESOL：A brief history[J]. International Education，1997，27(1)：71-83.

语言的沟通障碍问题。[①]之后，美式英语与印第安语、荷兰语、法语、西班牙语等融合，促进了美国语言与文化的融合，为今后 TESOL 教师培养的多元化奠定基础。这种多元局面的形成也与美国移民国家的性质和背景息息相关。

美国是一个典型的移民国家。随着大量移民、难民和外国学生涌入美国，英语国际教育就承担起英语教育的使命，并迎合他们在美国发展的需要。这是因为很多移民或难民初来美国都是不懂英语的，而且当今许多外国学生也需要通过特殊的英语国际教育来提升英语能力。随着移民、难民和外国学生大量涌进美国，TESOL 专业开始发展起来。据人口普查，20 世纪 40 年代美国移民人口为 103.5 万人，60 年代增长到 251.5 万人，80 年代增长到 733.8 万人。[②]外国学生从 50 年代中期的 3.4 万人，增长到 60 年代中期的 8.2 万人。[③]事实上，面对如此大的英语学习需求，国际英语教师已经供不应求，是否具备一定的专业资格认证似乎不是太必要了，更谈不上什么培养，其培养也是模糊不清且具有历史局限性的。为此，国际英语教师主要满足移民、难民和外国学生的需要。直到 21 世纪，美国许多个地方还专门为移民、难民提供语言学习和培养培训的服务工作，且多为免费和志愿服务性质。

1941 年，密歇根大学除了之前为外国学生准备的英语精读课程材料外，再没有什么新的教学材料。之后，包括美国学术团体委员会（American Council of Learned Societies）在内的一些机构为服务学生和研究团队，并基于实用目的选取语言教学的内容、词汇、练习及演练材料，同时尝试缩小与其他语言和文化间的鸿沟，然而这却被认为是幼稚的行为，因为这似乎既不能让学习者从语言教材中获得多少认同，也无益于英语水平的提升。此时，来美学习者主要来自拉丁美洲。教学材料的稀缺，也影响了 TESOL 教师培养的发展。

第二次世界大战期间，语言教学严重受挫，甚至出现如布卢姆菲尔德（Bloomfield）[④]所述的情况：学校里的教师不仅对语言科学知之甚少，而且对于语言是什么、口语和书面语的区别、标准语和方言的区别是什么也都不清楚，又何谈怎样从事语言教学。由此可见，这个时期的教师教学强调的是语言观，即教师必须具备扎实的英语语言本体知识和理论，但语言教学更多的只是重复第二次世界大战前积存的语言知识，并没有什么创新和进展。

---

① 李英姿. 美国语言政策研究[D]. 天津：南开大学，2009：30.

② U.S. Bureau of the Census. Statistical Abstracts of the United States：1994[M]. Washington DC：U S Government Printing Office，1994：10.

③ Davis T M. Open Doors 1995/96：Report on international educational exchange[R]. New York：Institute of International Education，1996：8.

④ Fries C C. Teaching and Learning English as a Foreign Language[M]. Ann Arbor：University of Michigan Press，1945：1.

随着第二次世界大战结束，外国学生来源逐渐拓展到远东、近东及部分欧洲、非洲等国家。教师培养的需求量也增多。然而，外国学生如近东国家学生主要通过技术援助项目而非教育项目进行英语学习，加上当时欧洲国家外语教育比美国效果较佳，所以通过技术援助项目到美国学习英语的人数不是很多。尽管如此，美国政府及相关组织也积极支持语言教育教学。如美国福特基金会（Ford Foundation）组织支持语言研究和交际、英语教学、师资培养等。其实，那时候TESOL教师培养在美国，乃至其他国家都存在严重的问题。在美国，不是每所大学或机构都有资格为外国学生提供英语教学和承担教师培养工作的。尽管某些组织已经提出相关原则，但是对于TESOL教师培养的内容也没有一个清晰的概念，而且多数情况下，TESOL硕士层次培养聚焦的是语言学类课程。另外，美国还通过大学与区域合作，共同培养英语教师，如1958—1964年密歇根大学的东南亚项目（University of Michigan Southeast Asia Program）旨在为东南亚地区培养英语教师，包括岗前培训等。[①]

整个20世纪上半叶，英语国际教育教学方法受限于外语教学方法，主要在外语教学方法变迁的影响中发展，外语教学方法成为 TESOL 教师培养考察的重要组成部分。20世纪初，语法翻译法是外语教学最早的方法之一，它主要聚焦于目的语的语法，并首先运用于古典语言教学中。在此方法下，学生不仅能够欣赏目的语的文学作品，也能对自己本国语言语法有清晰的认识。由此，在TESOL教师培养过程中，阅读和写作技能是培养学生的重点技能，而口语技能相对微弱。国际英语教师具有权威作用，而学生很少有机会与同伴交流。随后，由于语法翻译法对学生的交际作用不大，直接法因强调目的语的交际功能受到重视。直接法认为学生可以直接用目的语进行交流而不用还原为自己的本国语言。因此，翻译是不必要的。这就要求国际英语教师必须尽可能接近目的语的本国水平，掌控目的语的自然输入，并为学生的学习参与营造良好的环境。相对地，学生则尽可能输入语言，并用目的语进行思考，同时积极与其他人交流思想和看法。

1916年，索绪尔（Saussure）强调系统研究语言现象，其著作《普通语言学教程》成为结构主义语言学诞生的标志，并对20世纪30年代三个结构主义学派产生影响。这三个学派分别是强调语言符号功能的布拉格学派、强调语言符号间各种关系的哥本哈根学派、强调共时描写语言事实的美国描写语言学派。在结构主义语言学的影响下，TESOL教师培养强调语言培养导向。第二次世界大战之际，军人的外语教学十分迫切。尽管直接法注重目的语交际能力的培养，但是培养过于缓慢。此时，描写语言学（descriptive linguistics）和行为心理学流行起来，从

① 文卫平. 再论后殖民语境的后殖民英语及英语教育[J]. 外语与外语教学，2002，(5)：26-30.

而催生了听说法（audio-lingual method）。听说法和直接法一样，其目标都是为了培养学生的目的语交际能力。据此，TESOL 教师培养的听说技能先于读写技能，反映了行为心理学理论思想。在教学活动中，教师控制着课堂的所有活动，并为学生提供模仿、引导、改正，甚至强化的模式，而学生则记住对话和类型，训练听力和口语能力。

20 世纪中期，乔姆斯基（Chomsky）批判了索绪尔等人的结构主义语言学及行为主义所倡导的刺激-反应理论，提出了转换生成语法，即讨论人的大脑如何创生出无数合乎语法的句子[①]，撰写了《句法结构》一书。此时，罗伯特·拉多（Robert Lado）也提出对比分析假说。不管是结构主义语言学、描述语言学还是行为心理学，都强调语言观念和语言能力的培养。

总体而论，早期的美国 TESOL 教师培养和一般意义上的英语教师培养没什么区别，教师地位低下，培养效果较差，出现许多困惑和问题，其培养呈现模糊不清的状态特征。具体来说，不清楚 TESOL 教师培养与本土英语教师的培养有何不同，不清楚应培养出具备什么知识和能力结构的教师，不清楚 TESOL 教师培养的定位是什么……20 世纪 60 年代以前，英语国际教育既不被认为是一种专业，也不被认为是一门正式的学科，其演变显现出一种非专业风貌。英语国际教育被认为只要会讲英语的人就能传授英语，有点“小儿科”性质。同时，很少有人把英语国际教育当作自己职业生涯发展的一部分，且他们对英语国际教育能否成为一门新的学科感到迷茫，其培养模式也是模糊的。

此外，TESOL 教师培养具有很大的局限性，其语言教育教学的自组织系统是为了迎合外部环境需求，而非提升内在质量。就目标来看，其培养主要是为了服务其他专业需要，为了帮助人们在美国更好地生存和生活，却都不是为了教师职业发展的需要。就价值来说，英语国际教育仅仅是对那些以外语语言、语言学、英语、新闻、写作等出身的人具有实用价值而已。就对象来看，不同历史时期，培养对象也有所差别和偏向，如第二次世界大战期间主要对军人进行训练。就内容来看，主要强调语言知识学习。就方法来看，主要借用外语教学方法，如语法翻译法等。

尽管如此，TESOL 教师培养仍然贯穿着人们对语言学习的需求、语言观念的塑造、语言知识内容及语言教学方法、语言教材的诉求，强调对语言基础知识和技能的学习，表现出强烈的语言导向，进而形塑“模糊+限定”语言导向的 TESOL 教师培养形态。这种语言本位的形态也影响到当前 TESOL 教师培养模式的发展，包括 TESOL 教师培养标准改革、课程设置、教学实践等方面，无一不以语言作为

① 熊寅谷. 英国和美国的对外英语教学[J]. 现代外语，1988，(2)：27-31.

核心给予重视。

二、"短训+双语"传统式的TESOL教师培养形态

20世纪60年代不仅是应用语言学科的萌芽时期，也是TESOL教师培养的真正发轫时期。1964年，首届TESOL大会在亚利桑那州图森市举办，当时与会人员对TESOL未来发展前景感到无助和苦恼。即使如此，此次大会的召开为今后TESOL走向专业化奠定坚实的基础。1965年，第二届TESOL大会聚焦TESOL专业化问题，不仅谈论了TESOL和教学问题，也探讨了政治、经济与TESOL的一些专题。1966年，TESOL专业组织的建立，为TESOL专业教学、研究和师资队伍、信息与资金等提供指导和保障。

尽管20世纪60年代TESOL界人士开始思考专业化问题，但是真正推动TESOL教师培养则是70年代后各个高校TESOL专业的设置与实施。在此时期，TESOL教师培养主要采用短期培训和资格认证的培养方式[①]，并开始进行硕士层次培养，课程包括语言分析、话语分析、语音学、学习理论、课程发展、方法论、教学实习等，教学方法则运用情景教学法和听说法。虽然60年代之前出现各种语言教学方法，但真正运用于TESOL领域是此时期TESOL专业的萌发及其在世界的扩张。情景教学法和听说法成为TESOL专业的第一波新的教学方法，并在课堂教学实践技能课中进行运用。这种语言本位强调教师的理论知识和教学技能，旨在促使教师将理论付诸教学实践。然而，教师经常难以将所学到理论知识运用于实际的教学实践中。[②]例如，教师懂得语言交际教学的理论和原则方法，但在课堂上却常常运用传统的语法实践技能施教。可见，教师教学存在一定的守成性和惰性。

语言和二语习得理论给传统的教育教学带来冲击。20世纪50年代末60年代初，认知心理学的发展和强调语言习得内在因素的乔姆斯基语言学习论，使师生角色发生变化，学生不再是被动地听教师讲授。60年代，人本主义心理学的掀起、以学生为中心的教育理念的兴起，行为主义学习理论、认知学习理论、操作学习理论等学习理论的出现，为TESOL教师培养的改革奠定基础。1967年，科德（Corder）的内在大纲和习得顺序假说，强调学生在二语习得过程中有自己的内在大纲，其产生的语言偏误正是内在大纲的反馈。1969年，美国语言学家塞林格（Selinker）提出中介语理论（interlanguage theory），认为二语学习者系统中存在一个不同于且连接母语系统和目的语系统的中介系统。学习者的语言偏误是中介

① Richards J C. Growing up with TESOL[J]. English Teaching Forum，2008，46(1)：2-11.

② Bartels N. Applied Linguistics and Language Teacher Education[M]. New York：Springer，2005：406.

系统引起的，是相对于目的语系统而言，并受母语系统影响，而语言偏误对于二语中介系统则是正确的。这对 TESOL 教师培养的知识传授产生影响。一方面，如果学习者的母语系统与英语系统过于相近却不是同种识别系统，那么迁移错误就容易产生。例如，西班牙语和英语有相似的辅音，但元音和重读却大相径庭，从而给母语为西班牙语的学习者带来英语学习困难。另一方面，如果学习者的母语系统不同于英语系统，如汉语、阿拉伯语，则较少发生迁移错误。但是，英语学习者的许多问题却来源于对英语结构规则的困惑。[①]这些理论都蕴含 TESOL 教师培养中母语与目的语之间的较量，不仅凸显出双语教学在 TESOL 教师培养中的重要性，也为人们进一步理解和认识母语与目的语教学的差异提供实践参考。

以学生为中心的教育理念不仅影响了 TESOL 教师培养的二语习得理论，也影响了教师教学方法。20 世纪 60 年代，保加利亚精神医学专家格奥尔基·罗扎诺夫（Georgi Lozanov）的暗示法（suggestopedia）帮助学生消除学习的不安，以激发学生的学习积极性，但此方法对课堂环境要求甚高。教师可以通过戏曲、歌曲、游戏等方式营造轻松、舒适的学习环境，然而此方法对于大课堂教学用处不大，加上许多教材并未强化此方法，此方法在美国并未得到广泛运用。美国教育家凯莱布·加泰尼奥（Caleb Gattegno）提出的默教法（the silent way），认为教师在课堂教学中，大多数时间应尽量保持沉默，而学生应尽量开口。在此观念下，学生是学习的牵头人，能够独立习得语言。这种方法是一种相当复杂的方法，要求教师接受广泛的方法论训练。[②]所以，教师的使用率不高。以此观之，TESOL 教师培养的不成熟性和历史条件的限制，使得教师培养在新的理论和方法运用上具有一定的局限，呈现出传统的培养模式，但也为日后 TESOL 教师培养的多元发展提供助推器。

联邦立法及州政府的支持和保障对于 TESOL 教师培养至关重要。1964 年，美国国会修订了《国防教育法》（*National Defense Education Act*），支持并拓展更多外语项目，从而提升 TESOL 教师、教育者和管理者的质量。1965 年，《高等教育法》（*Higher Education Act*）和《中小学教育法》（*Elementary and Secondary Education Act*）也支持 TESOL 发展。比如《高等教育法》提出建立“一流师资奖励计划”（the experienced teachcr fellowship program），《中小学教育法》提出要投资 5 亿美元支持包括 TESOL 在内的语言文学项目。[③]据 1966 年哈罗德·艾伦

① Whelan Ariza E N，Morales-Jones C A，Yahya N，et al. Why TESOL?Theory and Issues in Teaching English to Speakers of Other Languages in K-12 Classrooms[M]. Hoboken：Kendall Hunt Publishing，2010：157.

② Whelan Ariza E N，Morales-Jones C A，Yahya N，et al. Why TESOL?Theory and Issues in Teaching English to Speakers of Other Languages in K-12 Classrooms[M]. Hoboken：Kendall Hunt Publishing，2010：66.

③ Light R L. English for speakers of other languages：Programs administered by the US Office of Education[J]. TESOL Quarterly，1967，1(1)：55-61.

（Harold Allen）调查，只有 20%的教师接受过 TESOL 训练，需要通过实施 TESOL 研究生项目提升教师培养的学历和标准。1968 年，《教育专业发展法》（*Education Professions Development Act*）提出 TESOL 教师培养严重缺乏的问题。同年，《双语教育法》（*Bilingual Education Act*）则强调学生母语对英语学习的积极作用。在 TESOL 教师培养过程中，国际英语教师可以通过学生的母语强化对英语学习的理解，这就要求国际英语教师熟知学生所在国的语言和文化，对于学生来说比较容易，但国际英语教师往往面对的是不同国家的语言和文化，对国际英语教师的外语能力要求较高。另外，州政府、地方教育机构和大学教育机构也需要集合各方力量推动TESOL研究生项目的实施。一些州政府开始通过法律支持和保障TESOL和双语教育。阿拉蒂斯（Alatis）指出在联邦政府和州政府立法和财政支持下，合理培养国际英语教师或专业人员成为一件急需处理的事情。①

概括起来，20 世纪 60 年代是美国 TESOL 教师培养的转折时期，在短期培训的传统语言培养导向基础上，进一步明晰了第一语言和第二语言教学的区别，并促使母语教学系统和二语教学系统分离。此时，英语作为二语的自组织功能得以重视，同时双语教育培养模式得到发展，并通过《双语教育法》等法律政策给予保障，加上 TESOL 国际协会（TESOL International Association）的建立，为 70 年代 TESOL 教师培养的开展奠定了坚实的基础。

三、“知识+专业”美国式的TESOL教师培养形态

通常而言，语言和文化是互联互通的。语言不仅是一种交流工具，还常常被人认为是一种文化权力和资源。所以，在美国 TESOL 发展过程中，必然会扩大美国政府的文化权力，其最直接的方式就是通过语言知识影响人们的意识观念，而知识作为 TESOL 教师培养系统的重要组元，既关系着培养什么知识结构的教师，也影响教师能力、技能及综合素质等其他组元的发展，表现出了复杂系统理论中多种组元的非线性变化发展的复杂关系。这种知识本位的 TESOL 教师培养也作为一种模式一直存在并影响着 TESOL 的建设与发展。

20 世纪 70 年代后，美国许多大学开始设立 TESOL 专业及设置 TESOL 研究生课程，且多开展研究生层次培养工作，只有少数学校培养本科层次。②TESOL 教师培养的主要目标在于将美国人的文化、认知和言语传授给学习者，是一种美国式的教师培养。对此，美国人拥有至上的特权，是英语的主人，标准的主管者，

① Alatis J E. Opportunities for service in state educational systems[C]// Kreidler C J. On Teaching English to Speakers of Other Language. [S.l.：s.n.]，1966：20-24.

② 焦亚新. 当代美国对外英语教育研究[D]. 开封：河南大学，2012：48.

教学规范的仲裁者。[①]这种美国式的教师培养形态体现美国的文化外交和文化扩张政策。

20 世纪 70 年代初期，TESOL 教师培养的过程，从外围视野上看，是一种获得知识和技能的学习过程。这种过程是一种基于实践的“自上而下”的过程，而实践内容主要基于一定的标准或公认的教学方法。与此同时，这也意味着一名国际英语教师需要掌握一套精细的技能，包括备课、呈现和践行新知识点及听说读写四大教学技能。此时，TESOL 研究生课程设置主要局限于理论课程，如句法、词法、语义学等语言学、语音学、英语语法、文学及方法论研究。教学内容也是基于课程知识内容展开，表现出知识本位的专业培养特点。此时，二语教师培养研究领域真正成为语言教学的分支领域之一。

尽管人们对国际英语教师应具备哪些基本知识持不同的意见，但是知识本位的语言教学为 TESOL 教师培养提供一种模式。争论的问题诸如：语言教学是属于应用语言学科还是教育学科的分支呢？教师需要具备多少语言学知识及哪些语言学理论最适合教师学习呢？职前或在职语言教师培训课程中基本的科目是什么？教师是否需要了解如何进行研究？如果需要，该研究什么呢？鉴于各个学者对语言教学的理论基础看法不一，各个国家或甚至同一国家的各个培养机构，其教师培养亦存在各种差异。基于长远和多维实践视角考虑，TESOL 教师培养目标在于理解二语发展过程、理解教师角色变化、理解教师的课堂决策、审视语言教学的理论和原则、理解不同教学风格、懂得学习者对课堂活动的认知、掌握指导技能。在 TESOL 教师培养过程中，教师需要理解基本概念和原则，这是将其运用于教学实践的前提，同时不断积累自身教学活动经验和提升技能策略，监管自身并倾听他人对自身教学的反馈意见。这种培养强调教师专业技能的学习和教师个体的自我反思和自我发展。研究领域的开拓和专业研究问题的探索，将进一步奠定 TESOL 教师培养的专业基础。

20 世纪 70 年代中期以来，美国 TESOL 逐渐步入专业化发展轨道。把 TESOL 作为一种专业进行培养，不仅对美国国内发展产生影响，也对国际政治、经济和文化产生了影响。换句话说，美国 TESOL 的发展是美国政治、社会等因素的映照，而不仅仅是传统学校教育所追求的学术目标。从某种意义上讲，这也衬托出了教育自身发展的特点，即守成性或惰性、受动性、复杂性、不确定性等。随着英语学习者的增多，英语科目不仅局限于阅读、写作等传统科目，还基于学习者的需求开设一些现代科目。学习者的学习动机主要是为了满足交际及职业需要，

① Jenkins J. The Phonology of English as an International Language[M]. Oxford：Oxford University Press，2000：5.

而语言教学的目的也在于为学习者在课堂上提供一个真实的生活交际场景，让学习者在目的语环境中表达自己。

在专业主义之风的席卷下，TESOL 教师培养映入了许多组织机构的眼帘。1975 年，TESOL 执行委员会（Executive Committee of TESOL）批准发布“TESOL 教师认证和专业准备指南”（the guidelines for certification and professional preparation of teachers of English to speakers of other languages），对国际英语教师所需的个人品质、专业能力和角色扮演提供指导。该指南还指出了 TESOL 教师培养项目的五大要素：一是 TESOL 学术专业化；二是 TESOL 教育学；三是 TESOL 作为另一种语言；四是 TESOL 教师候选人评价；五是 TESOL 师资和设施建设。其中，TESOL 学术专业化强调的是诸如普通语言本体论等有关语言学和英语语言学课程，语音、词汇、语法等主要的英语子系统课程，心理语言学课程，社会语言学课程，文化与社会课程。TESOL 教育学析释了 TESOL 教师培养项目所应包含的专业教育课程，如社会学基础与教育、学习理论、课程发展、二语教学与评价（second-language pedagogy and second-language assessment）及社会基础和教育人类发展组织（social foundations and organization of education，human growth and development）。语言教学实践则为 TESOL 教师实践能力发展奠定基础。还有 TESOL 教师候选人必须具备除了母语外的其他语言知识，以更好地理解二语习得。同时，教师能够知晓 TESOL 评价程序，包括入学准则、学位要求及培养过程。此外，学校仍然需要提供能够胜任教学的教师职员和足够的设施，从而支撑 TESOL 教师候选人的成长。

1976 年，全美州长教师教育与认证协会（National Association of State Directors of Teacher Education and Certification，NASDTEC）支持国际英语教师准备标准项目，认为标准需要从二语学生视角探寻个体发展，这就要求国际英语教师应具备培养个体品质的能力，以促进课堂教学取得成功，同时国际英语教师必须对二语语言与文化有足够的理解和丰富的经验，从而在口头和写作方面都能够胜任并满足二语学生发展的需要。此外，标准还表明国际英语教师候选人的课程修读内容应包括普通语言学、应用语言学、教育学、评价、文化人类学。现代语言协会（Modern Language Association，MLA）也对中学教师现代语言水平提出要求，并分为卓越教师（superior teachers）、优秀教师（good teachers）和合格教师（minimal teachers）三种类型①。卓越教师必须精通公认的教学方法，并有能力试验和评价新的技术和方法。优秀教师必须能够将知识学习方法和技术应用到课堂教学场景中，并能够在其他课程和语言领域中融会贯通。合格教师应具备一些有效的语言教学

① Lado R. Language Teaching：A Scientific Approach[M]. New York：McGraw-Hill，1964：232.

方法和技术知识。这不仅为 TESOL 教师培养提供指南，也凸显了高质量教师培养的重要性。

这时期，各种二语习得理论和教学方法的繁荣与发展，进一步坚实了美国 TESOL 教师培养的专业根基，使 TESOL 教师培养更具有专业性，而不是任何一个会讲英语的美国人就可以胜任英语国际教育教学。1979 年，吉姆·卡康明斯（Jim Cummins）指出“深层共享能力假说”（common underlying proficiency）的二语习得理论，反对“深层分离能力假说”（separate underlying proficiency），并认为学生的母语知识内容、技能等会转移到目的语的学习中。同时，他还将社会语言和学术语言进行对比。20 世纪 70 年代末 80 年代初，克拉申（Krashen）和特雷尔（Terrell）等学者提出自然法（the natural approach）。其中，全身反应法（total physical response）是自然法的分支，并在心理学家詹姆斯·阿舍（James Asher）那里得到发展。詹姆斯·阿舍认为言语理解可以通过非正式的身体行为并在良好的学习环境中表现出来。此外，克拉申还提出二语习得理论的五种假说①，分别是习得与学习假说、自然顺序假说、监控假说、输入假说、情感过滤假说。这五种假说对二语课堂产生了许多影响。例如，学生在安全、充满关怀和挑战的学习环境中（如合作学习、互相尊重和高期望环境中），情感过滤将处于低值，学习就会发生。但是，如果学生处于恐吓、焦虑和缺乏挑战的环境中，情感过滤将升高，学习将受到阻碍。情感变量的影响因素包括情感状态、动机和性格等。

麦克劳克林（McLaughlin）和比亚韦斯托克（Bialystok）则批判了克拉申的二语习得理论中有意识和潜意识的过程及其学习假说，他们认为知识是储存在长期记忆中的，而学习者需要意识到这一知识，且“习得”的学习者和“学习”的学习者必须要有某一意识层级，而学习者的所有层级不可能都是潜意识的，这与克拉申所提出的习得在潜意识中发生及学习在有意识中发生是相互矛盾的。对此，他们提出可控过程机制（controlled processing mechanism）和自动过程机制（automatic processing mechanism）。可控过程机制侧重表明学习者自身有限和短暂的能力，而自动过程机制是一种相对永久的过程。②比如，语言初学者由于语言能力有限，往往不能同时处理太多的语言信息，也不能掌握太多的技能。在 TESOL 教师培养过程中，教师需要根据不同年龄阶段的教学对象进行有针对性的处理。如儿童更关注交际的意义，而不是语法规则。成人能够明晰规则和分析语言但却很难将知识应用于实际交际场景中。所以，语言教师教学和学习者语言内化都要

① Whelan Ariza E N，Morales-Jones C A，Yahya N，et al. Why TESOL?Theory and Issues in Teaching English to Speakers of Other Languages in K-12 Classrooms[M]. Hoboken：Kendall Hunt Publishing，2010：151.

② McLaughlin B，Rossman T，Mcleod B. Second language learning：An information-processing perspective[J]. Language Learning，1983，33(2)：142.

能够适合学习者的语言发展过程。相比麦克劳克林的“注意加工模式”（attention-processing model），比亚韦斯托克则提出“分析/自动模式”[①]，他们都强调在有意义的活动中嵌入真实的、情景性语言的重要性，但是比亚韦斯托克进一步解释了二语学习者如何完成自动过程。这一语言学习过程包含显性知识和隐性知识的运用。由此看来，在 TESOL 教师培养中，教师对学生需要有足够的耐心和给予他们充足的时间处理语言信息，同时教师要懂得在学生语言能力的不同阶段中采用各种恰当的引导方式，如阅读反馈日志及课堂口头反馈等。在麦克劳克林和比亚韦斯托克模式的影响下，TESOL 教师培养的目标是语言交际，并且教学重在意义，不在形式。

此外，肯尼思（Kenneth）和古德曼（Goodman）提出整体语言法（whole language），强调学习过程从整体到部分，并在第一语言环境中学习第二语言。在整体语言法的影响下，教师在教学中起决定作用，并着眼于学习过程，而不是学习结果。学生将自己当作知识的生产者，在语言学习中不惧怕犯错误。查莫特（Chamot）和奥马利（O’Malley）则提出认知学术语言学习法（cognitive academic language learning approach），关注课程的主题内容、学术语言发展活动和学习策略教学[②]。整体语言法和认知学术语言学习法都强调通过有意义内容的运用和语言习得技能的整合进行语言教学。这也彰显出语言交际中意义的重要性。乔姆斯基认为人的大脑里存在一种语言习得机制，能够在接触外在语言素材之后吸收和主动形成自身的语言语法规则，进而促成语言运用。这就是“普遍语法假说”。在此影响下，TESOL 教师培养主要关注学习者的语言发展阶段，抓住语言关键期，着眼语言能力的发展，从而推动了语言交际能力的培养与应用。

总之，20 世纪 70 年代至 90 年代，TESOL 教师培养在传承语言教学观的基础上，进一步奠定了知识本位的 TESOL 教师培养模式，而 60 年代出现的 TESOL 国际协会，也推动了教师培养的专业化发展，加上各种二语习得理论和教学方法的推波助澜，TESOL 教师培养的专业性逐渐得到认可。然而，由于 20 世纪美国在世界的霸主地位和对美国国内团结的号召，语言成为美国发展政权的一种文化资源和软实力基础。据此，TESOL 教师培养必须以美国的方式培养，采用美式英语的媒介进行教学，甚至不允许在课堂中出现双语或其他非英语语言。当然，这也受到许多国际英语教师的反对，因为根据二语习得理论，在课堂教学中辅之以学生的母语也会对英语学习起积极的作用，这为之后 TESOL 教师培养模式的耗

① Whelan Ariza E N，Morales-Jones C A，Yahya N，et al. Why TESOL?Theory and Issues in Teaching English to Speakers of Other Languages in K-12 Classrooms[M]. Hoboken：Kendall Hunt Publishing，2010：154.

② Chamot A U，O’ Malley J M. The cognitive academic language learning approach：A bridge to the ainstream[J]. TESOL Quarterly，1987，21(2)：227-249.

散结构提供多元选择。

四、“标准+多元”发展式的TESOL教师培养形态

20 世纪 90 年代以后，TESOL 教师培养日趋专业和标准，注重教师责任、反思和变革能力，呈现出多元开放的发展样貌，并带有整合主义取向，具体表现在多维视角、多种变体、多个理论和方法等方面，有力促进教师的可持续发展。

TESOL 教师培养的整合主义取向和多元发展取向秉承复杂系统理论的整体性、开放性、多层性和差异性的功能特征，而整个 TESOL 教师培养同样处在教育系统、政治系统、经济系统、社会系统等多个系统能量的交互转换和权衡中，其内外环境的变化都会随时促使 TESOL 教师培养组元发生涌现，并组合成新的适然型教师培养模式，而这一系列动态变化过程都是非线性和复杂的，其发展与全球化、政治外交、经济文化及国际关系都密切关联。

随着全球化进程的推进，英语作为国际贸易和交流常用语言，使用日益频繁，加上 TESOL 的专业化发展，TESOL 教师培养的适用范围越来越广，专业化要求也越来越高，并被认为是一种专门的教育领域职业。专业主义视角下 TESOL 教师培养具有专业的组织、人员、期刊、标准、资格认证和准入要求、专门理论和实践。由此，教师候选人必须修读专门的理论知识和实践知识，并在进入此行业前，达到一定的准入要求和标准。当你成为一名国际英语教师，则意味着你已经成为世界专业团体组织的一员，并分享着共同的目标、价值观、话语及实践，同时能够自我批评、自我变革，自我反思价值观、信念和实践。①专业主义取向的 TESOL 教师培养认证因地而异。人们既可以获得当地教育机构的资格认证，也可以获得国际专业组织认证，或基于工作需要达到相应的标准等。

回顾历史，TESOL 教师培养在标准本位下更加规范和多元，并为教师培养提供依据。1997 年，TESOL 国际协会发布的“P-12 英语作为二语学生的学业标准”，是为了有效指导二语课程而制定的标准框架，并成为美国历史上第一个针对英语作为二语的学习标准。②1999 年，TESOL 国际协会加入“全美教师教育认证委员会”（National Council for Accreditation of Teacher Education，NCATE），开始探寻二语教师培养的认证标准之旅。2003 年，发表了“TESOL 项目标准”，主要针对职前教师培养，包括语言、文化、教学、评价、专业化五个方面。此后，鉴于“不让一个孩子掉队法案”（No Child Left Behind Act，NCLB）规定的各州英语

① Richards J C. Second language teacher education today[EB/OL]. http://www.professorjackrichards.com/wp-content/uploads/second-language-teacher-education-today-2009.pdf[2016-12-20].

② 冉江渝. 美国《P-12 ESL 教师职前教育计划认证标准》研究[D]. 重庆：西南大学，2013：23.

语言学习者的需求和能力要求，TESOL 国际组织于 2006 年，发布了“P-12 英语语言能力标准”（pre K-12 English language proficiency standards），对不同年级层次的英语语言能力水平给予解读。2010 年，又颁布“P-12 职前二语教师培养认证标准”（standards for the recognition of initial TESOL programs in P-12 ESL teacher education），同样包括语言、文化、教学、评价、专业化五个方面，只是对 2003 年的标准内容进行更新，体现了绩效责任和表现本位（performance-based）的教师培养取向。许多州采纳并将此标准作为州教师培养项目的标准，如纽约州、加利福尼亚州，同时他们也根据本州的二语教师培养现状，制定本州教师培养的认证标准。

随着信息化发展，国际英语教师的技术越来越受到重视。早在 1999 年，TESOL 就开辟“在线专业发展”（online professional development）。2008 年，TESOL 国际协会制定 TESOL 技术标准（TESOL technology standards），包括语言学习者和语言教师，弥补了 TESOL 标准对技术要求不足的缺点。这些标准，促使 TESOL 教师培养注重学习者的需求、语言教学能力、跨文化能力、语言评价能力、语言教育技术能力及语言教师的专业成长，而这些都需要教师候选人具有独立的反思和批判思维，凸显后传播视域下对语言教师培养发展的要求。

2011 年，美国“共同核心州立标准”（the common core state standards，CCSS）对当前 TESOL 教师培养产生影响，并赋予教师培养新的标准内涵。如教师培养项目必须实施 CCSS 或英语语言水平（English language proficiency）或发展标准、学科内容领域评价（content-area assessments）或英语语言水平或发展评价，以促使教师候选人能够更好地解决英语学习者的需求问题，同时二语职前教师培养需要能够联系学习者的父母，使他们能够理解 CCSS 标准要求是如何对他们的孩子产生影响。但是，也存在一些职前教师培养项目未根据 CCSS 要求进行课程改革，即教师候选人不用理解 CCSS 的内容要求就被授予教师资格。2012 年底，美国“下一代科学标准”（the next generation science standards）亦论述了语言与科学的关系。语言既是每一个学科基本的学习内容，也可以引导教育者为语言教师在不同新背景中创生知识和资源。①

在标准本位取向下，TESOL 教师培养不再是简单培养和培训，需要时刻关注专业发展的动态多元场域。20 世纪 90 年代以来，TESOL 教师培养开始从培训取向转向发展取向。②教师培养过程中，教师候选人通过理解基本概念和原则，加深

① Crowther D T. TESOL and the next generation science standards[EB/OL]. http://newsmanager.commpartners.com/tesolc/issues/2012-12-15/1.html[2017-01-25].

② Richards J C. Beyond Training：Perspectives on Language Teacher Education[M]. New York：Cambridge University Press，1998.

对实践教学的反思，并能进一步拓展日常教学活动，改进教学技能和策略，尝试课堂新策略及自我监测，同时获得他人对自身实践的反馈意见。培训取向的教师培养让教师候选人在可控课堂环境中观察与学习有经验教师的教学实践，掌握各种教学技能。由此，是否具备一套教学技能和能力成为衡量一名教师好坏的标准。发展取向则着眼于长远目标，为教师成长提供对一般教学和教师自我的理解，而且往往需要基于自己的实践进行不同维度的反思，可谓为“自下而上”的培养方式。发展取向的教师培养目标包括理解二语发展过程是如何发生的，理解面对不同学习者时的教师角色变化，理解课堂的决策类型，反思自身语言教学的理论和原则，从而逐步形成对不同教学风格的理解，确保学习者对课堂活动的感知，掌握作为一名指导者的技能。发展取向强调教师候选人的内生动力和发展权利。

反观 TESOL 教师培养过程，教师候选人参与开发教学理论，理解教师做决策的本质，形成批判性的自我意识和自我评价，同时教师候选人本人积极地反思自己的教学，观察自己的课堂行为，评估自己的教学效果以促进自身的教学发展。[①]另外，TESOL 教师培养不仅注重教师候选人的知识和技能训练，也强调教师候选人的通识教育及认知结构发展，强化其对语言学、教师研究、语言测试与评价等理论的学习，以有效推动教师候选人自我反思和自我批判及促进实践活动的开展。显然，TESOL 教师培养的行为、内容和评价，还与社会文化大背景的变化有关。

当前，在英语作为国际性语言及英语语言实践技能需求的背景下，TESOL 教师培养也受到社会文化理论和教师认知领域视角的影响，使人们对教师培训取向和发展取向产生质疑，并重新反思“教师学习”的本质。这被认为是专业思维兼社区实践的一种社会化形式。由此，传统语言本位学科作为二语教师培养基础的地位为之动摇，而知识本位的教师教学方式亦接受重新检视。传统上，教师的任务常常聚焦理论如何运用实践，而“教师学习”则揭示教师实践的理论化。此种情况下，学习就演化为社区实践中的一种社会互动。“教师学习”强调学习情景，并在情景中与参与者进行互动，且“教师学习”不再被认为是知识理论的实践转化，而是知识理论在特殊社会场景、活动和过程中的重新建构。这种知识的重新建构，有时被称作“实践知识”，而教师未能进一步习得自身教学也将阻碍教师成为变革知识分子。[②]在如此复杂的社会文化环境中，将产生出各种英语变体。

英语变体方面，在后现代主义理论的多元思想和文化相对主义理论下，

① 贾爱武. 外语教师教育与专业发展研究综述[J]. 外语界，2005，(1)：61-66.

② Singh G，Richards J C. Teaching and learning in the language teacher education course room：A critical sociocultural perspective[J]. RELC Journal，2006，37(2)：149-175.

TESOL 走向多元化的本土道路已成趋势。TESOL 出现各种本土英语变体，如中式英语、日式英语、菲律宾式英语、新加坡式英语等。TESOL 教师培养也由美国式转向多元化的本土化发展。在本土背景条件下，各种英语变体的学习者很少被要求仿照母语为英语的美国人、英国人或澳大利亚人，也不必刻意消除本国语言或方言对英语学习的影响。有些学习者也会模仿美音、英音等发音，但这纯属个人行为。对此，标准发音不再是 TESOL 教师培养或英语学习者的必要指标。另外，TESOL 组织机构也在全球各地蔓延，各种地方性或区域性会议得以召开，如 2011 年的 TESOL 区域会议。不同的地区，不同的教育者和学习者，使得 TESOL 教师教学方法呈现出多姿多彩的景象。

在教师教学方法上，20 世纪 90 年代以后，TESOL 教师教学方法从交际法转向任务型教学法，从方法本位教学转向后方法教学，从系统探索转向批判范式。[①]21 世纪以来，交际法、语法翻译法、听说法、视听法、直接法、任务型教学法、批判法、问题本位学习法（problem-based learning）等各种方法在教师培养中被混合运用，并呈现出不同的角色和责任关系。例如，在问题本位学习法中，教师扮演引导者和促进者的角色，而学生则积极参与并为自身学习过程承担责任，通过相互合作、自我学习和发现知识以解决问题。如今，知识信息时代下学科知识的分化和整合，多种教学方法为 TESOL 教师培养进行二语跨学科主题单元教学提供多元实践路线，从而培养出具有国际竞争力的二语教师人才。

总的来说，20 世纪 90 年代以后，美国 TESOL 教师培养的专业标准取向日益凸显，且各种本土英语变体、学生多元需求、各种教学方法整合与竞技、计算机辅助语言教学、教师学习与发展等培养系统组元更加开放化和多样化，并朝着教师培养的反思实践教学能力、跨学科逻辑思维、包容性的跨文化交际及批判性变革式的可持续发展道路前进。这些发展走向都跟 TESOL 教师培养模式的内外环境变化脱不了干系，彰显出复杂系统在教师、学生、教育影响及国际政治关系、文化、经济、社会等不同组元层面是处于不断发展着的网络存在，而这一存在的沉浮和涌现都是为了符合现代社会和现代人在全球化时代中的发展诉求。

五、TESOL教师培养模式演进的关系特征

美国 TESOL 教师培养模式演进从限定到多元，从模糊不定的非专业到学科领域专业性，从语言知识取向到专业能力取向再到标准本位和表现本位等，也都是因各个时期社会历史环境、语言政策、组织与培养机构、语言传播、语言理论

① Kumaravadivelu B. TESOL Methods：Changing tracks，challenging trends[J]. TESOL Quarterly，2006，40(1)：59-81.

和教学方法、课程教材、移民、学习者和教师培养者需求与发展的演变而衍生出不同的 TESOL 教师培养形态。20 世纪 60 年代以前表现为“模糊+限定”语言导向的 TESOL 教师培养形态，60 年代表现出“短训+双语”传统式的 TESOL 教师培养形态，70 年代到 90 年代表现为“知识+专业”美国式的 TESOL 教师培养形态，90 年代以后表现为“标准+多元”发展式的 TESOL 教师培养形态，然而这些形态只是在历史舞台中发挥其传承与主导作用罢了，并没有明确的界限和理据。正因为如此，TESOL 教师培养模式才能在历史演变中不断进行动态能量转换，以呈现出 TESOL 历史发展形态的适然性特征。这种适然性特征彰显出 TESOL 教师培养模式螺旋递进的变化关系。

第四章 “专业实践匠师型”中国 TCSOL 教师培养模式评述

随着国家“一带一路”倡议的实施与推进，中国对外开放和文化交流范围和力度将进一步加大。作为文化传承与创新途径的教育在国际关系中的地位也逐渐上升，这对汉语国际教育提出了新的使命和要求。因此，反思和研究扩大教育对外开放时期国际化阶段的 TCSOL 教师培养模式，具有重要的理论和实践价值。当前，TCSOL 教师培养方式多种多样，涉及本科、硕士和博士不同的培养层次，来华留学生、中国学生、国外本土学生等不同培养对象，中国国内培养、中外联合培养、国外本土培养等不同的培养路径，这些培养方式为中国 TCSOL 教师培养模式的形成与发展奠定基础。

第一节 TCSOL 教师培养的理念与目标

TCSOL 教师培养的理念与目标是汉语国际教育的思想指南和实践方向，对 TCSOL 教师培养起着引领作用。那么，从“描述-规范”的教育理论视角来看，理念与目标在“实然”与“应然”的张力中如何进一步优化和创新呢？

一、TCSOL教师培养的理念

TCSOL 教师培养理念是新时期教育对外开放和汉语教育国际化赋予的新思想和新观念。在市场化、国际化和信息化背景下，TCSOL 教师培养理念表现出实用价值、开放多元和跨学科协同取向。

（一）实用价值理念

在实用主义思潮和市场经济发展影响下，实用价值理念贯穿于整个 TCSOL 教师培养中。实用主义者重视实际经验和现实效果，认为行动优于教条，理论只是服务行为的一种工具，并承认自身属于多元论。在实用主义思潮旗帜下，工具主义、人本主义、逻辑经验主义等分支思想理论得到发展，为国际汉语教师语言功用和教学技能运用等实用理念提供理论依据。

在市场经济环境中，TCSOL 专业是一门应用性和实践性很强的学科专业，表明 TCSOL 教师培养需要凸显汉语的实用价值理念，是汉语教育融入国际市场的发展要求。目前，TCSOL 教师培养重在教学实践，并围绕 TCSOL 实践需求展开各种知识、能力和技能训练。这种训练强调工匠精神和工匠型技能学习。对此，教师培养理念深受教师培养者的教学理念影响。赵金铭先生曾经指出汉语教学的主旨正在由“学以致用”走向“做中学”“用中学”“体验中学”①。这反映了教师培养理念由“先学后用”转向“用中学”，强调了不同环境下汉语语言文化的应用与习得。

国际汉语教师教学的理念可以通过 APLUS 体现出来，②其中，A 包括应用（applied）、易得（accessible）、真实（authentic）、同化（assimilating）、适应（adaptable）。具体而言，应用重在强调教师培养的实际效用，如修读应用语言学课程，但也不能脱离理论深度。易得指在教师培养模式中，教材及相关培养材料容易获取。真实则注重从世界各地的国际汉语教师实践经验中收集真实有用的案例。同化强调不同文化间的兼容和理解，即汉语教师教学不仅要传授语言，更要在教学中营造和谐的环境。适应指教师到世界各地教学，需要真正融入当地社会，彰显国际汉语教师的当地实用价值理念。

P 包括预演（preview）、精讲（presentation）、问题解决（problem-solving）、实践（practice）、展现（performance）。预演主要让教师通过屏幕展示、小品或角色扮演等方式对将要讲的主题进行内容点拨。精讲则在学生充分准备前提下，通过学生提问题，教师案例分析的形式对问题和案例所涉及的概念进行精讲。问题解决在精讲的基础上，对教学中的问题通过小组讨论方式，举一反三，进而提出问题的解决方案，并对方案的利弊进行分析。实践主要指课件设计，即教师在问题发现、讨论和问题方案的提出后，进行动手操作。如教师需要通过调研家长或学生，以对有关语言环境的问题进行实践，而这就需要培养教师的实践能力。展现即学生通过成果展示或表演等方式展现和交流，同时教师进行相应点评，促使学生能够融会贯通所学内容。教师候选人角色扮演、小组讨论、动手操作及成果展现等实践方式都旨在促进 TCSOL 教师实用价值理念的养成。

L 包括交接（linkage）、易学性（learnability）、本土化（localized）、通用语

① 赵金铭. 汉语作为第二语言教学：理念与模式[J]. 世界汉语教学，2008，(1)：93-107.

② 刘骏. 国际汉语教师培养的新模式[J]. 世界汉语教学学会通讯，2009，(4)：16-18.

（lingua franca）、领导力（leadership）。交接强调语言、文化、人三者的相互交流和融通，如人与人的交流、语言与语言的交流、文化与文化的交流等。易学性注重学生学习的可接受性，对此教师教学应符合学生的身心发展特点，了解学生的“最近发展区”。本土化包括本土化的教师、本土化的社会环境等方面，这是TCSOL 教师培养的理念之一。通用语表明若汉语未来和英语成为世界性语言，对中国人和外国人的汉语语言交流的要求则需要区别对待。由此，国际汉语教师教学应当有针对性地对汉语教学的难易度进行研究。领导力揭示国际汉语教师需要具备独立工作的能力，即他们应当在真实的汉语教学环境中，具备独立思考和解决问题能力，从而拥有一定的领导力。复杂系统理论视域下，TCSOL 教师培养的实用价值的实现还需要考虑语言、文化、学生、本土环境等组元。

U，即实效（utility），包括统一资源定位符（uniform resource locator，URL）、U 形转弯（U-turn）、快速（UPS）。统一资源定位符指由于教师培养具有一定的短暂性，而教师专业成长具有持续性，对此教师需要知道如何整合网上资源，搜索资料和懂得如何询问需要解决的问题。U 形转弯强调教师要从多角度考虑问题，并能够不断尝试用新方法进行问题思考。快速，是基于当前海外国际汉语教师供不应求的现状而对 TCSOL 教师培养提出的要求。由此，TCSOL 教师培养不仅要注重“教什么”，更要重视“怎么教”，同时对教师培养的准入门槛提出要求。究其原因，培养快速高效的国际汉语教师，TCSOL 学习者必须要有一定的基础，即需要对教师培养的准入门槛有一定的要求。其中，TCSOL 学习者需要具有一定的汉语和外语（主要是英语）功底。这样，TCSOL 学习者积累了一些英语作为二语教学的相关学习经验，可以为将来从事汉语国际教学教育提供一定的参考。对此，国际汉语教师需要通过提升信息技术运用水平和教法实践能力以增强实用价值。

S 主要包括服务（service）、阶梯性（scalable）、定位（situated）、持续性（sustainable）。服务强调国际汉语教师要有一定的奉献和服务精神，并为此奋斗终生。正如访谈资料中某教师培养者所言：

研究者：您觉得 TCSOL 教师培养的理念或价值取向是什么？就是培养这种未来国际汉语教师要具备什么理念或价值取向。

某教师培养者：做这项事业要有敬业、奉献精神，要有好的亲和力，对人格有比较高的要求，不能怕苦。我们中国人，老是要去美国、英国……

某教师培养者：在美国，即使再偏僻的地方都有美国老师，而我们中国学生到美国任教就十分困难了。现在很多学生到美国就崩溃了，在美国的工作量很大，一周 30 节课，从早晨 8 点一直上到下午 4 点，美国的学校都是从 K1 到 K13 都有，理念就是敬业、吃苦、奉献，然后就是不计较去的国家，还有一个就是要有反思的能力。有的人专业很好，出身也很好，但是不会反思。做我们这个行业必须要有反思能力。

在教师培养过程中，阶梯性旨在依据统一标准进行培养，而标准需要对教学地点、教学对象、教学层次和教学阶段等方面进行分类分层统一。如此一来，可以更好地增强教师培养的针对性。定位则需要根据 TCSOL 学习者的水平和能力等施以不同的课程和培养方法，体现教师培养的过程性。持续性揭示不同层次，不同地区环境和不同教学对象中教师培养的持续性。教师服务精神、分层分类培养不仅为实现 TCSOL 学习者实用价值提供支撑，也是 TCSOL 学习者实用价值理念的现实表征。总之，APLUS 作为教师培养的一种实用价值理念特征，在培养目标、培养过程、培养要求和培养原则等方面为 TCSOL 专业的可持续发展奠定理念根基。

（二）开放多元理念

改革开放以来，汉语国际教育取得瞩目的成就，并逐渐从“请进来”向“走出去”战略发展，TCSOL 教师培养也从“内向性”走向“内向+外向”渠道发展。在新时期扩大教育对外开放的时代背景下，仅仅“请进来”或“走出去”或“请进来+走出去”已经不能满足世界各国人民对汉语教育及国际汉语教师质量的需求，需要在此基础上，秉承开放多元的理念，实现“走进去”教师培养转型。为此，TCSOL 教师培养应树立开放多元的理念，这是国际汉语教师走向世界的基本理念，也是复杂系统理论发展的导向。

复杂系统理论强调动态性、开放性和多样性思想，为 TCSOL 教师培养的“开放多元”理念提供参照。在这种理念下，要求 TCSOL 教师培养注重动态变化的语境作用，既对 TCSOL 教师培养的内部自组织系统（如教师知识系统、教师心理系统、教师评价系统等）开放，也对外部各个组元（如政府、社会、文化、市场经济等）开放，同时承认和允许系统运行的多元差异性。赵忠江等学者倡导国际汉语师资培养须秉持合作开放的培养理念①。这与其开放多元的传播环境②息息相关。在这种传播环境中，“开放多元”理念特别表现在 TCSOL 学习者对待各国不同文化的态度和价值观。据访谈得知：

我们 TCSOL 专业的学生，多为 90 后，思想相对开放，容易接受不

① 赵忠江，印明鹤. 高校对外汉语师资培养培训的新理念[J]. 现代教育管理，2010，(4)：91-94.
② 陈洪恋. 基于文化传播视角下的国际汉语教师培养定位研究[D]. 武汉：湖北工业大学，2012：20-21.

同国家的不同文化和价值观。但是，到了其他国家任教后，仍然对其现实文化感到困惑，常常出现逃避或任其发展的心理，这需要我们在体验中不断学习和反思，并主动去理解和包容不同的思想和行为方式。

态度是教师个人素养的表现，价值观是教师文化的核心。教师态度和价值观的培养受到多元文化环境的影响。当今世界是一个多元文化的世界，各国都有着自己的文化背景和价值取向，在世界文化的传播和组合过程中，教师培养必须承认文化的多元性，尊重各国文化的并存。文化接受本身即是人们在文化接触和传播过程中对文化的承受和理解。多元文化教育不仅能认识学生身上独有的文化，也能保障所有学生可以平等享有教育的机会和权利，其目的为保障所有学生的教育。①它的核心价值观是承认并尊重多元文化，彰显文化多元性的价值和特质，容忍和接纳其他民族文化，传承、保持和发展多元文化，其核心内容主要通过设置多元文化课程，以推动不同种族、民族、阶层的文化交流。②在这一文化交流过程中，往往通过语言的形式体现文化价值。随着多元文化的发展，孔子学院作为中国文化传播的平台，是我国文化“走出去”战略的重要体现，而如果要实现 TCSOL 教师培养的“走进去”转向，教师是教育的主体和中坚力量。在匠师型视域下，TCSOL 教师培养须端正敬业乐业的态度，在多元开放环境中不断学习，树立“做专、做精、做细、做实”的师范作风。

因此，TCSOL 教师培养要心怀包容开放的态度和多元文化价值观念，不仅要教书育人，传播中华民族语言和文化，而且要以人育人，根据学生的不同文化差异，建设诸如过渡性汉语课程或维护性汉语课程等，强调以学生为本的多元文化价值观和开放兼容的态度观。

（三）跨学科协同理念

21 世纪是信息化时代，各种信息和知识日新月异，使得原有学科专业不断重组和调整，推动了跨学科专业发展。TCSOL 本身就是集教育学、心理学、文化学、语言学、社会学、传播学等多个学科于一体的专业，在其教师培养过程中需要树立整体思维，注重跨学科协同教育理念。

协同论视域下，TCSOL 既是由多个学科自组织协调支持，也具有不同于其他学科的独特机制，而这种独特性就是跨学科产生的效果。对此，TCSOL 教师培养应保持学科特点，坚守跨学科协同理念。这种跨学科协同理念，彰显出 TCSOL 教

① Okoye-Johnson O. Does multicultural education improve students' racial attitudes? Implications for closing the achievement gap[J]. Journal of Black Studies，2011，42(8)：1252-1274.

② 王鉴，秦积翠，栾小芳，等. 解读中国多元文化教育[J]. 贵州民族研究，2007，(1)：145-150.

师培养的复杂性、不确定性、差异性和竞争性，符合复杂系统理论的思想特征，也符合 TCSOL 的实践需求。由此得出，跨学科协同理念是在承认 TCSOL 教师培养系统中不同组元差异性的基础上，彼此互相作用和竞争，并在内部自组织及与外部环境能量转换中生成的协同形态，从而有助于坚实 TCSOL 的整合实践成效。

为理清 TCSOL 教师培养的跨学科协同理念，我们需要对 TCSOL 的学科性质和学科定位有所认识。那么，TCSOL 的学科归属于语言学科、教育学科还是交叉性学科……引起众多专家学者的议论。比如，崔希亮认为 TCSOL 是一门独立的学科，其学科定位是交叉性的。[①]赵金铭亦认为 TCSOL 是一门独立的学科[②]。然刘珣则认为其应归属于教育学[③]，金立鑫则认为其应归属于语言学[④]，还有学者将其纳入传播学进行研究。在很大程度上，TCSOL 的学科归属与学科定位将影响其学科体系、人才培养目标、规格、课程、教学、教材及教师培养理念、培养模式。本书认为 TCSOL 是一种交叉性学科，具有基于多个学科组元协同而成的跨学科性质。

因此，TCSOL 教师培养课程设置不应简单分为语言类课程、文化类课程、语言教学类课程、教育心理学类课程，这样划分很容易陷入应用科学培养模式（the applied science model）框架中，不利于教师动态化、差异化及自我教学意识的养成。陈申等指出强化反思渐进培养模式（the reflective model），认为 TCSOL 教师培养应打破将培养方案分为语言学模块、教育学模块、社会学模块、心理学模块等传统的学科理论框架界限[⑤]，这是因为科学知识理论会随着文化价值的变化而变化。不难发现，跨学科协同理念对于变革传统教师培养的学科教条框架具有重要意义。但是，本书认为反思渐进培养模式只是助力跨学科协同理念培养的一个方面而已，真正促使教师树立跨学科协同理念需要引入教师成长模式（the teacher growth model），该模式是基于“全人”的整体思想，并聚焦教师自我成长和学生本位的一种新的培养模式。

二、TCSOL教师培养的目标

在实用价值、开放多元和跨学科协同的培养理念下，TCSOL 教师培养目标的实践性、复合性和国际性体现得更加淋漓尽致。从国家、高校及教师个体三个维度分析 TCSOL 教师培养的目标要求与特色分析、目标述评及自我身份认同等问题。

① 崔希亮. 关于汉语国际教育的学科定位问题[J]. 世界汉语教学，2015，29(3)：405-411.
② 赵金铭. 对外汉语教学概论[M]. 北京：商务印书馆，2004：5-10.
③ 刘珣. 对外汉语教育学科初探[M]. 北京：外语教学与研究出版社，2005：12-24.
④ 金立鑫. 试论对外汉语教学学科的科学属性及其内部结构[J]. 暨南大学华文学院学报，2002，(1)：19-26.
⑤ 陈申，薛馨华. 国际汉语教师培养理念解构[J]. 语言教学与研究，2010，(5)：28-33.

（一）教师培养的目标要求与特色分析

早在2007年，国务院学位委员会办公室制定的《汉语国际教育硕士专业学位设置方案》中就强调TCSOL专门人才培养体系，其旨在培养具备良好的跨文化交际能力和熟练的汉语国际教育教学技能，并能够适应新时期在国内外从事汉语国际推广工作，胜任汉语作为二语的多种教学任务和中华文化传播工作的应用型、复合型、国际化和高层次的专门人才。

在这种大的发展目标下，对TCSOL教师培养目标的具体要求包括马克思主义基本理论、职业道德、奉献精神和开拓意识、专业知识、教学技能、中华文化传播、跨文化交际能力、外语交流与教学能力及运用现代教育技术的教学能力等。这些要求，基本涵盖了作为一名国际汉语教师所具备的素质、知识和能力等。郭风岚将TCSOL教师培养的总目标定位为培养汉语作为二语学习者的跨文化交际能力。[①]詹向红也提出培养跨文化人才的培养目标。[②]王乐从文化定位视角出发，将TCSOL的文化定位为多元文化理解。[③]尽管如此，胡范铸等人指出TCSOL教师培养的目标至少蕴含[④]：具备汉语能力和交际能力、帮助实现经济利益、中华文化传播、中外社会互动。这是一个多层次的目标体系，主要涉及汉语语言、文化、经济、社会等层面，其核心是情感沟通，进而构建情感共同体，而不是知识共同体或价值共同体。

那么，TCSOL教师培养的目标有何特色呢？李泉在对TCSOL硕士人才培养目标进行解读的基础上，凝练其三大特色[⑤]：重视能力培养，彰显学科特性；强调职业要求，兼顾工作特征；凸显质量水准，明晰培养规格。知识与方法并重的教学理念，传授理论和知识时要顾及实用性问题，而传授方法和技能时要针对海外实际教学场景。唐贤清和廖加丰指出TCSOL硕士人才培养目标的三大特色[⑥]：专业性、复合性和应用性，其具体内容应包括汉语言文化基础、对国际社会的了解、各技能综合能力、科研素质、教学能力等方面。汪国胜认为目标定位中汉语基础是关键，德、知、能多方面发展是培养要求，课程设置中强调教学类课程和汉语类课程均不可偏废，培养思路应注重基础，突出能力，实现课程学习与教学实践

① 郭风岚. 对外汉语教学目标的定位、分层与陈述[J]. 汉语学习，2007，(5)：71-77.
② 詹向红. 对外汉语专业跨文化人才培养目标定位的思考[J]. 中国大学教学，2009，(6)：47-48.
③ 王乐. 对外汉语教学文化定位研究[D]. 武汉：华中师范大学，2010.
④ 胡范铸，刘毓民，胡玉华. 汉语国际教育的根本目标与核心理念——基于“情感地缘政治”和“国际理解教育”的重新分析[J]. 华东师范大学学报（哲学社会科学版），2014，(2)：145-150.
⑤ 李泉. 汉语国际教育硕士培养目标与教学理念探讨[J]. 语言文字应用，2009，(3)：105-112.
⑥ 唐贤清，廖加丰. 对外汉语专业硕士人才培养目标与模式研究[J]. 湖南师范大学教育科学学报，2009，8(6)：90-93.

结合、读书讨论与研究写作结合、导师指导与集体培养结合。[①]张映光则揭示在TCSOL 学科定位中体现培养目标的指向性与多元化。[②]因此，TCSOL 教师培养的目标重在突出学科专业性、职业技能性、教学实践性、人才实用性、国际多元性等特色。

（二）高校 TCSOL 教师培养目标述评

在国家宏观政策和《汉语国际教育硕士专业学位研究生指导性培养方案》的指导下，各个高校制定和实施本校的培养方案。下文将主要以北京大学、北京语言大学、华东师范大学、中山大学和华南师范大学五所大学为例进行述评。

在北京大学 MTCSOL 培养方案中，相比 2014 级中国学生培养目标中的“培养具有熟练的汉语作为二语教学技能”和“良好的文化传播能力”，2015 级的培养目标被修订为“培养具有熟练的汉语作为二语的知识与教学技能”和“良好的文化理解力”，同时还增加了“具有一定研究能力”。从中可以看出，北京大学 MTCSOL 培养不仅注重教学技能，还强调知识技能；TCSOL 学习者仅仅具备文化传播能力是不够的，更重要的是要具有文化理解力，体现了国际理解教育的价值理念，符合全球多元文化发展趋向；研究能力正式被列入培养目标中，足见研究能力对实践深入且可持续发展的重要性。其他四所大学对中国学生的培养目标及其要求都和教指委的一样，没有改变。可见，多数高校 MTCSOL 培养目标都遵照国家宏观的培养目标要求展开教师培养工作。

就外国学生来说，相比 2014 级北京大学 MTCSOL 培养目标中的“理解中华文化”，2015 级的培养目标则更改为“热爱中华文化”，同时在具体要求上增加了“具备良好的中国语言文化知识”，而其他四所大学却没有明确文化知识要求。本书通过前后变化，发现北京大学对外国学生的培养倾向于情感沟通，凸显“热爱”之情，而不是纯粹让他们理解中华文化，同时表明仍需要进一步强化外国学生的中国语言文化知识。华东师范大学 MTCSOL 培养目标也是“热爱中华文化”，而其他大学，像北京语言大学[③]、中山大学、华南师范大学[④]都是“理解中华文化”，与教指委制定的内容如出一辙。本书认为“热爱”比“理解”具有更深层次要求，

① 汪国胜. 对汉语国际教育硕士培养相关问题的反思[J]. 湖北大学学报（哲学社会科学版），2011，38(4)：26-30.

② 张映光. 论国内对外汉语教学专业师资型人才的培养[J]. 云南师范大学学报（对外汉语教学与研究版），2006，4(3)：86-91.

③ 北京语言大学汉语国际教育学部. 培养方案[EB/OL]. http://hyxy.blcu.edu.cn/col/col7530/index.html[2016-04-03].

④ 华南师范大学研究生院. 全日制专业学位硕士培养方案[EB/OL]. http://yjsy.scnu.edu.cn/a/20140521/167.html[2016-03-15].

需要外国学生在理解的基础上发乎内心地热爱中华文化。这主要是根据多元文化理论机理。随着全球多元文化的发展，汉语作为全球多元文化的一种重要文化资源。TCSOL 教师培养就是为全球多元文化培养更多知华、友华、爱华的人才。然而，就当前培养现状来看，远远还未能让外国学生真正热爱。他们更多的是出于实用目的进行汉语学习。从培养方案来说，我国高校 TCSOL 教师培养中对外国学生多强调理解中华文化，而本书认为未来全球多元文化繁荣，单单靠理解还不够，需要从理解走向融通再走向热爱，这是一种更高的情感与理智相结合的多元文化产物。

另外，除了北京大学 MTCSOL 培养目标里没有提及“具有一定的语言文化项目组织、管理与协调能力”，其他四所大学都强调此点，且华南师范大学还增加“中国”两字，说明了语言文化项目的组织、管理和协调能力的强弱，都会对国际汉语教师汉语教育教学及文化传播产生影响。

若从中外学生培养目标的比较来看，立足中国立场，对中国学生培养的目标要求总体要高于外国学生，强调使中国学生成为应用型、复合型、国际化和高层次的专门人才。培养目标的共同之处主要在于汉语教学技能、跨文化交际能力、胜任汉语教学及人才培养的专门性等培养目标及良好的专业素质和职业道德、语言文化项目的管理、组织与协调能力等培养要求。不同之处，如对中国学生的培养强调文化素养和文化传播，而对外国学生的培养注重对文化的理解和融通；突出中国学生的汉语国际推广能力、文化传播能力、胜任多种教学任务等培养目标及掌握马克思主义基本理论、热爱汉语国际教育事业并具有奉献精神和开拓意识、熟练运用现代教育技术和科技手段进行教学、流利地使用一种外语进行教学和交流等要求，而对外国学生更多强调了解中国和理解中国。需要注意的是，鉴于中国学生和外国学生的不同身心特点和不同的文化背景，我们仍需要有针对性、有目的、分层分类地发挥他们各自的内在潜能，增强自我教学意识和社会文化意识，以真正促进学生的自我成长，进而为世界多元语言和文化的繁荣与发展做出贡献。

以上有关高校培养目标和要求都只是针对硕士层次进行分析。本科层次更注重汉语知识教育和通识教育，博士层次则注重科研能力和创造性能力，如北京大学 2015 级语言学及应用语言学博士研究生培养方案中指出：培养能够从事汉语作为二语教学和科研工作的高素质专门人才，在本学科做出创造性成果的专业人才。当然，这些都仅仅从培养层次入手进行述评，TCSOL 教师培养作为一个复杂系统，还需要进一步挖掘各个阶段不同类型学校的 TCSOL 教师培养目标，进一步理清个体与机构、社会、文化的关系，进一步完善 TCSOL 教师培养保障机制，进一步探索不同水平的 TCSOL 教师培养目标和要求等。这些都是今后 TCSOL 教师培养及其目标优化与完善需要考虑的方面。

（三）TCSOL 教师培养的自我身份认同

TCSOL 教师培养目标的实现最终要落实到国际汉语教师身上。所以，国际汉语教师个体的情感、态度和价值观都会影响目标的实施，而情感、态度和价值观也反映在国际汉语教师个人成长过程中的自我身份认同。从国际汉语教师个体成长来看，TCSOL 教师培养目标需要考虑国际汉语教师的自我身份认同。以 TCSOL 志愿者为例，这些任教于世界各地的国际汉语教师，其社会身份和文化身份定位的模糊，将会使其对自我身份认同的建构产生质疑。从社会身份来看，TCSOL 志愿者具有国家使者（志愿者）的身份，具有外语助教（汉语教师）的身份，还具有文化传播者（汉语教师+志愿者）的身份。从文化身份视角看，教师志愿者是异国人眼中的“人家、他们”，具有“中国人”身份，还具有“异乡人”身份。[①]在访谈过程中发现：

> 有些国际汉语教师不清楚自己在所在国学校的任教身份是什么，他们既不是本地的专职教师，因为他们不拿本地教师工资，也不是国内专任教师，所以有时会陷入尴尬状态，甚至与当地教师发生矛盾和冲突，同时缺乏融入他国社会政治意识，进而影响教师的教学实践和专业成长。

自我身份认同模糊，容易促使国际汉语教师在教学实践中动摇。比如，有些国际汉语教师在出国前信心满满，为成为中国文化大使和传播者而自豪。然而，当他们到达任教国家或地区后，由于面对周围环境的文化冲突时缺乏处理经验，加上现实条件和资源的限制，他们逐渐对自己所定的目标产生动摇。还有些因抱着出去旅游的心态而忘记自己出国的身份和目的。那么，在后现代视角下，国际汉语教师自我身份认同如何建构呢？

后现代主义社会思潮对现代性的批判及所强调的个体性、开放性、多元性和建构性等思想特征[②]能为国际汉语教师的自我身份认同建构提供参考。后现代视域下，国际汉语教师个体的自我理解和身份认同需要自己内在建构，而不是被外部环境塑造，这种自我身份认同是多重的、能动的、拓展的，而不是单一的、守成的、限定的。对此，国际汉语教师身份构成不仅取决于社会、历史、文化等外部因素和权力等意识形态，也是由国际汉语教师个体的主观能动性和独立决策能力

---

① 郑蒙. 汉语教师志愿者身份认同研究——以山东大学赴法汉语教师志愿者为例[D]. 济南：山东大学，2012：16-67.

② 高皇伟，吴坚. 后现代主义视域下比较教育实证研究方法论的审思与转向[J]. 华南师范大学学报（社会科学版），2016，(4)：86-91.

等内部因素决定。国际汉语教师教学实践过程中，需要积极参与当地社会、政治、文化活动，提升自己的社会政治意识等，同时应坚守自我，时刻认清自己的身份和使命，端正态度，积极思考，培养自己的职业素养和奉献精神。总之，TCSOL教师培养的自我身份认同不仅涉及教师个体的专业成长，也关乎整个教师培养质量及TCSOL教师培养目标的实现，需要纳入培养目标的考虑范围之内。

综上所述，TCSOL教师培养的理念与目标既是教师培养的“实然”取向，也是教师成长的“应然”指向。所以，TCSOL教师培养需要遵循教师培养的内外部发展规律。就内部而言，教师培养者、学习者、管理者、课程、教学等组元成为教师培养的内部驱动力，居于核心和主体地位。就外部而言，政治、社会、经济、文化、学习环境等组元成为教师培养的外部影响力，亦须加以重视。在此基础上，推动TCSOL教师培养在“实然-应然”张力中维持语言教师培养系统的平衡。换言之，TCSOL教师培养理念与目标需要立足教育学逻辑，并从“人”的成长和“语言与文化”的发展进一步优化和创新，以形成新时期适然型教师培养模式。

第二节　TCSOL学习者的自主与成长

在TCSOL教师培养过程中，教师培养者常常注重专业知识基础、技能训练及教学实践方面，以教师视角和教师模式培养国际汉语教师。然而，作为教师培养的主体——学习者，其成长中的需求、动机、自主性对于教师培养模式的优化同样具有重要的意义。

一、TCSOL学习者的需求

TCSOL学习者需求的大小、强弱会对于TCSOL教师培养的效果产生一定的影响，甚至能够左右其培养规格和取向。需求分析的核心目标是发现TCSOL学习者应该学什么、喜欢学什么、没有学什么，即了解学习者的需求、喜好和不足。TCSOL学习者的需求一般不是由TCSOL学习者自己决定的，而是由政策制定者、教育部门、学校、教师、雇主等其他相关人员决定的。[①]但是，本书认为由政策制定者教师、雇主等相关人员决定的需求属于外在需求，而TCSOL学习者需求属于内在需求。内在需求应起决定作用，外在需求影响内在需求。此外，布林德利（Brindley）把需求分为客观需求和主观需求、目标情景需求和学习需求。其中，

① 库玛. 全球化社会中的语言教师教育：“知”“析”“识”“行”“察”的模块模型[M]. 赵杨，付玲毓，译. 北京：北京大学出版社，2014：32.

目标情景需求强调 TCSOL 学习者将来工作情景对学习者的需求，而学习需求注重 TCSOL 学习者在学习过程情景中的态度。TCSOL 学习者的学习需求主要包括物质需求、心理需求、知识技能需求、支持需求。[①]物质需求，如学习材料、场所和时间等。心理需求，如学习兴趣、动机及教育心理学需求等。知识技能需求，如学习方法、策略及现有知识等。支持需求，如学校、教师等。本书着重指向内在需求、主观需求、目标情景需求和学习需求。

在各种交际活动情境中，TCSOL 学习者产生使用汉语的需求，而自身汉语水平不能满足实际汉语交际的需要，与目标水平存在一定差距，即汉语语言交际能力薄弱，需要强化需求。由此产生学习动机，并衍生相应的汉语学习行为。TCSOL 学习者需求的形成过程如图 4-1 所示：

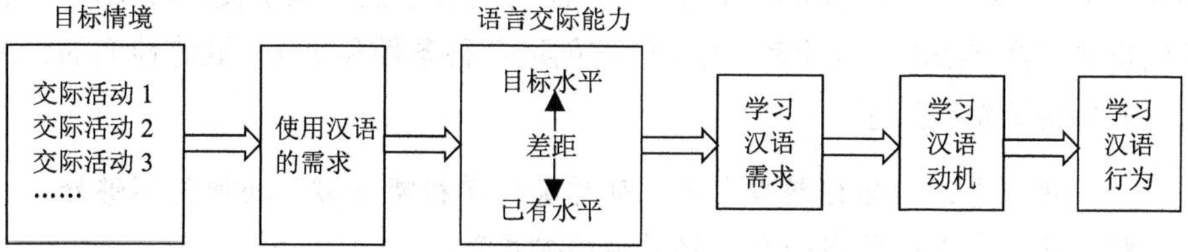

图 4-1 TCSOL 学习者需求的形成过程图[②]

TCSOL 教师培养中，不同学习者有着不同的需求。从中国学生角度看，TCSOL 学习者希望教师培养者都有出国经验，并能够将他们的经验分地区分国别地传授给他们，这样，他们更能在真实的场景中体验学习的真正含义，也为他们实习实践乃至今后的课堂教学提供参考。另外，他们也希望在强化教学实践的同时，重视研究理论和方法论训练，以辅助教学实践的进一步发展。正如访谈资料所示：

研究者：在学校学习过程中，你觉得哪些方面还不能满足你们的需求或者说有哪些因素影响你们目标的实现？

某中国学生：论文撰写，学术科研能力不行，但是 TCSOL 专业本来就偏实践的，培养目标也不是朝着学术方面培训的，不过我觉得要有一定的科研能力，这样在以后工作实践中遇到问题，更容易总结，形成科研成果。

研究者：那么，在实践方面，你觉得学习的东西够了吗？

某中国学生：我觉得实践的东西，很多都是从实践中不断总结经验。当然，学校学的东西，只能说越多越好吧。

① 程晓棠. 英语教材分析与设计[M]. 北京：外语教学与研究出版社，2002：46.
② 段沫. 基于需求分析的任务型教学研究[D]. 上海：上海师范大学，2010：19.

研究者：那老师教的内容，哪些需要加强呢？

某中国学生：对了，我觉得有一点如果能加强些会好点，就是如果我们的老师有出国经验，他们在国外的经验能传授些就更好了。虽然都是教外国人，但在国内教外国学生和在国外教还是很有差别的，能分类就更好，比如东南亚的、欧洲母语是英语的、欧洲母语非英语的、澳洲的、东亚的……每个大的地区总结一下经验，更有针对性。

相比之下，外国学生学习汉语也希望多在现实中与中国人交流，同时能够自由体验中国文化，强化汉语基础知识、课堂观察能力和写作能力。另外，在学生管理方面，更希望秉承人本主义理念，而不是一味以学习为目的而忽视学习者的内在需求，包括学习者的兴趣、自由、价值观等。值得一提的是，有些外国学生学成回国后，不仅担任本地的汉语教师，而且还要承担一些学校管理工作。因此，他们也希望在 TCSOL 专业教学中，能够创造各种条件和机会，锻炼他们的管理能力。正如访谈资料所示：

研究者：以后你想当老师，那你觉得学校哪些方面还做得不够好，就是还不能满足你当一个合格教师的要求？

外国学生 A：到新疆读硕士的时候，感觉像重新开始学习一样，学了不少东西，但是有时候感觉不够自由，如管理外国学生方面，要求我们每天晚上要来教室自习，不来的话扣奖学金。还有平时上课也是一整天都待在大楼，只有中午才有时间去食堂，不能够自由地去理解中国文化等方面的内容。新疆很靠近中亚，所以来的学生们特别多，像一个小中亚地区一样，很少有机会跟中国人交流。另外，汉字特别难记住，写作能力也很差。

外国学生 B：我觉得硕士毕业后，算是合格的教师。因为我可以运用恰当的教学方法和学习经验来解决课内课外出现的各种问题。至今，觉得管理上仍然需要改善和进行调整。

不管是中国学生还是外国学生，TCSOL 教师培养都需要在目的语的环境下有针对性地、分门别类地施以教学和管理。不过，要达到真正因材施教特别困难。某位教师培养者说道：

个性化培养很难，因为学生那么多，就是有时候，上课的老师可能会……比方说讲到偏误分析，你可以通过提问各个国家的学生，让他们表达下自己国家的学生学习汉语的一些偏误及其特点。此时，可能老师要进行个性化处理，但是平时就很难个性化培养。

当前，在 TCSOL 教师培养的课程教学中，中国学生和外国学生多数都在同一课室一起学习，有助于增加外国学生与中国学生课堂交流的机会，以期共同促进，取长补短。正如访谈资料所示：

> 中国学生和外国学生一起上课，中国学生也可以帮外国学生，就是他们听不懂，课下中国学生也可以帮他们，甚至课堂上也可以互相帮助，比方说这个词听不懂，可以问问中国学生，还有就是……比方说在语言学习中，由于外国学生更能体会汉语学习的特点，了解汉语学习过程中的难点是什么，所以在一起学习的过程中，他们也能帮助中国学生，互相促进。

但是，在课下交流中，由于中外学生不同的宿舍管理，他们的交流就相对较少。另外，中国学生除了与自己导师外，也较少与其他教师培养者进行深入交流。就算自己的导师，由于该专业课程任务重、培养时间短等原因，也使得很多学生与自己导师交流不多。结果是，导师不清楚学生的学习状况和发展需求，学生也不清楚该与导师交流什么内容。这些都与学生是否具有明确需求及自主的心态有关。

那么，对于不同地区的外国学生，如何有效了解他们的需求并服务其发展呢？以中亚留学生为例，王丝雨对中亚留学生汉语学习的能力、个人愿望、学习过程、学习环境等方面进行调查和分析①，其中，在知识需求方面，汉字是汉语基础知识学习中最难的，其次是语音（对于初学者）、词汇（对于中高级学习者）。在技能需求方面，写作是最难的，其次是听力（初中级学习者）、阅读（高级学习者）。在策略需求方面，以请教教师培养者为主，其次是尝试自己解决，再次是问中国朋友，而不管不问的是极少数。个人愿望需求方面，找到更好工作、对中文感兴趣和提升自己知识和修养，位列前三。还有，语音学习是初学者的最大需求，而词汇学习则是中高级学习者的主要需求。口语技能是他们最大的需求，旨在提升听说能力。

在学习过程需求方面，一半左右外国学生认为了解教学目标是有必要的。在学习活动中，外国学生渴望尽量接触中国人，不断复习所学内容和学习中国文化，表明外国学生仍以输入型语言学习为主，可能尚未达到输出型学习水平。由此，在学习方法需求上，倾向于语音模仿练习、抄写汉字、做听力专项训练、训练阅读技巧或详细纠正写作语言病句。课后学习方式则与以中国人交谈和交朋友为主。在学习环境需求方面，多数外国学生认为教师培养者授课语言应只用汉语，语速正常，不能容忍教师培养者上课发音不清楚或声音小，而课堂教学活动中朗读课文、角色扮演和分组讨论或演讲都是学习者的需求。上课内容初中级学习者主要

---

① 王丝雨. “以学生为中心”的中亚留学生汉语学习需求调查与分析——以新疆师范大学为例[D]. 乌鲁木齐：新疆师范大学，2012：12-40.

着眼于课本，高级学习者则需要围绕课本延伸，并且都觉得多媒体教学更能引起兴趣，效果较好。课余活动需求依次是看中国电影或纪录片、参加各种汉语比赛、中文晚会。对于文化相关课程需求，初学者主要是中国音乐、武术或太极拳、书法，中级学习者主要是书法、中国音乐、武术或太极拳，高级学习者主要是书法、烹饪、武术或太极拳。

在教材编写使用语言上，初学者倾向汉语和外语对照，而中高级学习者倾向汉语。另外，多数外国学生觉得教材内容有趣，但对于初学者来说，词汇量太多，而中高级学习者希望知识具有实用性。在资料需求上，初学者倾向汉语考试辅导资料，中高级学习者倾向汉语报刊书籍。在作业评价上，多数外国学生都希望当场修正错误。在测试方式上，多数外国学生也都希望通过真实生活中运用所学知识来检验。由此，在洞悉学习者需求和问题的基础上，TCSOL 教师培养者不仅能够充分发挥学习者自身系统的自组织学习功效，也能够更好地推进学习文化、教师文化与管理文化等方面的融通。

二、TCSOL学习者的动机

TCSOL 教师培养质量如何，必然会关联到学习者的动机。它不仅会影响学习效果，也会影响教师培养模式的优化状况。据调查，学习动机越强，TCSOL 学习者越努力学习，并会花更多时间从事各种汉语学习活动。[①]对此，我们需要先了解作为二语的学习动机的类型及其相关理论。本书主要选取加德纳（Gardner）、兰伯特（Lambert）和德尔涅伊（Dörnyei）的理论进行分析。加德纳和兰伯特区别二语学习的两种动机：融入型动机和工具型动机。融入型动机反映了 TCSOL 学习者融入其他语言社团的意愿，同时折射出 TCSOL 学习者对目的语的兴趣及对目的语社会环境的态度。[②]工具型动机旨在提升自身的社会认可或占据经济优势而学习二语，如获得高工资、权力或职业，带有实用价值取向。李燕认为工具型动机也蕴含一定的社会文化，而融入型动机也非完全与社会文化融合。工具型动机又分为直接工具和间接工具。融入型动机分为外部融合和内部融合。间接工具和内部融合更倾向社会心理因素，而直接工具和外部融合更指向个人心理因素。[③]德尔涅伊认为心理学家们主要通过期望——价值理论、目标理论、自我决定理论[④]来解释

---

① 丁安琪. 目的语环境下汉语学习动机增强者动机变化分析[J]. 语言文字应用，2015，(2)：116-124.

② Gardner R C，Gliksman L. On “Gardner on Affect”：A discussion of validity as it relates to the attitude/motivation test battery：A response from Gardner[J]. Language Learning，1982，32(1)：191-200.

③ 李燕. 汉语学习动机与汉语国际化传播研究[J]. 语文学刊，2016，(4)：101-103.

④ Dörnyei Z. Survey article：Motivation in second and foreign language learning[J]. Language Teaching，1998，31(3)：117-135.

心理过程，并将所有动机归入语言、学习者和学习情境三个理论范畴[①]。其中，语言层面强调语言学习的目的性，学习者层面重在凸显个体语言学习的个性表征，学习情境则涉及课程、教师、学习团体相关的动机组元，如教师教学风格、个性和行为态度等。这三个层面从个人、社会和教学情境三方面剖析了学习者语言学习动机的多维性。[②]

TCSOL 教师培养的学习动机贯穿于整个培养过程。自学习者入学起，其报考 TCSOL 专业的动机为其日后学习奠定基础。根据访谈发现，学习者学习汉语的动机主要涉及国家汉语国际教育事业发展、政府的宣传与大力推动、就业前景、个人兴趣与发展导向、国际汉语教师地位、学科专业等因素，还有些学习者是因为机缘巧合开始学习。

研究者：请问你为什么要选择和学习汉语国际教育专业呢？

中国学生 A：为了为国家汉语教育做贡献并以此谋生。

中国学生 B：由于当时高考分数不高，加上新闻上宣传孔子学院，然后就报了这个专业。所以我觉得政府的宣传和关于汉语国际教育硕士的政策是我选这个专业的最大因素。研究生的话，就看着汉语国际教育硕士好考。

中国学生 C：我报考的是外语系，后面被分到汉语国际教育系。

中国学生 D：感觉这个专业听起来很洋气，教外国人汉语，实际情况是我们这一届没有一个人成为国际汉语教师，前几届不清楚，但也没听过哪位师姐出国教汉语，最多就是考研了。

中国学生 E：当初报考时也听说一些就业负面消息，但既然选了就不管其他了，努力去读……

外国学生 F：因为我比较喜欢汉语，而且我很喜欢中国的传统文化。我觉得这个专业可以让我学到我想学习的，我比较感兴趣。这是最主要的原因，还有一个原因是想上师范院校，我特别喜欢当语文老师。我觉得这一点比较适合我，而且语文老师和汉语国际教育专业也是相关的。第三，我觉得这个专业会给人不一样的收获，因为它眼界比较开阔，我们既能了解中国也能了解外国，是一个很好的成长机会，也会给我们很多锻炼实践的机会，也就是通过走出去，让我们增长见识，让我们了解别人的生活方式，看看别人是怎么样生活的，这对于我们来说，是一个很好的增长见识的机会，也是在向别人学习，这也是汉语国际教育专业

① Dörnyei Z. Motivation and motivating in the foreign language classroom[J]. The Modern Language Journal，1994，78(3)：273-284.

② 沈亚丽. 来华留学生汉语学习动机与学习策略及其相关性研究[D]. 上海：上海交通大学，2008：22.

的一个优点。

外国学生 G：我国（吉尔吉斯斯坦）与中国合作发展好，有前途。那时候我们国家学习汉语的人很少，中国老师也少，基本上都是本地刚毕业的学生就能留下当老师，可现在不一样，要求越来越高，就不一定了。

外国学生 H：我是印尼华人，我觉得学这个专业可以多了解国际上出现的汉语课堂教学中的一些普遍问题并找出适当的解决策略。另外，可以提高老师的综合素质。

不同的动机类型和价值取向，对 TCSOL 教师培养的过程、内容和结果等方面都会产生影响。当前，TCSOL 教师培养以实践为导向，注重知识和技能培养，往往忽视 TCSOL 学习者的心理成长过程及其学习策略。可喜的是，学习者的情感态度，包括兴趣、动机、合作、自信等影响学习效果的因素逐渐得到重视。①有关学习动机及二语习得的研究成果与日俱增，但从现实实践活动来看，仍需要引起重视，这从访谈资料中可见一斑。

研究者：请问您有没有了解过学生汉语学习的需求或动机之类，如通过心理测试、问卷调查等方式了解。

A 校某教师培养者：我们没有了解过，但是从他们的就业情况来看，他们最后真正从事汉语教育的不多，这受到很多其他因素的影响。

B 校某教师培养者：没有。主要是这些外国学生本国的教师待遇不高。我们不能解决他们的就业问题。所以当他们做别的可以赚更多的钱时，他们为何要做汉语教师呢？对此，从事汉语国际教育行业，就必须要有奉献精神、要有传教士精神。还有中国学生主要是为了一个饭碗……汉语国际教育专业太难，为什么？不同国家不同学习者的需求都是不一样的，动机也不一样，还有学习风格和学习策略也不一样，怎么来面对这些问题？

基于当前外国学生汉语学习的现状，可以看出出于就业和经济动机的外国学生，侧重的是工具型学习动机，而出于文化发展和自身成长的外国学生，则侧重融入型学习动机。例如，陈婷对上海师范大学初级阶段外国学生学习汉语的动机进行问卷调查②，可以发现工作动机最为强烈，多数都是为了和中国人做生意。其次，是因为汉语的重要性和华人血统因素，表明中国国际地位提升、经济繁荣、华人华侨等因素对 TCSOL 发展产生重要影响。再次，是有关汉语专业学习、汉语

① 赵金铭. 汉语作为第二语言教学：理念与模式[J]. 世界汉语教学，2008，(1)：93-107.
② 陈婷. 上海师范大学初级阶段留学生汉语需求分析[D]. 上海：上海师范大学，2014：17.

文化及交际需要。最后，是到中国定居或旅游等因素。可见，外国学生学习汉语主要基于工具性动机，融入型动机依然不够。但是，朱莉在探究文化认同对外国学生汉语学习动机影响的调查中[①]，对象涉及亚洲、欧美和非洲留学生，调查指出40%是因为对中华文化感兴趣，20%是为了学一门外语，17.8%是想了解中国经济发展，8.9%只是为了获得学位证书，还有 13.4%选择了其中两项，进而得出从文化认同角度来看，融入型动机高于工具型动机。

此外，TCSOL 教师培养者和学习者的动机策略不同，容易引起他们之间交流的矛盾。从动机策略角度入手，TCSOL 教师培养者和学习者之间的动机策略存在差别[②]，如教师培养者注重通过快乐教育、课堂气氛、言语或物质鼓励等策略激发学习者动机，而学习者注重启发教育、专业知识、思考或提问鼓励等动机策略。这种鸿沟说明了 TCSOL 教师培养不能仅仅关注学习者一方，还要考虑教师培养者。只有两方有效契合，才能发挥动机策略带来的最大驱动力。

三、TCSOL学习者的自主性

TCSOL 学习者的自主学习彰显出自我决定论的机理，反映了 TCSOL 学习者对自主性的需求超越对社会文化环境的需求。有关自主学习，不同学者有着不同的思想取向。王丹萍指出自主学习是一种基于人本主义心理学的现代学习理念[③]，迪金森（Dickinson）认为是一种学习态度[④]，即 TCSOL 学习者能够制定自己的学习目标，理解教师教学的内容，有选择性地运用恰当的学习策略并进行监管，以及判断哪些学习策略不合适自己和进行自我评判等。努南（Nunan）则侧重如何为自己增加学习机会[⑤]。美国学者宾特里奇（Pintrich）指出自主学习是一种主动建构的学习过程，这与我国学者普遍认为的独立、自觉、主动的自主学习特点[⑥]有着异曲同工之妙。

在 TCSOL 教师培养中，常常忽略了 TCSOL 学习者视角，对 TCSOL 学习者的需求、动机和自主性了解不多，造成 TCSOL 教师培养者与学习者间的不对称而影响教师培养效果。以国际汉语教师标准为例，该标准主要包括汉语教学基础、汉语教学方法、教学组织与课堂管理、中华文化传播和跨文化交际、职业道德与专业发展，突出了教师的汉语教学、中华文化传播和跨文化交际三项基本技能，

---

① 朱莉. 文化认同对留学生学习汉语动机的影响[D]. 杭州：浙江大学，2012：13-14.

② 李娜. 论汉语国际教育专业教师与学生对动机教学策略认知的不对称性[J]. 云南师范大学学报（对外汉语教学与研究版），2015，(1)：41-47.

③ 王丹萍. 汉语学习自主学习者特征初探[J]. 海外华文教育，2016，(4)：489-497.

④ Dickinson L. Talking shop：Aspects of autonomous learning[J]. ELT Journal，1993，47(4)：330-336.

⑤ Nunan D. Closing the gap between learning and instruction[J]. TESOL Quarterly，1995，29(1)：133-158.

⑥ 皮连生. 学与教的心理学（第五版）[M]. 上海：华东师范大学出版社，2009：71-87.

但却缺少 TCSOL 学习者本位视角，对 TCSOL 学习者关注不够。正如访谈资料所示：

> 这个标准只有对教师培养者的要求，这个标准里面是没有学习者的，就是没有学习者的地位。

其实，在 2010 年美国 TESOL 教师培养标准中也没有明显体现 TCSOL 学习者本位视角。但是，相关学者已经意识到这一点。于是，2017 年 1 月，TESOL 国际协会就发布了“TESOL 教师培养标准改革草案”，对之前的标准做了重要的改革。在结构方面，从“语言、文化、教学、评价和专业化”转变为“语言内容、教学：计划与实施、考核与评价、语境中的英语语言学习者、专业主义与领导力”这五个领域。可见，TESOL 学习者已经被单独列为 TESOL 教师培养中的一个重要标准。

显然，在技能至上导向的 TCSOL 教师培养模式中，教师不能很好地激发学习者的学习热情、启发学习者的学习兴趣和教会学习者学习，那么就算学习者掌握再好的汉语教学技能，也难以坚持不懈、积极主动地学习[①]，即学习者的自主能力薄弱。这种模式更加强调外在的语言能力，而对于 TCSOL 学习者内在动力的重视则微乎其微，不利于教师培养的可持续发展。正如某学习者所谈：

> 我觉得当老师首先你的教学技能一定要过关，就算你有再扎实的知识，理论知识，如果教学技能没有的话，无法输出，一样是教不好学生，也教不出好成绩，所以教学技能还要提高，不过自主学习教学技能还是比较少的，比如说这次汉语志愿者教师考试，之前是为了通过这个考试而努力学习。现在考试结束了，就感觉整个人都空虚了，不知道该做什么，有点是为了考试而学习，为了作业而学习。

根据 Bensond 的自主学习能力控制的理论框架，从学习者学习管理、认知过程、学习内容、学习环境四个层面对汉语作为二语学习者的自主学习能力的影响进行叙事研究，提出八个自主学习特征（表 4-1），并强调学习者自主学习与教师高质量教学的相互依存性，而教师应培养“终身学习”理念，多与学习者沟通，要清楚他们的需求与背景，同时增强自身的自主学习。[②]为此，TCSOL 教师培养者和管理者都需要洞察学习者的自主学习特征，以创造各种条件和提供学习者本位的资源，并强化与学习者的非线性相互作用，推进学习者自组织发展。

---

① 金辉. 自主学习理论及对外汉语教学最佳模式的研究[J]. 山西财经大学学报（高等教育版），2001，(2): 16-17.

② 王丹萍. 汉语学习自主学习者特征初探[J]. 海外华文教育，2016，(4)：489-497.

表 4-1 汉语学习者自主学习特征

四大维度	自主学习特征
学习管理	控制学习对象，如汉语非最难学语言
	控制学习目标，如学习汉语可以增值
	控制学习策略，如学好汉语需特殊策略
认知过程	控制元语言知识，如语言知识促进规律掌握
	控制反思行为，如及时评价和调整学习策略
学习内容	控制学习内容，如自主选择与决定学习内容
	控制学习材料，如选择适合自己的学习材料
学习环境	控制学习环境，如积极营造汉语学习环境

在 TCSOL 教师培养实践中，张冉对广州地区高校 TCSOL 硕士外招生的自主学习情况进行调查①，发现学生生源多来自东南亚地区，学习目的较为明确，汉语水平普遍较高，能够积极地进行自主学习，且多使用线下自主学习方式，但使用网络自主学习方式的学习者也日渐增多。就课程来说，学习者自主学习的课程多为中华文化、才艺展示、汉语教材资源等，且对于活动组织及讨论课的主动性比其他课程高。其中，文化方面多聚焦中国的风俗习惯，才艺方面重在关注中国影视、歌曲，而对戏曲则较不感兴趣。由此可见，TCSOL 学习者自主学习内容多与当下生活相关，其自主性普遍较高，这也与其华人华侨的身份和东南亚地区的历史文化环境相关，体现出复杂系统理论中学习者个体自组织功能及其与外部环境交互作用的结果。这正好也印证了语言学习是社会文化发展的重要组元之一，离不开社会文化对自主学习的影响。

针对 TCSOL 学习者的自主学习，邦茜则有不同的看法②，认为 TCSOL 学习者对课程不满意，持批判态度，如课程进展过快，与自身母语连接性弱，时间管理观念不强；学习推动力条件不足，如教师培养者反馈少；教师培养者为学习的焦点，就是说尽管 TCSOL 学习者对教师培养者的方式做法不满意，但只要是教师培养者提供的信息，都会去学习。这可能与 TCSOL 学习者刚从高中毕业，各方面还不够成熟有关；TCSOL 学习者对成功的期望等因素也影响其自主学习。概括而言，TCSOL 学习者的自主学习离不开学习系统的内外交互作用，不仅仅是因为自身汉语发展水平、背景和心理发展因素的自组织协调作用，也是源于个体系统外部的课程、教师培养者、教学、管理等组元条件的影响。因此，在 TCSOL 教师培养中，TCSOL 学习者的需求、动机、自主都应引起重视，并将其纳入教师培养结构体系中。

① 张冉. 汉语国际教育硕士外招生自主学习系统设计研究[D]. 广州：暨南大学，2013：24.
② 邦茜. 关于汉语学习者自主学习的研究[D]. 长春：东北师范大学，2012：43-49.

第三节　TCSOL 教师培养的知识与课程

TCSOL 教师培养的知识不仅是教师技能和能力发展的基础，对教师理论和实践产生影响，也是教师课程教学的重要内容，与课程设置和实施密切相关，而课程则为教师知识和能力的培养提供平台和跑道，是培养过程的一个必不可少的环节，也是教师培养结构体系的重要部分。

一、TCSOL教师培养的知识结构诠释

知识是人类智慧构成的根本组元，是人类在实践中认识客观世界的结果。随着社会发展和知识演变，个体所受教育的不同将形成不同的知识结构。知识结构是指学习者经过专业学习培养后所拥有的知识体系的构成方式。不同的知识结构形塑出不同的结构模式，而知识又与技能、能力有着千丝万缕的关系。

（一）TCSOL 教师培养的知识内容类别

知识种类繁多，既复杂又难以确定。罗素在他的整个哲学发展中，一直都在追求确定性，到最后却得出令人沮丧的结论：全部人类知识都是不确定的、不全面的和不精确的。[①]所以他关于认识及世界性质的想法只能尽可能地接近确定性。理性主义者笛卡儿在论人类知识时亦强调我们必须在一生中尽可能地把所有事物都怀疑一次。[②]复杂系统理论同样倡导不确定性和多样性。对此，在 TCSOL 教师培养中，需要学习者对不同内容别类的知识持怀疑态度，增强知识的批判能力。

根据现代认知心理学的观点，知识有广义和狭义之说。广义的知识包括陈述性知识和程序性知识，而狭义的知识包括直接表述知识、记忆性知识和陈述性知识。按哲学的理解来说，知识分为先验知识和后验知识。波兰尼（Polanyi）提出显性知识和隐性知识。舒尔曼（Shulman）将知识分为课程知识、一般教学知识、学习者知识、教学法内容知识、教育目的知识、教育环境知识等类别。[③]Elbaz 提出实践性知识，并认为这是理解教师角色的最大推动因素，主要包括有关学科知识、课程发展知识、教学知识、教学环境知识、自身的态度、价值观、目标和信

① 罗素. 人类的知识——其范围与限度[M]. 张金言，译. 北京：商务印书馆，1983：606.

② 笛卡尔. 哲学原理[M]. 关文运，译. 北京：商务印书馆，1959：1.

③ Shulman L. Knowledge and teaching：Foundations for the new reform[J]. Harvard Educational Review，1987，57(1)：1-23.

仰的知识等[1]，加上教师个人自身所处实践环境及其自身信仰和价值观，塑造组合出了教师的实践性知识。库玛则指出二语教师知识包括专业性知识、程序性知识和个体性知识这三类。本书则根据当前 TCSOL 教师培养现状，提出专业性知识、条件性知识、程序性知识和个体性知识。

TCSOL 教师培养的专业性知识体现了从事汉语国际教育的知识，代表了 TCSOL 学科的知识内容，是一系列概念、理论和事实的整合体。斯滕伯格（Sternberg）把专业性知识分为学科内容知识、教学法知识和实践知识。根据《国际汉语教师标准》（2012 版），界定了五类专业知识：汉语教学基础，包括汉语语言学知识和二语或外语学习基本原理；汉语教学方法，如一般的语言教学法知识、汉语语言要素教学的基本原则与方法、汉语语言技能教学的基本原则与方法及现代教育技术知识；教学组织与课堂管理，如教学标准与大纲、教学设计、教学资源、教学组织、教学测试与评估、课堂管理等知识；中华文化传播和跨文化交际包括中华文化基本知识、主要特点、核心价值及当代意义，中国国情基本知识，世界文化知识，文化传播知识和跨文化交际知识；职业道德与专业发展，包括国际汉语教师的职业道德与有关专业发展的基本知识。[2]TCSOL 教师培养的专业性知识涵盖了本学科专业的语言知识、语言学习知识、语言教学知识及教师专业发展的基本知识素养，对 TCSOL 教师培养起着核心和重要的作用。

TCSOL 教师培养的条件性知识指的是 TCSOL 教师培养的所需要的与教育学、心理学相关的教育心理学知识。TCSOL 教师培养的条件性知识课程设置主要包括外语教育心理学、国外中小学教育专题等内容。基于此，国际汉语教师必须懂得教育心理学原理，并懂得如何运用教育理论和方法对不同文化背景的学生进行有效的教育，同时能洞悉学生的需求、动机，了解学生心理的发展变化，有针对性地传授汉语知识、技能。这类知识是一名教师的基本知识，影响教师的专业成长。

程序性知识又称为操作性知识，主要解决“怎么做”的问题。美国心理学家加涅指出程序性知识分为心智技能和认知策略，前者是用来加工外在信息，后者则侧重对内调控。教师不仅要懂得“怎么教”，还要懂得“怎么学”。教师教学也需要从“教师”中心走向“学习者”中心再走向“学习”中心。“学习”中心强调的是学习，不管教师主体还是学习者主体，都是围绕学习展开的“教”与“学”。由此，TCSOL 教师培养是一种非线性的学习过程，所以在解决“怎么

① Elbaz F. Teacher's Thinking：A Study of Practical Knowledge[M]. London：Croom Helm，1983：216.

② 全国专业学位研究生教育指导委员会. 专业学位类别（领域）博士、硕士学位基本要求[M]. 北京：高等教育出版社，2015：61.

做”问题时，得注意“非线性”和“学习”特性。TCSOL 教师培养的程序性知识主要体现在训练课程上，包括如何进行教学调查与分析、如何进行课堂观察与实践、如何进行教学测试与评估、如何训练和展示中华文化才艺、如何进行专业论文写作与研究等。

除了以上三种知识外，还存在一种知识，也是 TCSOL 教师培养中需要引起注意的，即个体性知识。如果说专业性知识、条件性知识和程序性知识融汇集体专家的智慧结晶，那么个体性知识则汇聚个体成长的思想过程，且常常是以如波兰尼所述的隐性知识存在着，代表了个体的努力。个体性知识内容包括个人的回顾、思考、批判性识别、个人身份、信念和价值观的重建等。[①]这种个体性知识与特定的情景结合在一起，所以国际汉语教师是在具体特定的社会、文化、教学场景中通过不断实践和反思重建或构建自己的个体性知识。比如，通过观察学生的课堂行为表现，结合专业性知识和条件性知识反思自己对课堂行为的影响，进而有针对性地提出解决办法。这种个体性知识具有差异性、特殊性、内隐性等特征。

（二）TCSOL 教师培养的知识结构模式

知识结构存在各种典型模式，如金字塔型、三角型、衣架型、幕帘型、T 型、π 型、蜘蛛网型等模式。金字塔型（或宝塔型）知识结构，从底层到高层主要涉及基本理论基础知识、专业基础知识、专业知识、学科知识、学科前沿知识。这种结构模式旨在厚植基础知识和深研专业知识，并围绕培养目标铸造知识结构，有助于学生快速联通学科前沿知识。三角型知识结构和衣架型知识结构，和金字塔型知识结构一样都强调专业技术人才。幕帘型知识结构指的是某一社会组织成员在符合所在组织的总体知识要求下，又分别处于不同层次的差异结构中。对此，每个成员既有组织整体的知识构型，也有自己独特的知识结构，呈现出组织整体知识和个体知识的协同特点。T 型知识结构不仅具备横向的广博知识，也具备纵向的专业知识，从而构成横纵向 T 型知识结构。这与蜘蛛网型知识结构所倡导的知识广度和深度统一有相似之处，但是蜘蛛网型知识结构更加强调联系性、整合性，而非横纵向的单向性。T 型知识结构更侧重于横向知识。相反地，T 型知识结构则更强调专业精深，而广博性不高。π 型知识结构强调至少掌握两种专业技能，如同 π 下面的两竖，同时又具备广博知识，如同 π 中的一横，能把多种知识融会贯通。然而，相比蜘蛛网型知识结构，π 型知识结构的人才也缺乏一定的中心性和

① 库玛. 全球化社会中的语言教师教育：“知”“析”“识”“行”“察”的模块模型[M]. 赵杨，付玲毓，译. 北京：北京大学出版社，2014：68.

多网性。蜘蛛网型知识结构则强调以本专业知识为中心，并以本专业相关的、相近的知识为枢纽点而组合成适应性更强，应用范围更广的网状，如同一张蜘蛛网。这种知识网是知识深度和广度的统一，是专业与通识的集合，表现出复合型的形态特点。在协同论视域下，各种参量既自组织协调，也存在差异并互相竞争，并最终形成以序参量为中心的多中心自组织协调网络结构。

目前，TCSOL 教师培养的知识结构是金字塔型知识结构，从底层到高层分为基础、有助于、重要和关键四层，对应的内容知识是教学内容知识、学习者知识、一般教学知识和汉语国际教育知识，而汉语国际教育知识又是一种基于其他三种知识的实践性知识。①这种金字塔型知识结构是当前我国 TCSOL 教师培养的主要构型，但是若要培养复合型的高层次人才，这种构型恐怕难以支撑人才的成长。为此，本书认为 TCSOL 教师培养应从金字塔型知识结构走向蜘蛛网型知识结构。

TCSOL 教师培养选择蜘蛛网型知识结构的缘由有三：一是跨学科性质的必然选择。汉语国际教育是一个多学科支撑的跨学科专业，需要不同专业知识的涵养，而不能仅仅专注于本专业而忽视其他专业领域的影响；二是复合型人才培养的需要。TCSOL 教师培养的目标就是培养复合型的高层次人才，以适应和服务复杂多变的世界汉语学习需求。复合型模式正是蜘蛛网型知识结构的发展形态特征；三是当今信息化社会和知识经济的诉求。随着社会快速发展和知识的日新月异，信息化社会需要每个人才具备大型的知识网，而这种网既复杂多样，又不断进化，是第四次工业革命（基于信息物理融合系统）中信息化社会对知识的需求。蜘蛛网型知识结构符合复杂系统理论原理和协同论原理，不仅有利于突破 TCSOL 教师培养“自上而下”或“自下而上”的方式路径，也能够为信息化社会 TCSOL 教师培养的转型与创新铺上路石。

（三）教师知识、技能与能力的关系

知识、技能与能力是相辅相成，紧密联系的。国际汉语教师知识为其技能和能力的发展提供基础，而能力既是教师知识和技能的前提，也是知识和技能内化的产物，对知识和技能影响甚大，但能力的形成与发展又依赖于知识和技能的取得。由此，正确处理好知识、技能与能力三者的关系，有助于明确 TCSOL 教师培养方式和规范教师培养机制。就 TCSOL 教师培养的知识和技能关系现状来说，技能高于知识，是“技术理性”范式的映照。某教师培养者和某学习者诠释了如出一辙的观点：

① 张洁. 对外汉语教师的知识结构与能力结构研究[D]. 北京：北京语言大学，2007：71-72.

某教师培养者：我觉得知识类的内容应该少一点，最重要的是要教技能性的内容。当然，不是说技能性的内容不需要理论的指导。

某学习者：教师知识很重要，但是只有知识是不够的，还需要有教学技能、管理技能、跨文化技能等。知识和技能是相辅相成的，互相影响，甚至我觉得汉语国际教师的技能比知识更重要，因为你只有知识而缺少技能的话，那么知识就没法发挥作用了。

鉴于TCSOL教师培养的复合性，教师具备的知识、技能和能力也具有复合多元的特点。知识如同上文所提的多种知识结构。技能不仅包含汉语语言的各个要素教学技能，也包括文化教学、外语教学、教育技术等技能。能力主要涉及跨文化交际能力、汉语作为二语教学能力、语用能力、汉语交际能力、职业能力、课堂观摩能力、创新能力、传播能力、课堂教学能力、反思能力、专业问题研究能力等，其中最核心的是汉语作为二语教学能力和跨文化交际能力。正如某教师培养者访谈中所强调的：

我们说两种能力是最核心的，第一种是汉语作为二语教学能力，第二种是跨文化交际能力。这两个是最重要的、核心的能力。

高素质的国际汉语教师，不仅应具备相应的知识结构、能力结构，而且还需具有较高的文化素养和较强的事业心。①知识结构包括汉语知识、语言学知识、外语知识、教学法知识、中国文化知识和百科知识等。能力结构包括语言表达能力、理解能力、独立研究能力、课堂控制能力、教育技术应用能力、人际交往能力、文化敏感性、引导技巧、一技之长等。文化素养涉及文化的方方面面，如文化知识、文化习俗、文化价值、文化信仰、文化心理、文化艺术、文化现象、文化形态等方面，需要在教师培养过程中，有意识地强化文化素养。事业心，强调教师要把汉语教学作为一生的事业。可见，较高的文化素养和强烈的事业心可以为学习者知识和技能的获得及能力的锻炼提供强心剂。

简言之，合理的知识结构是国际汉语教师成长的基础，也是教师胜任多种汉语教学任务的必要条件。在后传播视域下，TCSOL教师培养将超越传播模式的界限，打破专家生产知识而教师消费知识的观念，反对“自上而下”的培养方式，且不是依靠原先学习的理论和策略，而是扮演反思实践者和变革者的角色，重视实际教学环境的有效性，注重个体性知识的生成性，造就自我指导的个体成长，并旨在促使TCSOL教师培养模式从信息导向模式转变为问题导向模式。

① 崔希亮. 汉语教师的知识结构、能力结构和文化修养[C]//周小兵. 国际汉语（第二辑）. 广州：中山大学出版社，2012：86-90.

二、TCSOL教师培养的课程设置

课程设置是 TCSOL 教师培养的关键。可以说，TCSOL 学习者的素养、知识、能力的训练多来自课程知识的学习与实践。从课程目标、结构、内容、实施与评价中分析 TCSOL 教师培养的课程设置所表现的教师培养功能及其影响。

（一）课程目标与结构

课程目标与课程结构相辅相成。有什么样的课程目标就要求有什么样的结构给予支撑，而课程结构为课程目标的实现提供基本的框架，反映了教师与学生“教”与“学”的共生结构。

1. 课程目标

课程目标是否合理科学直接影响了 TCSOL 教师培养的内容和学习者的知识构架。当前，国务院学位委员会共发布两个关于 MTCSOL 的培养方案，一个是 2007 年发布的《汉语国际教育硕士专业学位研究生指导性培养方案》，另一个是 2009 年发布的《全日制汉语国际教育硕士专业学位研究生指导性培养方案》（下文简称 2007 年方案和 2009 年方案）。两个方案的总体目标保持一致，但相比之下，2009 年方案增加国际化、文化传播、国际汉语教师职业等内容[①]，更加突出培养的实践应用性、国际视野及教师职业导向。在 2009 年方案中，TCSOL 教师培养的课程目标着眼于实际应用，重在培养中国学生的汉语教学能力、中华文化传播和跨文化交际能力，培养外国学生的汉语教学能力、中华文化理解和中外文化融通能力、跨文化交际能力，为将来从事国际汉语教师职业奠定基础。从中可以看出，语言教学和文化素养是中外学生课程学习的两大培养要点和指向，且都是为了服务教师职业发展。在汉语教学能力和跨文化交际能力的基础上，中国学生侧重于文化传播，而外国学生侧重于文化理解和文化融通。

随着汉语国际教育事业的发展，TCSOL 教师培养的课程目标趋向多元化、国际化。每门课程具有各自的目标理念和价值取向。比如，跨文化交际课程的目标在于强化学生的跨文化意识、理解跨文化交际与语言教学的交互作用，并在国际比较中，提升跨文化的敏感性，进而培养学生在非汉语环境下从事汉语教学的跨文化交际能力。此目标秉承多元文化价值理念。汉语语言学课程的目标在于了解语言的本质和语言系统的特点，对汉语的特点有一个宏观和整体的把握，形成整

① 胡泊. 汉语国际教育专业硕士课程设置研究[D]. 沈阳：沈阳师范大学，2012：8-9.

体的语言观，并概述汉语语音、词汇、语法及汉语书写系统的总体性特点及其对汉语作为二语教学所产生的影响，体现了语言的整体主义价值取向。但是，不管是何种理念或价值取向，每一门课程的目标都是围绕整个 TCSOL 教师培养目标和课程目标展开，实用主义价值理念始终贯穿其中。实用取向既是课程的价值目标，也是课程实施的落脚点。

2. 课程结构

从课程类别结构来看，我国部分高校沿用 2007 年方案的课程类别，分为必修课和选修课，以及语言类、教学类、文化类、教育类、方法类等类别，而多数高校选用 2009 年方案划定的课程类别，分为核心课程、拓展课程和训练课程，并形成以核心课程为主导、模块拓展为补充、实践训练为重点的结构体系，包括汉语作为外语教学类、中华文化传播和跨文化交际类、教育与教学管理类等。可是，不管采用何种课程类别，各高校都能根据实际情况设置适合当前 TCSOL 教师培养的课程内容，总学分大多超过 38 学分，且基本要在第一年内修完所有学分。所以，学生要在有限的时间内修读这么多门课程且达到课程目标比较困难，压力较大。诚如个别教师培养者所述：

> A 校教师培养者：学习我们 TCSOL 专业的学生都会比较辛苦，因为学制比较短，特别是两年制的。它要求中国学生 38 学分，外国学生 40 学分，所以课程压力还是挺大的。他们经常都叫苦连天的，但是没办法啊，因为教指委规定就这样子，就这么多学分，那我们现在也和一些教师沟通了，就是作业不要布置太多，给他们也减减压……
>
> B 校教师培养者：我们学制才 2 年，要求修 30 多个学分，几乎都在上课，所以学生都没有阅读的时间，没有读书的时间，还有训练技能的时间，太辛苦了。但如果我们降低学分，扩大实践比例的学分，那招进来的一些没有实践能力的学生就不能毕业。

不过，需要说明的是，课程只是 TCSOL 教师培养的其中一个环节和一个组元，其课程目标和结构还受培养目标、教学实践、教师水平及制度管理等方面影响。课程类别和学分分布如表 4-2 和表 4-3 所示：

表 4-2　课程类别与学分结构表（一）

大学名称	对象	课程类别（学分分布）				
		公共必修课门数（学分）	专业必修课门数（学分）	专业选修课门数（学分）	其他课程（学分）	总学分
北京大学	中国学生	2 门（5）	7 门（18）	15 门（≥11）	教学实习（4）	≥38
	外国学生	0 门（0）	8 门（20）	13 门（≥12）	教学实习（4）	≥36

续表

大学名称	对象	课程类别（学分分布）				
		公共必修课 门数（学分）	专业必修课 门数（学分）	专业选修课 门数（学分）	其他课程 （学分）	总学分
华东师范大学	中国学生	4 门（7）	14 门（25）	6 门（≥4）	专业实践（6）	≥42
	外国学生	3 门（7）	13 门（23）	6 门（4）	专业实践（6）	≥40

表 4-3 课程类别与学分结构表（二）

大学名称	对象	课程类别（学分分布）			
		核心课程 门数（学分）	拓展课程 门数（学分）	训练课程 门数（学分）	总学分
北京语言大学	中国学生	7 门（18）	14 门（8）	4 门（4）	≥38
	外国学生	8 门（18）	8 门（10）	4 门（4）	40
中山大学	中国学生	7 门（18）	12 门（8）	4 门（4）	≥38
	外国学生	8 门（18）	14 门（10）	4 门（4）	≥40
华南师范大学	中国学生	7 门（18）	11 门（8）	4 门（7）	≥38
	外国学生	8 门（16）	8 门（10）	4 门（4）	≥38

这些高校的核心课程还包括学位公共课程，而拓展课程主要是分模块选修，训练课程主要涉及课堂观察技能、中华才艺、调查与评估等，其他方面 8 学分，如中国学生修读的教学实习 6 学分、学位论文 2 学分，外国学生修读的专题讲座 1 学分、文化体验 1 学分、教学实习 6 学分。值得一提的是，北京语言大学、暨南大学、中山大学等高校还专门试行设置学位预备课程，如综合基础课程、课堂教学观摩与体验，以确保应届本科生修读核心课程之前具有较好的知识结构和实践经验。但是，此类课程没有设定学分。在 MTCOSL 课程修读说明中，中山大学亦言明本科阶段无《现代汉语》成绩或成绩低于 70 分的，或者研究生入学考试笔试科目《汉语基础》成绩低于 105 分的，需要在第一学期参加《综合基础课程》考试，考试不合格（低于 70 分）者须旁听外国学生的《汉语语言学》并参加考试，直至合格，但无学分。

此外，教学实习、社会实践等专业实践课程也是课程设置结构中必不可少的部分。例如，中山大学专业实习（6 学分），包括教学实习和社会实践两部分。教学实习有学院内部实习、校外国际学校及其他教育机构实习和海外实习三种方式，总课时不低于 40 学时，占 4 学分。社会实践由系里安排，时间不少于 108 个小时，占 2 学分。实习成绩通过指导教师评价、用人单位评语和学生评分等方面综合给出。总之，课程设置的目标和结构为课程内容的设置与实施提供基本的导向。

（二）课程内容

课程是连接教师和学生的重要跑道，其设置的内容是 TCSOL 教师培养中“教什么”和“学什么”的重要支撑。相比 2007 年方案，2009 年方案所涉及的课程内容更加强调实用价值性、灵活多样性，其跨文化交际能力要求更高，但在汉语语言本体知识方面的要求略为微弱。下文将以 2009 年方案为例，对课程设置的内容进行解析。

随着社会和教育科学发展，出现了一种介乎活动课程和学科课程之间的课程类别，即核心课程。核心课程既不像活动课程所强调的儿童中心论，也不像学科课程所倡导的学科中心论，而是以人类基本活动为中心。它不仅指一种学科，也是一种教育观，旨在适应和推动社会化大生产发展，带有实用价值取向。TCSOL 教师培养的核心课程主要包括汉语作为二语教学、二语习得、国外汉语课堂教学案例、中华文化传播、跨文化交际课程，另加针对中国学生开设的政治和外语，或针对外国学生开设的当代中国专题、高级汉语、汉语语言学。令人耳目一新的是中山大学政治课修读的内容是汉语国际教育概论，而不是通常人们认为的诸如马克思主义、政治哲学等政治课程内容。正如某一教师培养者所言：

> 必修课没有调整，但必修课有些上课内容有调整，比如说政治课，我们不是教马克思主义那些内容，而是教汉语国际教育概论，这是我们认为比较有特色的地方。因为在整个理念方面，我们认为国际汉语教师就要有国际汉语教师的特点，给学生他们教马克思主义那些，恐怕也用不上。

随着新时期我国扩大教育对外开放，语言互通成为民心相通的基础工程。除了汉语国际推广外，“一带一路”沿线国家的小语种也受到重视。对此，国际汉语教师不仅要掌握汉语语言与文化的相关课程，还要具有外语能力，特别是小语种，其需求更大。对此，各个高校根据自身的地缘、区域及办学优势，给予学生多门外语选择。如华南师范大学除了学校开设英语、日语等公共外语课程之外，国际文化学院还设有第二外语，如法语、印度尼西亚语等，并能充分挖掘外国学生的母语优势，推进中国学生与外国学生间的学习交流。中山大学根据本专业汉语国际推广对外语的需求，除了开设英语（高级听说）外，还特别增设西班牙语、韩语等小语种，学生只需选择其中之一。选课人数达不到十人的，原则上建议选其他语种。在语言学习的基础上，也针对性地进行文化教学。如首都师范大学针对俄语国家和西班牙语国家的文化概论，中国人民大学针对法国、德国、英国的文化习俗教学等。有关 MTCSOL 核心课程设置情况如表 4-4 所示。

表 4-4 MTCSOL 核心课程表

大学名称	对象	核心课程
北京语言大学	中国学生	政治、外语、汉语作为二语教学、二语习得、国外汉语课堂教学案例、中华文化传播、跨文化交际
	外国学生	当代中国专题、高级汉语、汉语语言学、汉语作为二语教学、二语习得、课堂教学案例分析与实践、中华文化专题、跨文化交际
中山大学	中国学生	政治（汉语国际教育概论）、外语（英语、韩语、西班牙语等）、汉语作为二语教学、二语习得、国外汉语课堂教学案例、中华文化传播、跨文化交际
	外国学生	当代中国专题、高级汉语、汉语语言学、汉语作为二语教学、二语习得、国外汉语课堂教学案例、中华文化传播、跨文化交际
华南师范大学	中国学生	政治理论、外国语、汉语作为二语教学（含研究生微格训练）、二语习得导论、国外汉语教学案例分析、中华文化传播、跨文化交际
	外国学生	当代中国专题、高级汉语、汉语语言学概论、汉语作为二语教学（含研究生微格训练）、二语习得导论、国外汉语教学案例分析、中华文化传播、跨文化交际

拓展课程主要包括汉语作为外语教学类、中华文化传播和跨文化交际类、教育与教学管理类。其中，汉语作为外语教学类涵盖汉语语言要素教学、偏误分析、汉外语言对比、课程设计、现代语言教育技术、汉语教材与教学资源等课程。在汉语语言要素教学的课程教学中，多数高校已经将其作为一门综合课程进行授课，仅个别高校，如武汉大学、南京大学、中山大学等还将其分为语音、词汇、汉字、语法四门课程。不过学生不必全部修读，如中山大学的学生只需选其中两门，至多可获 2 学分。中华文化传播和跨文化交际类主要涉及中国思想史、国别与地域文化、中外文化交流专题、礼仪与国际关系。教育与教学管理类则包括外语教育心理学、国外中小学教育专题、教学设计与管理、汉语国际推广专题。有关 MTCSOL 拓展课程设置情况如表 4-5 所示。

表 4-5 MTCSOL 拓展课程表

大学名称	对象	拓展课程
北京语言大学	中国学生	1.汉语作为外语教学类：汉语语言要素教学、偏误分析、汉外语言对比、课程设计、现代语言教育技术、汉语教材与教学资源 2.中华文化传播和跨文化交际类：中国思想史、国别与地域文化、中外文化交流专题、礼仪与国际关系 3.教育与教学管理类：外语教育心理学、国外中小学教育专题、教学设计与管理、汉语国际推广专题
	外国学生	1.汉语作为外语教学类：汉语语言要素教学、汉语技能教学、汉外语言对比与偏误分析 2.中华文化传播和跨文化交际类：中华文化经典、中外文化比较 3.教育与教学管理类：外语教育心理学、教学设计与管理、国别汉语教学调查分析
中山大学	中国学生	1.汉语作为外语教学类：汉语语言要素教学Ⅰ（语音）、汉语语言要素教学Ⅱ（词汇）、汉语语言要素教学Ⅲ（汉字）、汉语语言要素教学Ⅳ（语法）、偏误分析、现代语言教育技术、汉语教学资源及其利用、汉语中介语语料库建设实践、研究设计与论文写作 2.教育与教学管理类：外语教育心理学、教材评估与教材库建设、语言教学资源库：理论与实践

续表

大学名称	对象	拓展课程
中山大学	外国学生	1.汉语作为外语教学类：汉语语言要素教学I（语音）、汉语语言要素教学II（词汇）、汉语语言要素教学III（汉字）、汉语语言要素教学IV（语法）、偏误分析、现代语言教育技术、教学调查与分析、汉语中介语语料库建设实践、研究设计与论文写作 2.中华文化传播和跨文化交际类：政治（汉语国际教育概论）、中华文化经典 3.教育与教学管理类：外语教育心理学、教材评估与教材库建设、语言教学资源库：理论与实践
华南师范大学	中国学生	1.汉语作为外语教学类：汉语要素教学、汉语语言学概论、汉语技能教学 2.中华文化传播和跨文化交际类：中国文化经典专题、国别与区域文化 3.教育与教学管理类：汉语国际教育管理、外国中小学语言教育专题、汉语作为外语教学心理学、现代教育技术与应用、汉语教材分析与教学资源应用、第二外语（法语、印度尼西亚语等）
	外国学生	1.汉语作为外语教学类：汉语要素教学、汉字文化与汉字教学、汉语技能教学 2.教育与教学管理类：汉语国际教育管理、外国中小学语言教育专题、汉语作为外语教学心理学、现代教育技术与应用、汉语教材分析与教学资源应用

训练课程主要包括教学调查与分析、课堂观察与实践、教学测试与评估、中华文化才艺训练与展示。课堂观察与实践课程主要采取岗前见习，以包括听课、说课、模拟试讲、试讲等方式完成，并由有经验的教师培养者指导学习者熟悉和了解课堂教学。中华文化才艺训练与展示则设多门课程，如书法、剪纸、武术与太极、中国结等，各高校则根据师资、学习者需求等情况，让学习者从中选择其一门或多门进行学习。不过，这四门课程在各个高校归类略有差异。华南师范大学开设了研究方法与学位论文写作，北京语言大学将外国学生拓展课程中的现代教育技术应用、汉语教学资源及其利用这两门课程归为训练课程，中山大学也将汉语教学资源及其利用归为训练课程。有关 MTCSOL 训练课程设置情况如表 4-6 所示。

表 4-6　MTCSOL 训练课程表

大学名称	对象	训练课程
北京语言大学	中国学生	教学调查与分析、课堂观察与实践、教学测试与评估、中华文化才艺训练与展示
	外国学生	现代教育技术应用、汉语教学资源及其利用、教学测试与评估设计、中华文化才艺训练与展示
中山大学	中国学生	教学调查与分析、课堂观察与实践、教学测试与评估设计、中华文化才艺训练与展示
	外国学生	汉语教学资源及其利用、课堂观察与实践、教学测试与评估设计、中华文化才艺训练与展示
华南师范大学	中国学生 外国学生	课堂观察与实践、教学测试与评估、中华文化才艺训练与展示、研究方法与学位论文写作

此外，北京语言大学、华南师范大学等高校也为学习者专门开设了语言、文化、教育专题讲座、中国文化体验活动。中山大学根据国际汉语教材研发与培训基地等优势特色，开设了汉语国际教育海外案例库建设实践、汉语国际教育海外

语料库建设实践、中国文化或中外文化交流体验活动。其中，汉语国际教育海外案例库建设实践、汉语国际教育海外语料库建设实践是专门为海外、校外实习生设立的必选课，需按照本院的实习管理规定提交案例及中介语语料，以获得相应的学分。校内实习的学生可任选一门课程以获得“其他课程”的 1 学分。中国文化或中外文化交流体验活动属于必选课，是以组织、策划、参与文化活动的态度、效果等为考核依据，同时以小组为单位，需提交书面策划方案、通讯稿或总结报告等，最后以小组汇报形式展示本组活动的创意设计及实施情况。质言之，文化活动的组织与体验将有力强化学生的跨文化交际能力，如访谈资料所示：

> ……还有让学生自己组织文化活动，就是让外国学生，本科生、进修生，去搞一些文化活动，如汉语沙龙、出外游玩，就是带学生去广州市区，找一些有文化特色的地方进行文化考察。还有汉语沙龙，每两个星期一次，同时也进行中华文化传播，比方说剪纸、包饺子、包粽子……全程就学生自己策划。这样，他们在中华文化传播方面的能力也得到锻炼，这种传播技能也是我们培养中比较注意的。

（三）课程实施与评价

课程实施探讨的是课程方案实践与落实的动态过程，而课程评价则是用来检查课程目标及衡量课程实施效果，以期改进和优化课程决策。对此，TCSOL 课程实施与评价可更好反思 TCSOL 教师培养目标、课程目标及其执行的程度与效果。

虽然各个高校在课程设置和实施中都有细微的差异，但是多数都遵从教指委制定的培养指导方案进行设置和实施，基本能够满足学生知识、能力和素养的发展要求，但其生成性或创新性课程实施不足，既不利于教师培养者的专业发展，也无法更契合学习者成长的各种需求变化。在课程实施过程中，不同高校教师培养者对 TCSOL 课程本质的不同认识及其不同的价值观，产生不同的实施取向。一种是忠实取向，即教师培养者忠实地按照课程方案实施，以实现课程方案所制定的目标作为评判标准。一种是相互调适取向，即教师培养者在课程实施中，可能会根据变化中的课堂情境做出适当的调整和修订，以促进学习者取得最大的学习效果。与此同时，还可能改变既有的课程实践，以适应课程方案的要求，从而达到课程设计者与课程实施者、课程方案与课程实践的相互调适。还有一种是创生取向，即课程实施者在具体的教学实践中不断创生新的教学经验的过程，而课程方案仅仅是一个工具和暂时性假设而已。该取向注重课程的情境化、实践化及师生的协同发展，对教师培养者的要求较高，体现了教师的再学习过程。

在课程实施中，双语教学成为今后发展趋势。但由于很多高校师资、教学资源等方面还不够完善，双语教学仍然困难重重。令人欣慰的是，随着大学的国际化发展，双语教学前景光明，受到许多高校的重视。在 TCSOL 教师培养中，北京语言大学有半数的核心课程都采用双语或外语教学，并通过案例分析、团队学习、模拟训练及现场研究等方式，使学生能够接触更多不同类型的案例，从而提升汉语教学技能及海外适应能力。

不同的课程实施对课程设置及其评价提出不同的要求。从当前课程实施现状看，课程设置分为核心课程、拓展课程和训练课程，这些显性课程可以更好地从整体把握课程并实施课程，对于培养 TCSOL 学习者的教育教学能力、跨文化交际能力及中华文化传播、融通等方面注入一股强心剂，有效促进 TCSOL 学习者的实践与成长，彰显出课程评价的“促进发展”功能。另外，汉语国际教育隐性课程的开发与应用，也会对学习者的非理性因素产生影响。隐性课程包括物质空间类、组织制度类、文化心理类。[①]对此，显性课程和隐性课程都需要在 TCSOL 教师培养中协同变化发展。随着 TCSOL 教师培养课程的改革与发展，课程实施在实用价值导向中越显出实践教学案例的重要性，为学习者提供许多益处。

研究者：您觉得课程学习中，哪些对你很有帮助？

中国学生：课程学习的知识、训练的技能为我们海外实习者解决实践问题提供很好的基础，尤其是老师多年教学经验的总结，有时候对我们很有帮助。

但是，在课程实施过程中，也存在一些问题。就课程宏观维度来讲，课程设置科学但内容规范缺失，使得教师只能根据自己的理解授课，且对于如何有效地因材施教，如何达到课程预期目标等方面感到惆怅不解，甚至直接使用以往任教的课程代替。[②]然而，有的学者认为课程设置过于具体，课程视野狭隘。[③]比如，课程国际化视野不够等。另外，课程选择的机会很少，难以满足学生个体成长的需求。[④]从课程微观层面看，汉语国际教育研究方法类课程不足，在整个 TCSOL 培养体系中地位低下。[⑤]文化课程开设较少，比例不合理，内容及教材配置不够理想，文化实践有待加强。[⑥]然而，陆俭明指出文化教育不是汉语教学的重心。[⑦]赵

① 徐媛媛. 对外汉语教学中的隐性课程研究[D]. 济南：山东大学，2014：29-43.

② 赵金铭. 汉语国际教育硕士专业学位课程与教材研究[J]. 国际汉语教育，2015，(1)：3-9.

③ 丁安琪. 关于汉语国际教育硕士专业课程设置的思考[C]//北京外语大学. 国际汉语教育（第 2 辑）. 北京：外语教学与研究出版社，2009：13-18.

④ 田艳. 基于英国 MTESOL 课程体系对汉语国际教育硕士课程设置的思考[J]. 世界汉语教学，2012，26(2)：276-288.

⑤ 马秀丽. 汉语国际教育研究方法类课程初探[J]. 汉语国际教育，2015，(1)：33-42.

⑥ 胡思思. 汉语国际教育硕士学位文化课程设置的调查研究[D]. 武汉：华中师范大学，2014：31-33.

⑦ 陆俭明. 汉语国际教育专业的定位问题[J]. 语言教学与研究，2014，(2)：11-16.

金铭则认为文化教育需要潜移默化，而不能靠表面开设几门文化课程。对此，当前高校开设的文化课程也相对较少。正如某些教师培养者所言：

教师培养者 A：我觉得语言类课程应该占得多点，因为语言本身也包含文化，如中国人送礼。有篇课文关于中国人送礼，就有送礼的文化，这和单纯的文化知识还是不一样的。文化知识，如中国语言经常要讲的竹、兰、松这些内容，为什么都会送这些东西呢？它会在语言中体现出来的。

教师培养者 B：我们有文化课程，只不过原来教指委规定的文化课太多了，好像有 4、5 门吧。我们现在就教 2 门课，一门是跨文化交际，还有一门是中华文化经典。

再者，汉语语言本体知识类和课堂观察与实践课时不够长，特别对于汉语水平不高和教学能力不强的学习者而言。正如被访外国学生所言：

研究者：请问你们在课程学习中，存在的最大不足是什么或希望加强哪方面？

某外国学生：我本科是学习汉语的，毕业后，从事过一年汉语教学工作，现在读研究生，发现在学习中，汉语专业知识还比较不足，课堂实践和观察能力也都不足。所以，我希望在课程学习中，可以加强这两个方面的学习。

总之，TCSOL 教师培养的课程设置不仅反映了 TCSOL 教师培养的目标，也表明了国际汉语教师需具备的知识和能力要求等。由此，在审视 TCSOL 学习者教师知识的快参量和教师能力的慢参量时，应从课程目标、课程结构、课程内容、课程实施、课程评价各方面形成自组织课程协同机制，并在 TCSOL 教师培养实践的开放动态情境中，提升课程设置的组织能力、生成能力和实践能力，进而促进 TCSOL 教师培养的现代化。课程的设置与实施，也为 TCSOL 教师培养的教学实践与研究开展提供基本的知识与能力训练。

第四节 TCSOL 教师培养的教学实践与研究

TCSOL 教师培养的教学实践与研究是相辅相成、协同发展的。教学实践为研究的开展奠定了基础，而研究又为教学实践的改善与深入发展提供强有力的后盾。只有将教学实践与研究有效协同起来，才能更好地提升 TCSOL 教师培养的质量，促进 TCSOL 学习者可持续发展。

一、TCSOL教师培养的教学实践

TCSOL 教师培养的教学实践是汉语国际教育人才培养的重点和核心。TCSOL 学习者的教育实践是一个从观摩到实践，从见习到实习的系统工程。TCSOL 学习者需要完成按听课、评课、说课、试讲到上岗实习的实践性学习流程。[①]汉语教学实践与实习可按以下步骤进行科学安排[②]：课堂教学观摩和讨论；说课训练和微格教学设计；备课和教学资源开发；教学实习与顶岗教学；文化实习。这一过程，旨在全方位培养 TCSOL 学习者的各种教学技能和能力，如课堂观察、交流与反思、说课和备课、上课、教案设计、教育技术及教学资源开发、组织管理、文化传播、才艺展示等方面。下文重点以 TCSOL 志愿者教学实践为例，窥探其教师培养中教学实践的内容及其影响。TCSOL 教师培养教学实践大体可从课堂学习与实践、志愿者选拔与培训、教学实习与管理三方面进行评析。

（一）课堂学习与实践

教学实践着眼于 TCSOL 学习者在独立步入教学场景前的学习与实践，主要涉及课堂教学观摩和讨论、教案设计、备课、听课与说课、见习、模拟试讲和试讲等方面。以中山大学 MTCSOL 培养为例，其培养突出了实践实习的整体性和全程性，体现了 TCSOL 教师培养在适应国际汉语师资需求和质量要求的基础上涌现出教育系统运作的机理。

为了使 TCSOL 学习者从入学起即融入课堂教学氛围并参与到课堂教学的实践中，培养并提高 TCSOL 学习者的教学和课堂管理能力，中山大学的实践实习贯穿于整个学习生涯，被称为“全程实习”，是一种实用价值取向的培养模式。正如某位教师培养者所述：

> 我们非常重视实践，学校的全程实习在全国推广，这是我们比较有成果的培养特色。一入学，TCSOL 学习者就开始全程实习。具体来说，他们一入学就开始听课，进入真实的课堂。在真实的课堂中，培养他们教学的……不管是教学理念、教学方法、教学内容，各方面都有一种感性的认识，而不是从书本上……因为你从书本上看不到真实的课堂是什么样子。此外，我们还有试讲，到真实的课堂中试讲一次，而且实践的

---

① 全国专业学位研究生教育指导委员会. 专业学位类别（领域）博士、硕士学位基本要求[M]. 北京：高等教育出版社，2015：63.

② 赵金铭. 课程体系与实习体系——汉语国际教育硕士专业学位的两个科学体系[C]//北京汉语国际推广中心，北京师范大学汉语文化学院. 国际汉语教育人才培养论丛（第 2 辑）. 北京：北京大学出版社，2011：7-8.

机会也很多。我们的教学基地、实践基地。在广州，国际学校就有 4 个。然后海外实习基地也很多，还有国家汉办给我们很多机会，也给我们很多支持。所以我们的实践机会还是很多的，再加上我们本院有很多进修生，给 TCSOL 学习者实践创造了很多机会。

从第一学期起，TCSOL 学习者便开始听课并在教师指导下说课、模拟试讲和试讲。从第二学期起，TCSOL 学习者进行岗前见习，并于校内、国际学校或海外独立授课。TCSOL 学习者完成了整个实习任务即视同获得必选课课堂观察与实践及课堂教学实践的学分。

听课方面，TCSOL 学习者总共需要听 16 节课，包括听实习指导教师的授课和其他教师的授课。其中，实习指导教师的授课，至少听一个完整的教学单元，在第 10 周前完成；其他教师的授课，可自由选择旁听，在一年内完成。听课前，至少提前一天跟实习指导教师或其他教师沟通，了解上课的内容，并复印听课的相关资料。若不提前联系，教师有权拒绝听课。每次听课以 2 节为单位，听课需填写《听课表》，听完课统一于学期末把听课表（*n* 份）和教案（模拟试讲教案 1 份+试讲教案 1—2 份）（均需实习指导教师签字）交给学习委员，由学习委员统计后交到教师办公室。在听课的同时，学习者要担任实习指导教师的助教，协助实习指导教师组织课堂活动、批改作业、做课件、出考卷、擦黑板等，与外国学生融洽相处，为日后试讲打基础。听课成绩合格者方可进入下一环节的实习。

说课和模拟试讲方面，TCSOL 学习者须听从实习指导教师的安排和指导，撰写教案。每位 TCSOL 学习者说课和模拟试讲的时间不少于 1 节课。合格者方可进入下一环节的实习。模拟试讲之后，TCSOL 学习者进入试讲环节。

TCSOL 学习者在实习指导教师的真实课堂中试讲 1—2 节课，也可分多次，每次 20—30 分钟。其一，试讲前须撰写教案，并交实习指导教师签字。（试讲时间长短由实习指导教师根据情况决定，原则上不少于 1 节课）。其二，试讲至少拍摄录像 1 次，根据试讲时间的安排，自觉与办公室联系借还摄像器材。未拍摄录像者视为试讲不合格。其三，TCSOL 学习者交一份试讲录像给实习指导教师，实习指导教师对录像进行点评，提出意见或建议，TCSOL 学习者要认真听取，并积极改进。

TCSOL 学习者见习则贯穿于整个课堂实践学习中。外国学生同中国学生一样参加第一学期的见习，参加听课、说课、模拟试讲环节，但是能否试讲，则由实习指导教师决定。实习指导教师将根据 TCSOL 学习者的见习情况，填写见习评价表。该表包括对 TCSOL 学习者听课、说课、模拟试讲、试讲、教案（课件）等内容的评价。

值得一提的是，实习指导教师在 TCSOL 学习者教学实践的培养过程中扮演着重要的角色和引领作用。从听课、说课、模拟试讲到试讲，乃至后期独立实习，实习指导教师都在全程发挥传帮带（scaffolding）作用。比方说模拟试讲，如同某位实习指导教师所言：

> 模拟课堂是实习指导教师带着他指导的几个 TCSOL 学习者一起。先模拟试讲，然后再到实习指导教师的班上，在真实课堂中教授 1—2 节课。这是由实习指导教师决定，主要考察这位 TCSOL 学习者有没有教学灵性……如果他在模拟试讲中讲得好，我们可以让他多讲一节课。时间长短由实习指导教师控制。如果他讲得不好，就不能让他讲那么多了，因为你要对外国学生负责。而且，如果你表现太差的话，外国学生会把你轰下台的。当然，在试讲之前实习指导教师就要把关。就是在说课、模拟试讲这个环节就要把关，还要帮他修改教案、课件，还有他讲的时候要看他讲得怎样，保证质量。

总之，课堂实践学习方式多种多样，涉及课堂观察、交流讨论、备课、听课与说课、见习、模拟试讲和试讲等方面，为 TCSOL 学习者体验教师角色和步入独立的真实课堂提供实践的机会。当前，TCSOL 学习者在进入独立教学实习前，往往都会通过志愿者选拔与培训这一阶段。那么，这个阶段为其后 TCSOL 学习者开展实习有何影响呢？

（二）志愿者选拔与培训

“国际汉语教师中国志愿者计划”旨在满足世界各国人民对汉语教师的迫切需求并于 2004 年由教育部启动实施。自此，志愿者选拔与培训成为 TCSOL 教师培养的重要组成部分，并对 TCSOL 学习者开展海外汉语教学实践产生较大影响。具体流程如图 4-2 所示。

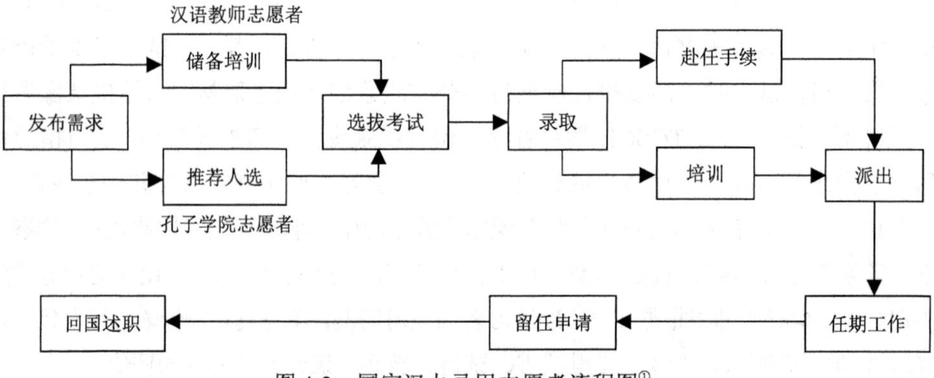

图 4-2　国家汉办录用志愿者流程图①

① 国家汉语国际推广领导小姐办公室. 业务流程全程图示[EB/OL]. http://www.hanban.org/article/2010-08/27/content_168560.htm[2016-12-24].

汉语教师志愿者需要具备一些基本条件，如年龄一般在 22 岁至 50 岁；具备良好的业务、政治、心理素质及适应能力；具有扎实的汉语教学知识和实践能力、跨文化交际能力、中华才艺专长；至少达到大学英语四级及普通话二级甲等水平；符合国别项目的要求条件等。符合条件的申请者将参加选拔考试，主要包括综合能力面试、心理测试和外语面试。其中，综合能力面试主要考察汉语教学能力、中华才艺、跨文化交际能力、应变能力等，特别是跨文化交际能力。据某些志愿者考生回忆：

> 志愿者考生 A 的综合能力面试如下：1.自我介绍；2.“类似”和“相似”的区别；3.写成语：炙手可热；4.写下面一句话的拼音：无论什么时候都欢迎你来爱尔兰；5.针对“无论……都……”做个教学设计；6.操练一下这个“无论……都……”；7.跨文化的问题。如果一个男生上课的时候老是揪前面女生的头发，你怎么做？你怎样组织一场关于中国功夫的社区活动？如果学校有宗教活动邀你参加，你怎么办？8.中华才艺展示（提前准备好的）。
>
> 志愿者考生 B 的综合能力面试如下：1.自我介绍；2.拼音汉字，如考官念一句话，要求考生将这句话的拼音在黑板上写出来，如“在天安门广场放风筝”，接着考官选择句中某个词，要求考生工整地写出来，如“风筝”；3.教学语法知识，如近义词辨析，像“以后”和“后来”的区别，“不”和“没”的区别等，及考官给出两个句子辨析，像“他比我大三岁”和“他比我三岁大”，要求判断正误并说明原因；4.教学设计。根据所给短文，选择语言点进行教学设计。如以说课形式阐述“把”字句、趋向补语、主谓语等；5.如果课堂上有学生指出中国产品质量都不好，你该如何回应？如果有外国学生坚持使用繁体字，你怎么办？6.才艺表演。

由此看出，综合能力面试主要涵盖现代汉语知识与教学、跨文化交际能力和中华才艺三部分，特别在近义词辨析、汉字拼音与句型判断分析、教学设计与操练、跨文化问题处理及才艺展示等方面，表明了现代汉语知识与技能、课堂教学与管理、跨文化交际能力、中华才艺等方面的重要性，是 TCSOL 学习者从事汉语国际教育工作的基本要求，特别是跨文化交际能力是国际汉语教师有别于国内一般教师的关键。正如某位汉语教师志愿者考官所言：

> 跨文化意识是我们考核的重点。做我们这行的老师，必须要有比较好的跨文化意识和跨文化交际能力。所以，在海外做过志愿者的同学，他们在海外工作过，很容易通过，因为考试中涉及的问题，在海外汉语教学中很多都会遇到。他们遇到过这些问题就懂得如何处理。

心理测试是衡量考生是否具备教师心理素质的重要标准。虽然所占分数不高，但是具有一票否决权。就是说如果心理测试不合格，就算出国了也会被遣送回国。题型主要都是客观选择题，考察考生是否能够承受海外各种压力、是否具备良好的社交能力及教师心理素养等。

外语面试，主要考核考生的外语表达和交流能力。外语是 TCSOL 学习者赴海外从事汉语国际教育教学工作的必备工具，特别是如果能够熟悉所赴国家的语言和文化，对于汉语教学具有重要益处，这也凸显出了岗前培训中对所赴国语言培训与指导的重要性。据某志愿者考生回顾：

> 外语面试：1.一分钟的自我介绍；2.你学什么专业的？3.你见过什么名人吗？4.你怎样庆祝中秋节的？5.谈一下下面两个话题。你怎样向学生介绍孔子？如果学校说你的课堂管理不好，你怎样加强？

通过选拔考试的人将参加孔子学院总部/国家汉办组织的行前培训，约 300—600 课时，培训内容包含国际汉语教师的素质、知识、技能、所赴国的语言及相关指导等，如志愿者服务精神、汉语教学实践技能、课堂观察与管理、当代中国国情、汉语教材和网络资源利用、跨文化交际、中华才艺、涉外教育、中华文化传播及能力拓展等方面。最终，孔子学院总部/国家汉办将根据培训的平时成绩和结业成绩确定志愿者名单。下文将以 2016 年赴韩国中小学志愿者培训为例进行论述。培训内容模块主要分为专家讲座（共约 78 小时）、汉语小班（共 51 小时）、韩语小班（共 42 小时）、中华才艺（共 45 小时）、对话课程（共 14 小时）、自主学习（共 24 小时，不含 6 天自主活动）及集体活动（共约 38 小时）。培训时数中不包括说明会、体检、开班仪式、银行卡办理与激活、汉语项目在韩国（Chinese Program in Korea，CPIK）分区说明、结业典礼及节目海选彩排、结业考试、离开手续办理等共计 43 小时以上。总的培训时长为 6 周，时间短而集中，课程学习量大，且志愿者学习都比较累和辛苦，但效果不错。正如某志愿者所言：

> 在培训中，我学到韩国汉语教学技能、教学方法、中华才艺、基础韩语等，对我们赴韩国生活及从事汉语教学工作都提供了很大的帮助，让我们对韩国的中小学教育及汉语教学有了更明晰的认识和理解。

在培训中，专家讲座都由国内及韩国著名的专家授课，并以问题导向和案例教学方式为主，少数以互动式讲座方式，课程内容包括志愿者的奉献精神、志愿者精神与汉语国际推广、韩国志愿者赴任指导和答疑、汉语项目在韩国、针对韩国学生的语法教学技巧、对外汉语词汇教学的策略与技巧——兼谈对韩词汇教学、针对韩国学生的汉字教学技巧、韩国中小学教师职业精神和职业规范、韩国不同类型中学外语及汉语教学情况介绍、韩国中小学课堂活动、韩国本土教材教具使用方法——以《好棒儿童汉语》为例、与韩国人交往的礼仪与禁忌、中韩跨文化敏感问题的处理与应对、韩国中小学汉语课堂的教育技术和新媒体教学、中韩文化与东亚文化的主体性、韩汉对比偏误分析、韩国小学的儿童汉语教学现状、如何成为一名合格的赴韩汉语教师志愿者、中韩汉语教学大纲对比研究——兼论韩国高中的汉语教学状况、韩国中小学语言测试评估，还有事业、学科、教学法和教材——国际汉语教学概说、国际汉语教学资源培训、多元教学模式及国际汉语教材发展趋势、如何备好一堂课、汉语课堂教学方法技巧手段及案例应用、教学用书与教材的使用、做好教案和课件设计、汉语教师个人形象设计、孔子学院总部业务项目培训、孔子学院的创建与发展、“一带一路”倡议与中国经济外交、外事知识讲座、职场教育、积极心理学——幸福的科学。综上所述，专家讲座模块主要涉及志愿者的态度和素养、韩国教育及在韩汉语教学的种种问题、“三教”及汉语教学管理、孔子学院等方面。

汉语小班重在汉语教学实践与模拟，以问题导向、案例教学和分享讨论的方式为主，比如汉语教学实地观摩与点评、小班试讲点评课、集体试讲点评课、集体视频观摩课。韩语小班则由优秀韩语教师通过精讲多练、实训教学的方式讲授基础韩语，并由韩国启明大学的学生进行语伴交流研修——中韩语言及文化差异案例调研。中华才艺包括书法、图画、中国结、声乐、剪纸、八段锦（中国传统导引术）。对话课程，像如何在韩国中小学上好第一节汉语课、针对韩国学生的语音教学技巧、汉语教学法的新趋势、韩国中小学汉语听说读写技能教学方法与技巧、与名师对话——当代中国社会热点问题理解与传播、与名师对话——儒家文化在当代韩国。自主学习主要是准备试讲和完成作业。集体活动，如安全教育和拓展训练、视频学习与“中国文化课”作业分班讨论、参观首都博物馆“水路城市，首尔：清溪川的变迁”主题展览、志愿者梦想演讲比赛、“中国文化课堂展示”分班讨论、中国文化活动展示、汉语项目在韩国分区说明。培训考核，以才艺作品、教案、课件、试讲点评、韩语口试问答、结业笔试等形式展开。

概而论之，志愿者的选拔与培训是 TCSOL 教师培养的重要组元，培训力度大、时间跨度短、内容集中且丰富多样，理论与实践并重，并给每个志愿者提供真实的对照，在学习和互动中互相提升，以培养教学技能，对所赴国有更清晰的了解，为以后更好地适应所赴国的生活及汉语教学打下坚实的基础。中华才艺丰富了课堂教学、各种汉语教学法启发了实地教学，所赴国家语言的培训也进一步辅助汉语教学。但是，由于培训内容多为一些共性内容，志愿者面对海外不同学校、不同学生、不同课堂环境，有时也会束手无措，正所谓“教学有法、教无定法”。这需要志愿者因时因地地发挥自己的聪明才智，强化“问题情景意识”，并根据汉语教育教学过程中各种耗散结构的条件因素，以微观主体形成的共同利益为基础，着眼于个体自组织和外部环境能量转换的协同发展，从而动态地适应和解决各种问题，逐渐形成富有个性的教学风格。

（三）教学实习与管理

在历经课堂实践学习和岗前培训之后，学生就进入独立的专业教学实习阶段，然其独立程度则视不同国家要求而定。这一阶段不仅全面考验着 TCSOL 学习者的素质、知识、技能、能力等方面，也进一步助推 TCSOL 学习者成长。

TCSOL 教师培养教学实习方式和路径各种各样，有通过各个学校的实习基地实习的，有通过志愿者方式海外实习的，有通过国际学校、语言教育中心或相关教育机构实习的，有通过国内各类院校及其实践基地实习的，有通过外资企业或使领馆实习的，也有通过辅导留学生的方式实习，然其实习内容基本都是遵循 TCSOL 教师培养的目标进行的。值得注意的是，有些高校的教学实习不仅仅局限于教学方面，还涉及社会实践、管理等方面，如学生担任学校助管工作也可以计入实习课时内。

具体而言，如中山大学 MTCSOL 培养的实习包括教学实习和社会实践两部分。教学实习可以采取以下方式：为本校留学生开设免费汉语班或对汉语初级水平留学生进行个别辅导；回本国各类学校及教育机构进行为期半年的汉语教学；到外资企业、涉外学校或汉语培训机构教授汉语。与此同时，实习方式及机构需得到国际汉语系研究生部的认可，还有 TCSOL 学习者要通过实习为学位论文的选题和完成创造条件。教学实习总课时不低于 40 学时，占 4 学分。社会实践由系里安排，时间不少于 108 个小时，占 2 学分。

在后方法视域下，TCSOL 学习者的教学实习更加突显自主性和有原则的实用性。自主性强调 TCSOL 学习者不仅要懂得如何改进教学，也要懂得如何自主行动，使自己明白应该如何去发展一种批判性的方法，对自身的教学实践进行自我观察、自我分析和自我评价，以促成理想的变化。有原则的实用性迥异于传统方法视域下的折中主义（即将依据不同教学方法所形成的教学实践笼统地放置在一起），而是立足教育实用论，并关注学习者自我观察、自我分析和自我评价的结果，即关注学习者如何塑造并改进了课堂学习。[①]据调查发现，TCSOL 学习者或多或少都会进行自我反思，只是反思和评价的程度和效果不同而已，特别是刚开

① 库玛. 超越教学法：语言教学的宏观策略[M]. 陶健敏，译. 北京：北京大学出版社，2013：23.

始实习的时候，当遇到问题时，都会积极反思并寻求最佳解决办法。正如某些志愿者所总结：

志愿者 A：由于学生们年龄特别小，活泼好动、上课吵闹，总让我觉得十分闹心。于是，经过一个月失败的经验，我对自己的课进行深刻的反思。怎样才能吸引学生，让学生对汉语课感兴趣，后来我就在课堂上尽量地少讲，然后设计一些游戏让学生们参与进来。学生们参与度提高了，对汉语的学习就更加有兴趣了。由于一二年级的学生爱动、模仿能力也比较强，我就用一首他们本国的童谣，改成了中国的童谣。让他们在童谣中就把五官什么的都学会了。

志愿者 B：当我在柬埔寨某学校实习的时候，学生从幼儿园开始学习汉语，基础好，但学生的学习积极性和主动性低，汉语学习存在严重的死记硬背现象。汉语学习存在严重的泛本土化现象，很多时候，学生都是靠着从柬语翻译成汉语，作文课上此种现象尤其明显。于是，在教学的过程中，我不断尝试新的方法，并针对本地实际情况修正教学方案和内容，如在课堂中采用游戏、讨论、辩论、演讲等多种教学方式，增加了口语课和作文课的比例。

在教学实习过程中，TCSOL 学习者除了实习学校规定的诸如课表、本地制度等，一般都比较自由，且教什么内容，教多教少，教好教坏，实习学校都不会怎么管，因为中国派过去的教师通常都比本地教师教得好。此外，有的学校还会组织实习教师参与本地文化体验或者中期培训之类的。正如本书研究者在印度尼西亚实地调查时，某教师所言：

他们对我们也没什么要求，我们每个教师自己安排和跟进……他们会关心我们的工作和生活，并经常组织活动，创造各种交流机会，比如一起出去玩或聚餐之类。

那么，除了实习学校管理外，国内高校管理主要是一些合作的实习基地、孔子学院，而志愿者主要由国家汉办进行管理。如某教师培养者所述：

有的 TCSOL 学习者去的那个学校，我们不知道也不认识领导，就很难管理。如果是去我们的实习基地，我们就可以管理。如果不是实习基地，就没办法管理了。有的 TCSOL 学习者则是由实习学校那边辅导，而志愿者由国家汉办来管理。

另外，像中山大学基本都是学院统一安排和管理，即由汉语文化中心安排传帮带教师全程指导中国学生独立授课，到校外或海外实习。研究生在校内独立授课，尽量安排曾试讲过的课型。如访谈资料所示：

研究者：实习都是学校安排的吗？还是 TCSOL 学习者也可以自己去找？

某教师培养者：学院安排的，他们自己要求，自己申请，然后学院根据 TCSOL 学习者实习时候的情况，比方说如果他教得不好，学院就不让他实习。

研究者：那就是说，除了在学院、国际学校和海外实习基地外，有没有 TCSOL 学习者自己另外到中小学学校实习？

某教师培养者：我们不允许他们自己找，因为你没办法控制质量。

教学实习期间，TCSOL 专业会安排实习指导教师进行指导，TCSOL 学习者要提交实习计划，撰写实习报告，并由实习单位出具考评意见。诚如某位教师培养者谈到的：

TCSOL 学习者，我们要求他们每个月要汇报一次，包括他们在实习期间的生活、学习等方面。每个月，我们有专门的教师进行管理，要求他们向教师汇报情况。其他的话，就是最后要求他们提交一个实习单位的评价。

不仅如此，TCSOL 学习者到实习单位实习时，也有一位实习指导教师指导他们实习，凸显出校内和校外“双导师制”的特征，对 TCSOL 学习者实习教学及个人成长都起着重要的作用。如同某教师培养者所述：

他们（TCSOL 学习者）到国际学校实习，也有指定一个校外教师，做他的实习指导教师，就是手把手地教，也是一个对一个。总之，他们的实践机会真的很重要，有教师指导和没教师指导是不一样的。如果是自己去观察，效果肯定没那么好，像我自己当教师这么多年，都是靠自己摸索，那我觉得肯定没有这些学生那么幸福，他们是有人指导的。

需要说明的是，TCSOL 学习者提交实习报告、至少一个教学单元的完整教案、教学视频或录音及教学对象评估结果。如果采取个别辅导留学生的方式，TCSOL 学习者要提交被辅导对象的所有签到表、辅导计划和辅导录音。

总体而言，教学实习不仅给 TCSOL 学习者创造了实践自我理念和教学技能的条件，也为其提供了学习和反思的机会，促进个人转变，而这一转变需要通过实习来实现，就是说通过问题形成活动，并从批判视角去发现问题和分析问题，以加强逻辑领悟力、社会经济移动性和社会政治存在感①，这对于 TCSOL 学习者

① 库玛. 全球化社会中的语言教师教育：“知”“析”“识”“行”“察”的模块模型[M]. 赵杨，付玲毓，译. 北京：北京大学出版社，2014：68.

突破原有学科和传统固化思维，实现与外部环境能量的交互转换具有重要意义，并有利于培养他们的研究能力，对于他们在实践实习过程中完成毕业论文的选题与撰写工作亦十分有益。

二、TCSOL教师培养的研究

随着世界教师培养的发展，经验本位取向、常识本位取向、实践本位取向、能力本位取向、标准本位取向已经不能满足教师培养和教师专业发展的需求，研究本位取向是促进个体自组织与外部环境交互作用的重要结晶。在 TCSOL 教师培养中，不仅需要实践本位取向，还需要一定的研究予以支持，并贯穿于整个培养过程中。

（一）论文研究要求与导向

MTCSOL 学位论文十分重视实践和应用价值。学习者一般会紧密围绕着汉语国际教育实践进行选题，具有明确的汉语国际教育背景，针对性较强，并旨在促进实际问题的解决，强调在汉语国际教育实践中发现问题、分析和解决问题，体现研究生综合运用科学理论、方法和技术解决实际问题的能力。论文的形式主要有专题研究、典型案例分析、调研报告、教学设计、教学实验报告等。论文要求具有理论意义和实践意义，观点新颖明确，论证充分严谨，且具有一定的学术价值。北京语言大学、华东师范大学等高校都强调论文研究要吸收国际汉语教育第一线的专家、教师参与研究指导，特别是中小学专家和教师，而外国学生应主要进行针对本国的教学经典案例分析、教学实验报告和教学设计。中山大学还注明外国学生必须用中文撰写学位论文。此外，有些高校，像暨南大学，还要求所有学位课程的平均分不得低于 75 分，且通过中期考核后，才能进行学位论文的开题报告。一般来说，学位论文的总字数不少于 1.5 万字，并在第二学期末或第三学期内完成开题。简言之，实践导向是论文研究的基点和落脚点，但是也存在一些学校不以实践为导向，正如访谈中某位教师培养者所述：

> 论文写作这方面，也是鼓励他们都以实践为导向，而不是像……我听说有些学校，论文也跟科学学位的论文没什么区别，而我们不是，我们要求他们写的论文一定是从实践中来，能够解决实际问题的。所以也可以算是我们的培养模式吧。

（二）论文研究的现状分析

从当前现状来看，TCSOL 学术研究主要体现在学生的学位论文写作上，而尚未融贯于整个培养过程。学位论文写作是 TCSOL 教师培养过程中重要和必要的环节之一，但是专业研究意识的培养并不是到了学位论文选题时才开始培养。结果是，学术研究与课程学习、教学实践实习脱节，TCSOL 学习者的研究能力不容乐观，需要在以实践为导向的培养过程中强化研究意识，进而更好地提升教学实践的质量。正如某教师培养者所述：

写作能力不怎么样，哈哈……很多中国学生写出来的句子都是不通的，整体写作能力都比较差，外国学生那就更是了。

在选题方面，不同的学校和不同的教师培养者，对 TCSOL 学习者选题内容、范围及要求都会有不同，但基本都会秉承便利或就近原则进行调查和研究。如中山大学有个国际汉语教材研发与培训基地，所以撰写教材分析的 TCSOL 学习者比较多，正如访谈资料所示：

研究者：他们选题都有哪些模块呢？

某教师培养者：因为现在我们有个教材基地，所以现在写教材分析的比较多。

此外，还涉及偏误分析、汉外对比、二语教学策略与方法、二语习得等方面，正如某教师培养者所言：

……外国学生做偏误分析的比较多。究其原因，一是他们有兴趣，二是他比较容易找到那些语料。他们可以回自己的国家收集。还有……汉外对比、案例分析、文化方面，教材方面，还有些分析教材里面的文化点，有些则分析语言点……

通过调查和分析 MTCSOL 优秀学位论文的选题和研究方法发现①，论文选题实践性强且应用性明显，倾向于文献分析及实证研究方法，特别是问卷调查法，而实验研究法相对较少，且单变量分析多，多变量分析少，研究领域则主要聚焦汉语作为二语教学，特别是汉语教学方法，其次是二语习得方面，而汉语语言本体特征、教师素质、文化和交际方面相对较少。论文类型的数量依次从专题研究、调查报告、教学设计、案例分析和教学实验递减。同时，存在选题不够多元，视野较为狭隘，问题意识和反思评价意识不强，学术研究的科学性和学术性较弱、规范性不足等问题。为此，专业研究能力的培养就至关重要，需要将其纳入课程教学和专业实践的过程中，而不仅仅局限于方法和技巧②。甚至，很多 TCSOL 学

① 亓海峰. 汉语国际教育专业硕士学位论文选题和研究方法调查分析[J]. 云南师范大学学报（对外汉语教学与研究版），2015，13(1)：87-92.

② 仇鑫奕. 汉语国际教育硕士专业学位研究生专业问题研究能力培养刍议[J]. 华文教学与研究，2015，(1)：32-40.

习者连基本的研究素养和问题意识都没有。正如某位毕业班学生所言：

> 我们都不知道怎么研究，不懂得如何搜索文献，如何分析文献，不懂得用什么方法研究，也不知道自己的论文到底要解决什么问题。学校有开设“论文写作与方法指导”课，但是课时很短，老师讲得很泛，真正到了自己的论文，我们也不懂得怎么撰写和运用……

（三）导师指导角色与作用

鉴于课程和教学实践中对研究能力培养的缺位与不足，导师则扮演着培养 TCSOL 学习者研究能力和引领论文写作发展的重要角色。华东师范大学等高校实施校内和校外“双导师制”。但就目前看来，仍以校内导师指导为主。那么，导师们都是如何指导学习者进行论文写作呢？导师指导学习者主要在选题上把关是否“小题大做”，是否基于实践和实际问题需要，并在论文框架、思路方法等方面提供指导和帮助，同时强调学生要在实践中不断反思。正如某些教师培养者认为的：

> 教师培养者 A：论文啊，首先，论文的题目一定要把关，一定是汉语国际教育方面，而且一定是从实践中来，就是说在实践中发现问题，不能是那种纯理论的，纯本体的，还有题目要小，不能写太宏观的题目，因为题目太大，学生肯定把控不了，太宏观，他写不出什么内容，所以我们就是要他写个小题目，要深挖，特别是对我们这个专业要有启发。
>
> 教师培养者 B：首先就是去海外实习的同学一定要结合当地的教学实践来选题，这就跟实践相结合，选题上有要求，第二是要有调查，一定要有调查，还有反思，这些过程都要有的，这些都是实践性过程的表现。

为了更好地将专业研究能力贯穿于整个培养过程中，导师需要承担一定的课题项目，并积极为 TCSOL 学习者创造各种学术交流和研究讨论的机会。如有些 TCSOL 学习者通过参与导师主持的课题项目，参加学术沙龙或学术专题研讨等方式，增强自身对学术研究和论文写作的理解。据调查发现，他们的论文写作功底、学术研究意识和科研规范等方面明显比那些没有或较少参与课题项目和学术交流的 TCSOL 学习者好些，但仍需要通过扩大阅读和研究训练，厚实 TCSOL 专业研究基础。

由此说来，TCSOL 教师培养对专业研究能力的培养依然较为薄弱，不容乐观，需要将专业研究能力纳入整个培养体系中，使 TCSOL 学习者能够在学习中实践和研究，在实践中学习和研究，在研究中实践和学习，并在实践本位的基础上，秉承多学科协同思想，提升研究意识和问题意识，同时注重当地的教师研究，最终促使研究和实践融通于 TCSOL 教师培养的自组织成长机制和语言教师培养的耗散结构中。

第五节　TCSOL 教师培养的反思与评价

在 TCSOL 教师培养过程中，不同的参与者有不同的身份、期待、焦虑和声音。通过教师培养者、学习者、观察者视角反思和评价教师培养的现状，可以更加明晰培养过程中的利弊与得失，增强问题情景意识，以解决特定情景的问题。

一、TCSOL教师培养者的反思与评价

在我国新课程观的背景下，TCSOL 教师培养的评价，强调的是以动态发展的眼光对教师培养的各个环节进行全程的、系统的、长时期循环的综合评价，同时注重学习者的个体差异性，以纠正评价的趋同效应、晕轮效应等传统偏差，构建学习者专业成长的评价体系。那么，教师培养者视角的反思与评价如何呢？

从招生录取来看，教师培养者主要基于 TCSOL 学习者的考研分数，而面试侧重考核学习者是否具有当教师的潜质或教学的潜质，这就涉及今后当一名教师所应具备的标准普通话、知识结构、应变能力等各方面的综合素养。正如某些教师培养者所言：

> 教师培养者 A：如果是国内学生的话，除了推免生以外的，就是统考生。统考生我们没有限定什么学校，就以分数为标准。专业，我们一般也不考虑。我们还希望招收一些跨专业的。看重的是他有没有当教师的潜质，不过这个是很难具体说的，只能意会，比如说面试的时候看他反应，他的知识面，知识结构，看有没当教师的潜质。
>
> 教师培养者 B：我们本来 2012 年面试的时候，还试讲，就是给你一个语言点，你来讲，但是我们生源……由于当时生源的问题，后来就没搞了，加上成本也比较大。我觉得较为理想的是，在招生报名的时候，就设置普通话要求，当然外语我不要求……当时试讲的时候，由我们的外国学生评分，就要看他有没有教学的潜力、潜质。有的人考试考 400 分，但他不会教课也不行。

从课程设置与考核来看，教师培养者认为教指委设置的文化课程过多，所以会进一步裁减，还有的认为汉语语言本体课程需要进一步加强，而在课程考核上，

教师培养者会根据课程性质与要求，对 TCSOL 学习者采取不同的考核方式，主要包括论文、笔试、录视频课、书面作业、撰写教案等，在论文方面较为薄弱。如访谈资料所示：

研究者：您觉得课程设置情况如何？

教师培养者 A：我们在教指委规定的课程设置基础上，进一步调整。如我们把文化课调整为 2 门，一门是跨文化交际，另一门是中华文化经典。

研究者：课程方面，你们主要以论文的形式来考核吗？

教师培养者 A：大多数课程吧，不能说每一门课。

教师培养者 B：我们没有要求学生纯粹地写小论文。你说他们现在写小论文，他们写得出来吗？

研究者：有没有需要考试的呢？应该也有吧？

教师培养者 A：就是外国学生汉语语言学，要笔试。

研究者：还有其他的吗？

教师培养者 A：还有“高级汉语”这门课可能要笔试，其他都是论文形式吧。然后有一些课程，其实也不是所有的课程都是写论文的，比方说一些实践课程，就不写论文。

教师培养者 B：有些实践课程，我们就让学生他们录视频课。他们交视频，我们通过视频来评分，这是书面作业。有的书面作业，我们结合实践，让他们写教案，写课堂观察记录……

从教学实践来看，教师培养者积极激发学习者的主观能动性，让学习者更多地参与课堂讨论和交流，并由学习者自己组织设计和实施文化实践活动，取得较好效果。如某教师培养者在反思培养特色时所述：

学生的文化活动设计培养也是比较有特色，因为我们在全国 4 所试点院校项目汇报的时候，就是结项汇报的时候，讲到这方面，然后在场的教师都比较感兴趣，说我们这个是做得比较好的，其他学校可能在这方面没那么重视，可能也没想到让学生去组织、策划文化活动。其他院校可能都是老师去组织，去策划，但老师精力有限，而且他们不像年轻人脑子那么灵活。所以他们自己组织，他们明白年轻人需要什么。让学生去组织，可能会更好一些，这个也是我们做得比较好的。

教师培养者是 TCSOL 教师培养的指导者和引领者。他们的反思与评价体现出未来 TCSOL 教师培养的标准与特点。与此同时，他们也会立足自身的教师身份和立场，反思“如何教与学”才能更好促进学习者的学习。

二、TCSOL学习者的反思与评价

学习者作为TCSOL教师培养的重要一员，不仅是教师培养者培养的对象，也是汉语学习的主导者。所以，学习者自身的反思与评价至关重要，不仅反映了学习者的成长需求，也可以体悟自己的不足。从自我定位发展来看，中国学生基本都将自己定位为汉语教师，但外国学生更多是出于商业经济贸易等方面的需求。在培养过程中，学习者主要反思课程学习、教学实践、教学反思、职业发展等方面，以推动自身专业和未来职业的发展。

从课程学习上看，学习者的汉语语言本体知识和理论知识仍然较为薄弱，教育学类课程、本体文化课程也不够，课程的理论学习与实践联系不够紧密。此外，课程学习主要集中于专业学习，不能很好地夯实通识基础，使学习者不仅无法全面提升自己，也难以形成独特的个人教学风格。

学习者A：对我自己而言，汉语专业知识，特别是一些汉语语言本体研究方面的知识，我觉得还有很多欠缺，如语音、词汇、语法，对于这些语素，我们作为中国人，说汉语是没有问题，但是如果你要探究本源，为什么要这么说，为什么这个词要这么用，我们也不能完全答出来，这说明我们的基础知识还有待提高。这是知识方面，还有一点就是技能方面，就像你备课一样，你把教案写得很好，你可以查阅很多资料，但是当你走上讲台讲的时候，又是另外一回事，所以要把理论转化为实践比较难。

学习者B：相对于我这种跨专业的研究生来说，理论知识还是不够扎实，所以我觉得汉语国际教育硕士两年的话还是有一点短，三年的话应该会好一些，因为两年，我忙自己专业的事情，忙自己专业的知识就已经很紧张了，就更没有时间去了解和做其他事情。

学习者C：我觉得在教育学理论方面的课程开得比较少，尤其是关于教育学理论的基础知识、教育管理方面的课程很少。所以，我们不懂从教育专业的理论视角来反思汉语国际教育的实践问题。

学习者D：我觉得我们本体文化的课程，讲得有点少。

从教学实践上看，学校及教师培养者都积极为学习者提供教学实践平台，并极力促进中外学生互相学习和互相提升，但是仍然需多要为学习者提供上台讲课或实践的机会。

学习者A：学校开设的关于教学实践方面的课程，有汉语技能教学、汉语要素教学、课堂观察与实践，还有很多关于课堂实践的课程。学校还给我们提供每一个学期在学校内代课或实习，以及在海外的一些孔子学院实践的机会。我觉得这些都给我们提供了很好的实践平台。

学习者 B：我们大部分课程教学都是中外学生一起上课，可以取长补短，互相学习和互相提升。比如，课堂上，当外国学生听不懂时，中国学生可以帮外国学生，课下也可以帮他们讲解。与此同时，在语言学习过程中，外国学生也能够帮助中国学生了解外国学生汉语学习的难点和特点，互相促进。

学习者 C：我希望在学校里，我们能够每周至少上一堂实践课，就让同学上讲台去讲，去演练一下，因为只是靠志愿者培训学习一个月就直接上岗，我觉得还有很多欠缺的地方。如果每个星期都能演练一下，那半年下来，一年下来，成长肯定是不一样的。理论很重要，但实践也很重要。

从教学反思上看，中国学生和外国学生都会进行一定程度上的教学反思，并呈现出差异性特征。中国学生会反思自己的教学目标、教学设计、教学步骤、教学方法等方面，而外国学生注重反思汉语语言知识及其文化背景，特别是当今中国的文化特征。如访谈资料所示：

研究者：在整个学习生涯中，你们是否常常进行学习或者教学反思？在整个培养过程中，教师是否足够重视，具体表现在哪些方面？

中国学生 A：会进行教学反思。教师没有着重教授反思技能。我主要会反思自己的教学目标、教学设计、教学步骤、教学方法等。

中国学生 B：我会进行反思。教师会注重学生反思能力的培养，会要求学生提交教学反思或者教学总结等。在学习方面，进入学校前，教师让我们新生写了一篇关于二语学习的心得，属于对个人二语习得的反思类作业。进入学校后，由于自己本科专业与研究生专业不同，发现自己汉语国际教育和教育学的专业知识不足，就有意识地查找论文、阅读与专业相关的书目，补充专业知识。任课教师也会推荐教育教学技能的书籍供我们选择学习。在教学方面，由于自己是课程与教学论专业，设置有教学方法课程，但更多是教我们教学方法，教师所讲的反思类技巧比较少。实习中，实习指导教师会要求自己进行教学反思，并写听课记录反思和个人反思，实习指导教师也会根据我的反思提出相关的建议。还有实习结束后要求我们进行个人实习总结汇报。

外国学生 C：对外国人来说，我觉得在整个学习过程中我们都会进行反思。因为汉语是目的语，学习新的知识，我每次都会进行对比、讨论。在课堂教学过程中，教师会让我们表达自己的意见或看法。

虽然中国学生和外国学生都会进行反思，也认为反思对于汉语国际教育项目及其人才培养十分重要，但是依旧需要进一步加强并提升反思的全面性、系统性和长期性，从而确保反思能力能够促进学习者的专业发展，如访谈中某位中国学生所述：

> 我觉得自己的反思能力较强，但教学反思能力一般，尚有待提升。我自己是一个爱思考的人，喜欢反思，所以反思能力还是较强的。但对于教学方面，反思能力尚存在一些不足。第一，我是学术型硕士，实习学分要求不高，所以自己教学时间较短，实践经验不足，发现的问题还比较少，所以反思不够全面，反思能力虽然有提升，但提升不多。个人认为良好的反思能力要有系统性，是要在长期的教学中形成的。第二，自己的专业知识不够扎实。汉语国际教育专业需要教育学、心理学及汉语国际教育等多个专业的支撑。全面地了解这些知识，才能让自己的反思更全面更有效，但是自己目前的知识储备不足，对很多理论知识还理解不到位，无法很快运用到教学反思中。

另外一位中国学生也认为：

> 我觉得反思能力很重要，但是自身的反思能力还不足，反思有助于自己实时调整自己的课堂教学，有助于监控自己的教学实施过程，同时有助于提高教学效果。自己仍存在不足之处：反思不足，而且没有做反思日志，没有及时记录，只有日常的教学日志。

某一位来自哈萨克斯坦的外国学生指出：

> 我觉得我的反思能力还可以，但还要进一步加强。反思能力有助于解决汉语教育教学中的实践问题。对此，反思既重要又有效。但是，我觉得汉语作为我们的外语或目的语，还要多反思汉语作为外语的文化特征，包括中国人的生活特征。

从职业发展上看，TCSOL 专业毕业生在海外就业的机会很多，但由于海外教育体制、生存环境及家族情怀等各种因素，使得他们觉得缺乏保障，没有安全感，且没有一个职业发展的途径。但是在国内就业又比较困难，相关岗位特别少，到高校不行，因为至少要有博士学位才可以；到中小学校当语文教师，又得与汉语言专业或文学专业的学生竞争，且有时还受到歧视；到国际学校，一般只有在大城市或留学生较多的城市好点，但机会也不多；到相关教育机构任教既凸显不出专业优势，也不是长久之计。正如学习者对自己职业发展所考虑的：

学习者 A：随着世界对汉语学习的需求，海外很多地方都需要汉语教师，机会挺多的。但是我们到海外教学，教完之后都得回国再重新找工作，或者再重新到海外教学，但也没工作优势，因为在海外，工作过 2 年、3 年乃至更久的老教师和刚去的新教师，待遇什么都一样，没什么区别。随着年龄增大，找工作就越没有优势。所以很多人都不愿意背井离乡去海外工作，回国又得重新找工作，很困难。不管在国外还是国内都缺乏保障，也缺少职业发展途径。

学习者 B：我觉得这个专业或方向很好，但是也要面临一些残酷的现实，就是我们这个专业的就业渠道比较狭窄，像国内的话，国际文化学院、国际交流学校，都只招兼职的教师，所以我们这个专业或方向的毕业生就会很没有安全感。因此，很多人在这种就业或生存的压力下，都被迫转行做别的工作。

总之，学习者既是独立学习的个体，也是学习团体的成员。不管是从个体成长还是从课堂团体来讲，他们都是最合适解释、审思和评价 TCSOL 教师培养方方面面的人，但作为二语学习者，他们的角色更多是以隐喻的方式表现出来，如学习者是问题解决者，是奋斗者，是建造者等，而这些隐喻既表明学习者的复杂角色，也体现出学习者是学习的主导者。

三、观察者的反思与评价

TCSOL 教师培养多根据国家教指委和学校的培养方案进行。对此，培养更侧重教师培养的共性方面，如 TCSOL 学习者今后成为国际汉语教师所应具备的素质，学习的知识、技能和掌握的能力，对个体风格和学习者成长的关注不够，致使其在个体知识、个体反思能力等方面较为薄弱，给个体的课程学习、教学实习实践、论文写作等方面带来困惑。

从学习者学习动机及其自主性来看，学习者汉语学习的动机多是先满足工作需要，然后考虑职业发展。另外，学习者学习自主性还不错，就是效率不高，且主要基于实用目的，如为了考试而学习，为了作业而学习，为了工作需要而学习，但也有出于自己专业的薄弱或不足，或出于自己的兴趣爱好而自主学习的学习者。如同访谈了解到的：

学习者 A：平时我也会自主学习，学习国内外的文化知识，还有教育学方面的理论知识，以及跨文化交际方面的理论知识，一般都在教学实践中通过教学反思，然后发现自己还有哪些不足，这样就能够有针对性地进行学习。

学习者 B：一半是为了考试、作业去学习，一半是练自己喜欢的，如古筝，就是自己喜欢才学的，虽然不是什么学习内容，但是也是挺积极向上的一个爱好。

学习者 C：我会主动学习，一般会看一些，如汉语专业的书，像语法，还有怎么教学的，还有看当今汉语教材，通过对比不同的教材，我们可以了解到，外国学生需要学习哪些知识，还有哪些需要我们改进的地方，这对于我们以后教学也是非常有帮助的。另外，我也会看一些英语书，因为英语毕竟是比较重要的，也是我们海外生存必须掌握的一门语言，而且学习一门语言，对你自身来说，也是一种语言技能，是培养自己语言能力的一个方面。

课程方面，课程设置总体合理，符合教师职业的人才培养目标，内容侧重于实践，重在培养学习者的技能及汉语教学能力、跨文化交际能力。在课程评价反馈上，课程结束后，教师培养者会对课程实施情况进行调查，同时学习者会对课程教学提供反馈意见，还有在课堂上也有当场评价的。另外，学校还会通过网络等通道收集毕业生的反馈意见，以更加明晰学校课程是否对他们的现实工作有益和有用。实地调查和交流显示：

某学校 TCSOL 课程结束后，会有一个课程调查，还有针对教师的调查，主要是看学生的反馈意见。根据这些意见，学校或教师会进一步调整课程设置。另外，还有课堂评估，就是当教师授课完后，学生对课程和教师进行评估……课程是网络上的，学校还会邀请毕业生进行评价，对课程设置及教学提出意见或者建议，以跟踪课程教学对日后工作的影响。因为只有他们上完课，且到社会工作以后，反馈的这些意见才更有价值。实际上，学校开设的课程是否实用，对学生工作，或者甚至对他们将来的人生会不会有什么帮助，这些都需要通过毕业生进行数据收集与反馈。

教师教学方面，研究者听到外国学生反馈，汉语教学内容多侧重于传授一些传统文化，对于中国的现代文化基本没有，导致他们十分困惑。还有，在试讲上，主要以一名教师标准来评价学习者是否能够胜任教师这一职业。比如：

首先是教态，还有上课的语言，语速如何，难度怎样，适合不适合这个班的学生，然后有没有把握教学重点、难点，还有解释得清楚不清楚，这个教学法是不是恰当……

从写作研究来看，研究者查阅了汉语国际教育硕士毕业论文，发现侧重实践性是他们论文的特点，基本都是根据他们的实习实践内容展开写作，且多采用问卷调查法、访谈法，对 TCSOL 教学中存在的一些问题进行研究。然而，论文也大多存在一些问题：文献综述都较为简单，积累不够，多描述少评论；论文内容也多停留在实践的表面现象，对现象背后的本质挖掘不够，呈现出学术性不强、研究深度和高度不够的特点；有些外国学生的论文在阐述自己国家汉语教育教学问题时缺乏国际比较视角，难以揭示出本国汉语教育教学的实质特征；参考文献等方面规范性、科学性也存在不足。

第五章 “反思实践建构型”美国 TESOL 教师培养模式透视

随着全球化进程的快速发展，英语作为一种国际性语言扮演着越来越多的角色。它既是一种交流工具，也是一种话语权力资源，对政治、经济、外交、文化、科技发展及人文教育交流与合作都产生重要影响。这些影响都需要有强大的人力资本作为后盾，而国际英语教师培养则承担着人力资本开发与培养的重任。那么，从高校职前教师培养出发，美国如何培养国际英语教师？具体表现在哪些方面？产生什么影响呢？

第一节 TESOL 教师培养的理念与目标

理念是 TESOL 教师培养的思想机理，而目标是其行动的发展导向。对此，分析 TESOL 教师培养的理念本质和目标诉求，可以更好反思教育教学实践和人才培养的质量和效果问题。

一、TESOL教师培养的理念

基于培养对象的思考，TESOL 培养对象具有不同语言和文化背景，培养需具备针对性和适应性，强调本土实践理念，而这种多元取向，也形成各种语言教师教育教学方法和策略交融的景象，彰显了整合价值的重要性，且这也离不开社会文化环境的影响，体现社会文化理念的功能。

（一）本土实践理念

当前，英语作为一种国际性语言，几乎已经深入到全球各个国家的语言教育教学中，并产生各种英语变体，这对 TESOL 教师培养提出新的要求和挑战。于是，在英语语言教育的全球化背景下，TESOL 教师培养理念的实践取向日趋本土化，即在培养过程中，重视学生所在国家的语言和文化，立足本土的实践需要，有针对性地培养具有国际视野和跨文化意识且能够胜任各种英语语言教学本土任务的教师。这就要求 TESOL 教师培养要树立本土实践理念，从本土实践中理清二语习得与教学的理论和方法论，以实现最优的教学效果，从而培养适然型国际英语教师。

TESOL 教师培养的本土实践理念是不同国家或地区学生对英语语言学习和教师教育教学的诉求。当前，越来越多学生留美学习英语。在移民家庭中，约有 1/4 的家庭不是以英语作为母语，到 2020 年，将有 1/3 的学龄儿童来自移民家庭[①]，这不仅给美国学校带来影响，也给教师质量及其教学效果带来冲击。那么，何谓教师质量？其实，美国国际英语教师已经面临学习者的多样需求，并具备丰富的知识和多样的技能以满足学习者的需求。尽管美国已经有大量英语作为二语的专家以支持英语语言学习者，但是多数国际英语教师仍旧缺乏满足学习者多样需求和支持学习者发展的能力。[②]学习者多元的本土需求，促使英语国际教师时刻考虑如何将课程教学与学习者的本土需求结合起来，以增强二语教学实践的有效性。

国际英语教师的教育理念和他们的教育计划、教学决策和课堂实践存在显著关系。[③]国际英语教师的高期望和积极理念对英语语言学习者的学业成功是十分必要的。[④]TESOL 学习者的教学实践彰显了教师培养的本土实践理念。学生立足自身国家的国情，思考英语教学的背景、内容、问题及策略，有利促进 TESOL 的本土化，但这也需要学习者在实践中进行总结和反思。正如某 TESOL 学习者所言：

> 我们会结合自身的经历和兴趣，选择与自己国家相关的英语教学实践，并与自己的母语进行对比，强化对 TESOL 有效教学的理解。

在某次 TESOL 实践课堂中，研究者亦发现：

> 多数学习者都会立足于本土的社会文化背景，分析自己所在国家 TESOL 的教学情况，并通过比较法，说明 TESOL 学习的重点难点及其对 TESOL 教育教学的影响，最后提出解决的策略。

尽管学习者已经意识到本土实践理念对 TESOL 学习的重要性，而教师培养

---

① Mather M. Reports on America：Children in immigrant families chart new path[R]. Washington：Population Reference Bureau，2009：3-4.

② Samson J F，Collins B A. Preparing all teachers to meet the needs of English language learners：Applying research to policy and practice for teacher effectiveness[R]. Washington：Center for American Progress，2012：1-2.

③ Pajares M F. Teachers' beliefs and educational research：Cleaning up a messy construct[J]. Review of Educational Research，1992，62(3)：326.

④ Pettit S K. Teachers' beliefs about English language learners in the mainstream classroom：A review of the literature[J]. International Multilingual Research Journal，2011，5 (2)：123-147.

者也积极促进学习者将所学知识内容与本土实践需要结合起来，但是根据观察和访谈发现，学习者的本土实践理念仍然停留在表面上，课堂展示内容多属于描述性介绍，缺乏对本土实践理念的深层思考，对问题的本质及产生的原因模糊不清。这不仅与学习者理论知识和实践能力不足有关，还与语言教师理念与本土实践中存在的各种复杂因素有关。加比永（Gabillon）指出二语教师理念的复杂性表现为教师理念既是一种个体理念，也是一种社会群体理念，既含有精深的理论思想，也有丰富的本土实践，既有显性也有隐性，既动态又固守，既复杂又系统。①

由此说来，本土实践理念的培养需要学习者在本土实践中不断积累经验，同时不断反思和自我评价。教学实践是美国高校 TESOL 专业的必修环节。学习者要么在本地区语言机构或中心实习，要么根据自己的需要回到自己国家实习。比如，宾夕法尼亚大学 TESOL 专业培养项目的实践主要包括在大学语言机构和社区语言学习中心等地方进行观察、田野调查和教学实习。不管采取何种方式，学习者都要根植于本地区语言机构或中心及其学习对象的需求，凸显本土实践理念的价值取向。

（二）整合发展理念

TESOL 教师培养项目源于多元的时代背景，并在多学科理论和实践中进一步充实教育教学。教师培养者关于学习者文化背景和语言习得的理念将影响学习者的方方面面。②对此，如何调适与协同教师培养者理念与学习者多元的文化和语言背景是 TESOL 教师培养的重要趋向。树立整合发展理念的思维意识，不仅是 TESOL 专业的跨学科性质决定的，也是师生协同发展的重要内涵，体现出语言国际教育发展的趋势，是整体主义和多元主义对新时代 TESOL 教师培养理念的诉求。

整体主义主要源于赫拉克利特和亚里士多德的整体观。它强调把事物当成动态性的整体存在，而不是首先把事物作为对象，事物也不是简单的部分之和等于整体，更不是事物外在的和单向的影响与作用。整体主义在教育领域的应用，即整体教育。它还蕴含人文主义教育思想，凸显“以人为本”和“人文关怀”，强调科学、人文、创造的和谐统一，从而有利于从传统的机械主义教育、科学主义教育和功利主义教育的束缚中解脱出来。③这种以人为本的价值观念切合 TESOL

---

① Gabillon Z. Discrepancies between L2 teacher and L2 learner beliefs[J]. English Language Teaching (Canadian Center of Science and Education)，2012，5(12)：94-99.

② Vázquez-Montilla E，Just M，Triscari R. Teachers' dispositions and beliefs about cultural and linguistic diversity[J]. Universal Journal of Educational Research，2014，2(8)：577-587.

③ 钟启泉. 整体教育思潮的基本观点[J]. 全球教育展望，2001，(9)：11-18.

学习者的多元文化和语言需求，也符合人才培养的理念。在多元主义影响下，TESOL 教师培养的双语教育也出现多种特殊形式，如维护性双语课程，目的是让学习者在学习英语的同时，维护其在母语说、读、写方面的能力；过渡性双语课程，即学习者在未掌握英语前先用母语教学，掌握后则用英语教学；双向性双语课程，即课堂上用两种语言教学。①这为教师教学实践知识的发展提供多元选择。教师语言和多样性的实践性知识也成为整合发展理念的实践基础。②

从教师培养的课程来看，跨学科课程和专题捆绑式课程的设置与实施都表现出多元理论和学科思想整合对于塑造教师培养理念的重要性。宾夕法尼亚大学 TESOL 专业的跨学科课程设置，是整合发展理念在课程中的反映，旨在激发英语作为二语或外语国家的学生、国际学者和教授及其他移民者的英语学习需求，并通过深入研讨和田野实践识别分析学习者的需求，制定语言课程和实施各种实证性教学和评价。另外，宾夕法尼亚州印第安纳大学、亚利桑那州立大学等学校开设的专题研究课程，都呈现出整体主义价值取向。如亚利桑那州立大学每学期的课程专题和研究主题都会变化。当前，开设有二语写作教学，认同、国家与全球化（identity，nations，and globalization），民族志、理论与想象力（ethnography，theory，and imagination），句法问题，社会语言学等专题课程。

从教师发展取向来看，教师专业的可持续发展也有赖于整合发展理念的建构与反思。通过比较培训取向和发展取向的教师培养，语言学家黛安娜·拉森弗里曼观察得出③：培训取向重在培养教师特定的教学技能，如如何组织课堂、如何对话，而发展取向聚焦教师个体的反思、监管及个人和专业成长的变化过程。这两种取向反映出两种不同的教学和教师观。培训取向认为教学是一种特定的技能，是可以习得和掌握的，正如学习如何骑自行车和绑鞋带一样，而发展取向认为教学是一种不断成长和变化的过程，是一种扩展教师教学技能和理解教师责任的过程。教师发展不是一次性的发展，而是可持续的过程。在与学生的合作过程中，教师不断探索和反思教学，以分析教学得失、从事课堂研究、建设教学档案。在与同事合作过程中，教师通过互相评判、辅导和参与教师团体活动等途径学习新的技能和知识，展现出建构主义理论在语言教师培养中的应用，包括知识的积极建构、有意义的课堂建构、反思实践者角色的扮演。

因此，TESOL 教师培养的整合发展理念是 TESOL 学科专业发展、教师培养

① 吴坚. 全球教育发展新趋势[M]. 北京：人民出版社，2014：277-278.

② Lee S，Butler M B，Tippins D J. A case study of an early childhood teacher's perspective on working with English language learners[J]. Multicultural Education，2007，15(1)：43-49.

③ Freeman D. Observing teachers：Three approaches to in-service training and development[J]. TESOL Quarterly，1982，16(1)：21-28.

“全人”思想和社会文化多元发展的产物，有利于 TESOL 学习者从整体、变化发展和多维视角处理理论和教学实践中的种种问题，系统性地厚实教师专业基础，确保教师培养的质量。

（三）社会文化理念

相比本土实践理念和整合发展理念，社会文化理念既是本土实践理念和整合发展理念的基础背景，也是语言教师培养外部组元的重要取向。因为从某种程度上来说，语言教师培养受到外部社会文化的影响甚大。语言是学习者社会、文化、认知等方面全面发展的综合组元。语言的每一个词、每一个表达的意义都是来自语言所处的社会文化环境。人们在彼此互动中生成约定俗成的意义，促进了语言交际和学习的发生。所以，在 TESOL 教师培养中，教师培养者不是纯粹地传授语言词汇和结构，而是分享词汇和结构中所代表的现实社会文化观念。TESOL 专业学习的内容不仅涉及社会上不同的需求，也涉及多种语言和文化，其社会文化内涵更加多元和复杂。对此，具备社会文化理念是 TESOL 教师培养中必须树立的一种重要理念。

国际英语教师的有效教学具有文化适然性，是建立在学生入学前的经历、知识和技能基础上，并在入学后丰富和拓展相关技能和经历，所以从教师培养者视角来说，学习者中心取向是教师培养者教学时必须首先考虑的，而这又要基于 TESOL 学习者的文化经历和能力进行计划和实施，从而为 TESOL 学习者的知识和技能的进一步强化和提升奠定基础。从学习者视角来说，TESOL 学习者熟识的文化经历和已掌握的技能为他们习得新的概念和技能提供支撑。因此，社会文化理念成为 TESOL 教师培养中教师培养者和学习者沟通的理念桥梁。如在课堂中观察到的：

> 在 TESOL 课堂教学上，研究者发现学习者提问题时，往往会结合自身的经历说明自己的疑惑，而教师培养者也会根据学习者的社会经历和文化背景解析问题，其他学习者就此同一问题也会表达自己的看法，这些看法都与他们所经历和所处的社会文化环境息息相关，是社会文化理念在 TESOL 教师培养中的反映。

在社会文化理念视角下，二语教育理论与实践、语言情景、研究取向、个体文化与社会文化给 TESOL 教师培养带来新的思路，进一步强化教师培养的反思能力和跨文化交际能力。威廉斯（Williams）指出教师理论和实践的联系需要通过社会建构主义的反思进行调解，以引起理论与实践的变化。①约翰逊（Johnson）②、Zuengler 和米勒（Miller）③等学者强调了二语教师培养的社会文化转向。在社会文化理念下，语言教师的思想和学习被认为具有社会性，同时强调语境和个体差异的重要性，有利于深层次理解语言教育现象和参与者的生活经历④。其在教师研究方法上则注重质性研究，包括个案研究、行动研究、叙事、日志、生活故事等。但是，社会文化理念也离不开个体文化理念，它也着眼于个体认知的发生。⑤语言教师在社会文化理念宏观视角下，只有通过理解自身及学习者的个体文化特点，才能真正理解二语课堂的文化动态，而只有语言教师和学生都具备批判性文化意识（critical cultural consciousness）后，这种理解才会成为可能。⑥总的来说，社会文化理念是 TESOL 教师培养中处理个体和社会、语言和文化协同关系的重要思想观念，彰显出社会系统和文化系统在语言教师培养系统中的非线性复杂机理。

二、TESOL教师培养的目标

TESOL 教师培养的目标不仅反映出教师培养的理念，也是 TESOL 教师培养实践的基本指南。在州政府、组织机构及高校“三位一体”的协同作用下，TESOL 教师培养的目标秉承标准原则，立足教育实践和学生语言学习需要，呈现出多元的整体态势。

（一）州政府的目标追求

随着 TESOL 专业和语言教育标准运动的发展，美国各州政府对 TESOL 教师培养项目提出本州范围内的教师准入及其培养要求。对此，国际英语教师若想在某一个州任职，就要符合该州国际英语教师基本的任职要求，甚至还要获得该州的教师资格证书。因为不同州，其教师认证和要求都略有不同。那么，美国各州政府对 TESOL 教师培养的目标追求有何不同呢？

在标准本位语言教育背景下，美国各州政府进一步明晰了国际英语教师应该

① Williams M. Learning teaching：A social constructivist approach-theory and practice or theory with practice[C]//. Trappes-Lomax H，McGrath I. Theory in language teacher education. London：Longman，1999：11-20.

② Johnson K E. The sociocultural turn and its challenges for second language teacher education[J]. TESOL Quarterly，2006，40(1)：235-257.

③ Zuengler J，Miller E R. Cognitive and sociocultural perspectives：Two parallel SLA worlds?[J]. TESOL Quarterly，2006，40(1)：35-58.

④ Gabillon Z. A synopsis of L2 teacher belief research[R]. [S.l.：s.n.]，2013.

⑤ 刘学惠. 社会文化学理论视角下的外语课堂与语言学习[J]. 课程·教材·教法，2011，(7)：46-51.

⑥ 库玛. 超越教学法：语言教学的宏观策略[M]. 陶健敏，译. 北京：北京大学出版社，2013：213.

知道什么和能够做什么，但标准本位并非标准定型化，而是在标准基础上采用多种途径，包括内容、教学方法和课程设置等，其目标是为了提升教学和学习质量。马萨诸塞州对国际英语教师提出七条准则，包括二语习得原则、语言元素、跨文化意识、课程和教学设计、教学方法（instructional delivery）与课堂管理、评价和专业发展，这也表现出州政府对教师培养的基本期盼。通过调查亚利桑那州TESOL教师培养，总结得出TESOL学习者必须掌握语言教学和二语习得的知识和理念，以更完整地理解教师培养课程是如何解决TESOL学习者需求与当前TESOL及应用语言学研究的一致性问题。①宾夕法尼亚州TESOL项目旨在帮助英语学习者取得学业成功，所以TESOL学习者需要能够在备课和教学中整合复杂社会、心理和二语学习的知识，并能够根据教学目标和策略对学生个体设置合理的要求及监督学生取得成功，同时能够调整自身的教学风格以适应不同学生的学习风格。类似TESOL国际协会，宾夕法尼亚州也对TESOL项目的语言、文化、教学、评价和专业化提出要求。从中可以看出，州政府重视培养的适应性和实用性，培养目标包括二语习得、语言、文化、教育、评价、专业发展等方面。

相比之下，佛罗里达州政府也对国际英语教师提出要求，涉及文化（跨文化交际）、语言和读写（应用语言学）、ESOL教法、ESOL课程与教材开发、评价（ESOL测试与评价）五个方面。在文化方面，国际英语教师必须了解和懂得应用多元文化背景下的语言学习影响理论，并能够理解文化的本质和作用、文化群体和文化个体的认同。在语言和读写方面，主要针对语言系统、语言习得与发展、二语读写发展（second language literacy development）。对此，国际英语教师必须能够理解语音、词法、句法、语义和语用的语言系统，并支持英语学习者的英语语言习得，帮助他们在学习阅读、写作和口头交流中取得进步，还有国际英语教师要懂得和应用二语习得理论和研究成果，理解英语读写要素，并懂得应用二语读写发展的理论，以支持英语学习者的学习。在ESOL教法方面，要求国际英语教师首先要熟知TESOL的历史和研究，具备TESOL历史、公共政策、研究和实践的知识并将之运用。其次，国际英语教师要了解、管理和实施各种教学策略和技巧，以推进英语学习者听说读写技能的综合发展，同时协助英语学习者修读核心课程。最后，国际英语教师要熟悉各种资源和技术，并能够选择、改造和使用基于标准的教材、资源和技术。在ESOL课程与教材开发方面，国际英语教师理解和应用概念、研究成果、最佳实践策略进行备课，并使用标准本位的ESOL课程，与多元文化背景的英语学习者们一起设计出多层级的课堂，从而为英语学习

① Diniz De Figueiredo E H，Hammill M J，Fredricks D E. Marginalizing TESOL：Preservice teacher training in Arizona[J]. The CATESOL Journal，2010，22(1)：11-17.

者提供支持性学习环境。同样，在课程与教材开发方面，国际英语教师也需要懂得和应用各种资源和技术。在评价方面，主要涵盖英语学习者的评价问题、语言能力评价、课堂评价。由此，国际英语教师应理解有关评价问题的知识，如文化和语言偏见、两种语言测试、社会政治和心理因素、特殊教育测试与天才评价、标准重要性、形成性评价和终结性评价的区别、语言能力与其他评价类型的差异，标准化评价与表现本位评价的影响等，同时须理解问题背后的问责制。还有国际英语教师要能够恰当使用和解释各种语言能力评价工具，以满足地区、州和联邦政府的要求，并应用于教学中，而在课堂评价中，国际英语教师也将识别、开发和运用多种标准化评价和表现本位评价、形成性评价和终结性评价工具和技术进行教学和评价英语学习者学习，在此基础上，国际英语教师还要懂得评估和分析不同背景英语学习者的语言发展和英语水平。州政府对 TESOL 教师培养目标的追求，也映照了组织机构的标准要求，并为新时期 TESOL 教师培养的发展提供后盾。

（二）组织机构的标准要求

TESOL 国际协会是 TESOL 专业领域中最权威的一个重要组织，于 1966 年成立。它的诞生是出于解决各个层次英语国际教育问题的需要，并把那些对英语国际教育感兴趣的教师和管理者聚集在一起，对 TESOL 教师培养具有重要的指导作用。TESOL 国际协会的使命是在尊重个体语言权利的基础上增强世界范围内英语的有效教学和学习，并极力推进奖学金、信息传播和加强指导与研究。该协会的核心价值观是旨在通过促进标准、研究和实践来提升学习效果的专业主义观，是尊重多语、多文化及个体语言权利的多元观，是伦理和行动引导下的整体观、终身学习观。

TESOL 教师培养的目标反映了 TESOL 国际协会对教师培养质量的期望和标准诉求。在标准本位教师培养模式的发展取向中，TESOL 国际协会对 TESOL 教师培养的标准进行认证，提出语言、文化、教学、评价和专业化五大领域标准的目标要求。具体说来，在语言方面，侧重语言知识和理论的理解与应用。TESOL 学习者通过学习语言系统和二语习得与发展理论，理解和掌握语言系统中的各种知识和技能，如社会文化知识、心理学知识及听说读写技能等，并理清母语与二语的差异，形成语言意识和语言能力，同时理解和应用二语习得理论、概念和最新研究成果，理解本土实践理念与社会互动中不同语言习得的理论，理解语言的交际性、社会文化与政策的变动性、社会建构性及二语学习者的情感发展与角色扮演，并能为英语学习者创造各种条件和资源，帮助英语学习者开发有效的学习策略，以提升其二语学习能力。从中可见，教师培养者和学习者、社会与个体、语言与文化、理论与实践、知识与技能、语言系统与其相关学科系统等共同形成TESOL 学习者的语言发展目标，呈现出多元、复杂和协同的关系网。

在文化方面，TESOL 学习者理解和运用主要概念、原则、理论和有关文化的研究成果，从而建构出英语学习的支持环境，并能够理解文化在教学中的本质和作用，如懂得在教学和学习中应用文化价值观和信念的知识，懂得种族主义、文化刻板印象和偏见对教学的影响，懂得处理文化冲突对英语学习者造成的影响，懂得通过交际构建家校合作伙伴关系，懂得应用语言和文化的关系思想，同时理清文化普遍主义、文化相对主义、社群文化的内外差异、语言和文化的交互关系及其对学习的影响等，还有理解社群文化和个体文化认同如何影响语言学习和学业成就，理解英语学习者间文化认同的不同层级，并能够广泛运用互联网等资源学习世界文化和英语学习者的特定文化，积极解决文化冲突，同时根据英语学习者的背景文化信息选择有效的教学技巧。文化的内容有什么呢？文化的内容可包含价值观、信念、期望、角色、地位、家庭结构功能及社会性、人文艺术、文学及其他领域内容、学习风格与模式、交际系统与交际等。在此内容中，TESOL 学习者试图构造出富有文化内涵且适宜的学习环境和教学方案。此外，TESOL 学习者还要理解英语学习者的母语文化，以及二语学习中家庭和社区成员对英语学习者学习的重要性，理解英语学习者与同伴间多元文化的探知和互动对于批判性话语、系统性探索及多样性路径的重要性。由此看来，TESOL 国际协会对 TESOL 学习者的文化目标要求，重在突出二语教学中文化的包容性、差异性、互动性、多元性及关联性。

在教学方面，TESOL 学习者理解和运用关乎标准本位的二语教学计划、实施和管理的教学策略，并懂得在教学策略中如何综合使用各种资源、材料和技术，以开发和实施适合学生发展的语言技能和模式，同时能够规划标准本位的二语学科教学、创设支持性和可接受性课堂环境、评价学生英语和第一语言能力、进行差异化学习经验设计，满足正规教育缺位学生的（students with interrupted formal education，SIFE）特定需求，规划诸如传帮带的嵌入性评价（embedded assessment）教学，且必要时通过反复教学以实现学习目标。此外，TESOL 学习者要学会为英语学习者提供各种能够发展听说读写技能的活动，而活动开展要切合英语学习者的兴趣、文本材料及个人经历，以强化英语学习者的语言理解与交际能力。还有TESOL 学习者要通过语言与内容融合学习，实现学术和语言发展（academic and language development）双重目标，并能够理解语言在有意义的语境中更加有效，而基于标准的学习，其效能也更容易凸显出来。简言之，在教学目标要求中，强调 TESOL 学习者基于标准的规划设计、实施管理、语言技能、学生需求与资源利用、学生评价与发展等方面，进而为今后独立从事教育教学工作奠定基础。

在评价方面，TESOL 学习者须理解影响英语学习的各种评价问题，如教育问责、语言和文化偏见、特殊教育测试、语言水平与能力、正式考试的适应性等，理解评价的各种目的，并能够实施英语学习的评价程序，理解优质评价工具的重要指标，理解评价工具的优点和缺点，包括是否适合英语学习者，是否能够区分英语学习者间的差异性、特异性和教育需求。此外，TESOL 学习者要理解和实施全美和州级语言支持项目，理解和恰当运用常模参照评价（norm-referenced assessments），并懂得利用各种信息资源，全面准确地评价英语学习者的语言技能和交际能力，使用表现本位评价工具和任务以衡量英语学习者的进展，同时理解和运用标准参照评价（criterion-referenced assessments），学会使用各种工具和技术评价不同水平英语学习者的语言和读写发展，必要时可以为英语学习者准备自我和同伴评价，并能够使用各种评价量表对课堂中英语学习者的语言发展进行评价。从中可知，评价对于 TESOL 教师培养至关重要。每一位 TESOL 学习者都要懂得评价的多种方法和策略，并能够运用工具和技术解决各种语言评价难题。

在专业化方面，TESOL 学习者要时刻跟踪最新的教学技能、研究成果、二语学习领域进展、教育政策问题、二语教学的历史知识，以反思并提升教学和评价的实践水平。另外，TESOL 学习者还要利用专业发展的机会，与英语学习者的同伴、社区和家庭成员合作，积极营造良好的学习环境，为英语学习者及其家庭成员提供支持与保障。具体而言，TESOL 学习者需要具备基于英语学习者文化背景的语言教学方法知识，具备二语专业的法律和政策演进知识，具备阅读能力和从事课堂研究的能力，并能够参与各种专业发展机会，制定专业发展目标，与其他教师或同伴合作，从而为英语学习者提供全面且具有挑战的学习机会，同时全方位地进行协同教学，积极为英语学习者提供课堂、资源和教学技能，支持英语学习者的家人及在他们的教育社区内提供各种专业资源服务。总之，在专业化目标的标准要求下，TESOL 学习者在专业基础及前沿追踪、合作伙伴关系和专业化资源服务等方面体现得淋漓尽致。这五大领域标准的目标要求不仅为美国高校 TESOL 教师培养提供质量标准参照，也影响了教师培养目标的实施。

然而，这些目标要求是否可以成为衡量 TESOL 学习者的最关键因素、教师培养是否可以实现标准所要求的知识和技能、标准能否反映 TESOL 领域的研究和实践进展、标准是否有效等这些问题，引起 TESOL 领域的讨论。据此，TESOL 国际协会于 2017 年 1 月对以往 P-12 教师培养标准的结构和内容进行改革和修订，主要包括语言内容（language content）、教学：计划与实施（instruction: planning and implementation）、考核与评价（assessment and evaluation）、语境中的英语学习者（English language learners in context）、专业主义与领导力（professionalism and leadership）五大领域内容。

相比 2010 年的教师培养标准，2017 年新的改革草案做出重大改变。在结构上，由“语言、文化、教学、评价和专业化”这五个领域转变为“语言内容、教学：计划与实施、考核与评价、语境中的英语学习者、专业主义与领导力”。如是观之，文化不再单独作为一个领域，而是融入每一个领域内容中，并增加了英语学习者这一领域，体现出英语学习者需求取向的重要性，同时在强调专业化的基础上，增加了领导力这一内容，凸显了国际英语教师的领导才能，反映出国际英语教师主体的变革与解放需要基于一定的领导力方可实现。在内容上，改革草案更加强调语言过程的知识、不同语境下的语言结构知识及多学科领域的学术语言；在教学方面不仅关注英语学习者的需求，还注重国际英语教师同事及英语学习者家人的合作与互动，不仅要创设支持性教学环境，还要发挥研究本位、批判性反思的功效；在评价方面不仅要求国际英语教师掌握多种评价工具、方法和技术，还要能够通过评价去辨别、分析和支持英语学习者学习，并与同事和英语学习者家人交流评价结果。此外，改革草案还增加了“专业主义与领导力”这方面内容，进一步突出英语学习者的地位及教师领导力的作用。

（三）高校的目标向度

在开放多元的背景环境下，美国高校 TESOL 教师培养的目标各有不同，但是都会包含一些基本的目标向度，如胜任英语教学任务、提升跨文化交际能力、推进理论与实践协同发展等。从目标来看，研究并不是美国 TESOL 教师培养的主要目标，但是不可否认的是，如果 TESOL 学习者愿意开展研究工作，各高校几乎都会鼓励，并提供各种条件和资源给予支持和保障。

1. 胜任英语教学任务

胜任不同语境下英语教学任务是 TESOL 教师培养的核心目标。宾夕法尼亚大学 TESOL 硕士项目培养的目标就是让 TESOL 学习者能够在英语作为二语、英语作为外语或英语作为国际语言的各种环境中完成英语教学任务，强调对英语教学角色和功能的理解，因为英语教学涉及当今世界政治和社会环境。南加利福尼亚大学 TESOL 硕士项目帮助 TESOL 学习者为从事教学领域和追求不同背景和教育层次的英语教学职业做好准备。哥伦比亚大学 TESOL 硕士项目帮助 TESOL 学习者获得扎实的语言基础，使 TESOL 学习者能够发现和解决教学和研究问题，主要涉及二语教学、二语习得、二语评价及 K-12 英语国际教育等。具体来说，TESOL 学习者厚植于理论、研究和实践，以更好地在美国或其他国家从事二语教学，并对二语教学、学习和评价进行研究。TESOL 主要聚焦课堂互动、二语教学、语言教师培养、二语习得、二语评价、二语素养、二语教学方法论、语言技能教学、语言教学技能等。在宾夕法尼亚州印第安纳大学 TESOL 项目中，教师培养者与 TESOL 学习者一起进行为期两个学期的课程学习。期间，TESOL 学习者可以通过课堂设计、小组活动等方式获取实地经验，进而积累多种海内外教学经历，逐步成为本领域优秀的教师和学者。还有的高校，其培养目标更具有针对性。比如，佐治亚大学 TESOL 硕士项目主要定位于中小学国际英语教师，其目标旨在培养中小学国际英语教师，并通过拓宽项目供给范围和选修课程，以适应个体的学习需要和兴趣。该项目重在提供大量的网络课程和面对面课程，增加 TESOL 学习者在幼儿园至高中任教的机会，并为 TESOL 学习者提供各种不同的专家型教师培养者。

2. 提升跨文化交际能力

以胜任不同语境下英语教学任务教学为核心目标的 TESOL 教师培养离不开社会文化发展的影响，从而为跨文化交际能力的培养奠定基础。社会文化是 TESOL 教师培养的外部组元，为语言教育及其跨文化交际能力的形成与发展注入一股暖流。社会文化理论由维果斯基（Lev Vygotsky）提出，并被运用于二语教师培养中。[①]二语学习的文化维度使语言学习充满意义，同时也使语言运用更加广泛和丰富。[②]在社会文化理论视角下，二语课堂教学不仅是语言和教育的问题，也是社会和文化的问题，是社会文化在语言教育中的反映，并对跨文化交际能力提出要求。由此，跨文化交际能力成为美国 TESOL 教师培养的一个重要目标。美国移民潮的发展促使 TESOL 教师培养呈现出语言多样性，而 TESOL 项目也为不同文化的 TESOL 学习者搭建英语学习的桥梁。[③]在 TESOL 教师培养中，教师培养者需要引导 TESOL 学习者不断互动和反思，并积极营造多元的语言和文化交流氛围。这在高校培养目标的规定中可见一斑。例如，跨文化交际能力、语言与社会行为的互动是宾夕法尼亚大学 TESOL 教师培养项目的重要组元。宾夕法尼亚州印第安纳大学 TESOL 项目亦将国际英语教学（teaching English as an international language，简称 TEIL）视为一种社会、文化、历史和政治共同作用的结果，使学

① Lee M S. Implementing the sociocultural theory while teaching ESL[J]. Student Perspectives About Civic Engagement，2015，1(1)：28-35.

② Buttaro L，King K P. Understanding adult ESL learners：Multiple dimensions of learning and adjustments among Hispanic women[J]. Adult Basic Education，2001，11(1)：40-60.

③ Mori M. Conflicting ideologies and language policy in adult ESL：Complexities of language socialization in a majority-LI classroom[J]. Journal of Language，Identity，and Education，2014，13(3)：153-170.

生充分了解国际英语教学是一种由情景驱动的实践（contextually driven practice）。

3. 推进理论与实践协同发展

跨文化交际能力提升的实现要基于 TESOL 理论与实践的协同发展。这并不只是简单地将理论运用于实践，而是要注重在实践中理清理论内涵，从教学实践返归理论探索，以达到在实践中生成和运用理论的目的。对此，理论与实践协同发展也成为 TESOL 教师培养的另一目标取向。密歇根州立大学 TESOL 硕士项目注重语言教学专业理论和实践经验的结合，其目标在于让 TESOL 学习者理解二语习得的复杂性，理解和阐析语言教学研究成果的运用，审视和评价语言教学资源和实践，从创新的角度思考语言教学的问题和挑战，理解语言教学原则在不同情景中的应用，批判地检视自我教学、发展统一连贯的教学哲理，建立语言教学领域和课堂教学领导权。①宾夕法尼亚州印第安纳大学 TESOL 硕士项目关注理论与实践协同发展，并赋予国际英语教师学者的身份，要求国际英语教师能够独立开展研究和胜任各种教学任务，从社区学院课堂到海外课堂，甚至是追求博士学位。②宾夕法尼亚大学也强调 TESOL 理论与实践的协同发展，并指向课堂，聚焦教育教学、社会语言学、跨文化交际能力、语言学用互通，为语言学、文学和教育学的发展提供动态的根基。

第二节　TESOL 学习者的自主与成长

如何了解和评价 TESOL 学习者需求，并基于他们的动机，为他们提供各种条件和资源实现自主学习和成长，是 TESOL 教师培养过程中一个不可忽视的方面，也是教师培养者与 TESOL 学习者协同共创有效教学和有效学习的基本保证，有助于促进教师教学的理论探索和实践反思。

一、TESOL学习者的需求

TESOL 学习者需求的发展是伴随着学习者本位教育运动的兴起而受到重视。追其渊源，早在 1926 年，迈克尔·韦斯特（Michael West）在其调查报告中首次在语言教学领域中引入需求分析。此后几十年内，传统语言结构理论风靡一时，而需求分析沉寂了。到 20 世纪 70 年代，早期语言交际法强调学习者本位的语言

① Michigan State University. About the TESOL Program[EB/OL]. http://linglang.msu.edu/degree-programs/tesol/about/[2017-01-10].

② Indiana University of Pennsylvania. TESOL，MA[EB/OL]. http://www.iup.edu/english/grad/tesol-ma/[2017-01-04].

需求，使得需求分析再次回归。1988 年，纽曼（Nunan）把需求分析分为主观需求和客观需求。主观需求来源于 TESOL 学习者自身，并影响教学大纲和方法论的实施。主观需求信息反映了 TESOL 学习者的观念、目标和优先级别，涵括 TESOL 学习者为何学习二语、TESOL 学习者对课堂任务和活动的参与度等。客观需求是教师培养者根据 TESOL 学习者数据资料进行诊断，而教师培养者据此数据可以选择和设计一个合适的教学方案。客观的数据资料注重事实信息，如 TESOL 学习者的年龄、国籍、母语等客观信息，对 TESOL 学习者的态度和观点则不加考虑。

近年来，教师培养者对 TESOL 学习者的需求、态度和学习动机越来越重视。因为只有深刻了解 TESOL 学习者的需求，教师培养者才能更有针对性地帮助 TESOL 学习者解决学习难题，同时才能更好地提升自身的教学成效。由此，如何了解并采取适当策略帮助 TESOL 学习者实现学习目标成为 TESOL 教师培养必须考虑的一个重要方面。如某 TESOL 教师培养者所言：

> 在 TESOL 教师培养过程中，充分发挥学习者个体需求和兴趣是我的教学哲理。对此，我会持续关注和理解学习者的教育、文化和语言背景，以认清他们的个体需求，尽可能多地去适应每一个特殊个体的学业需求和社会情感需求，同时也满足一些共同的课程目标。比如，第一堂课，我自己就引导学习者开展几种需求评价活动，或者通过在线调查理解当前每一位学习者的情况及他们各自的课程学习目标。接着，我介绍我自己的经历和全面解读课程目标及学习者对课程学习的期望。我还告知和提醒他们，我们要同时实现课程的共享目标和每一位来自多元文化和专业需求的个体的学习目标是十分具有挑战性的，但是当我们作为一个合作的学习共同体一起努力时，将会受益良多。我还许诺他们，我将尽全力提供指导、教育和支持他们完成个体的学习目标，以帮助他们取得进步和成功，而我也通过细心策划、多层面的指导和监督，以实现目标。

语言课堂并不仅仅是帮助 TESOL 学习者提高他们语言能力的场所，也为 TESOL 学习者提供一个丰富、支持性和影响深远的学习经历。美国 TESOL 教学课堂因州法律和各地区 TESOL 学习者比例的不同，既有双语课堂，有英语浸入式课堂、也有一般性教育课堂，同时课堂教学内容也会根据教师培养者与 TESOL 学习者个体协同情况而定。然而，在教学中，TESOL 学习者常常被置于一般性的主流课堂教学中，其个性化需求往往不能或难以被有效识别，而且他们也没被提供多少额外的语言支持。[①]对此，教师培养者必须理解和支持 TESOL 学习者的一些

---

① Samson J F，Collins B A. Preparing all teachers to meet the needs of English language learners：Applying research to policy and practice for teacher effectiveness[R]. Washington：Center for American Progress，2012：4.

特殊需求。21 世纪以来，随着新媒体传播技术和教育信息化的快速发展，各种网络平台为 TESOL 远程交流学习提供巨大帮助。研究者在美国某高校 TESOL 课堂中发现各种电子设备、网络技术平台等，这些在 TESOL 教师培养中得到有效开发与应用，如：

> 某位 TESOL 教师培养者借助 Google 网盘等网络媒介，开发各个专区，包括教学内容、学生信息、课程作业、问题交流区等。教师培养者通过网络收集全班所有学习者的信息，包括个人学习、生活和工作背景及对本门课程的期望与看法等。在了解学习者的信息后，于课堂中一一对学习者的信息及学习需求情况进行讲解，进而与学习者一起设计课程的主题内容，而不是按照事先设计好的课程教案实施，较好地切合学习者的学习需求。另外，课程作业、课堂教学录像等资料都将上传到网络中，供所有学习者一起交流和学习。这样，有些学习者因个人原因未能到课堂学习的，也可以通过网络自行学习，且师生都可随时在线提出问题和回答问题。

在学习者本位的 TESOL 教师培养模式指导下，TESOL 学习者需求评价是教师培养者教学规划设计的重要依据。它是教师培养者满足学习者多元需求的决策过程，如通过课程实施回应 TESOL 学习者需求。这种需求包括学习需求、学习风格及社会需求。在 TESOL 教师培养过程中，第一节课或第一次师生会议的需求评价，可帮助教师培养者和 TESOL 学习者建立情感关系，并为教师培养者备课提供依据。与此同时，让 TESOL 学习者感觉到他们掌控自身学习是重要的，而他们所学习的正是与他们需求相关联。但是，需求评价也不只是限定在开学初或课程的第一周，而是贯穿于整个教学过程中。在 TESOL 教师培养前期，需求评价可以用于课程教学内容规划。在培养中期，需求评价可以确保培养项目目标与 TESOL 学习者目标切合，并促使培养项目做出必要的改变。在培养后期，可以用来规划 TESOL 学习者和培养项目的未来指向。①

需求评价是教师培养者课程设计开发和课堂教学实践的基础，即教师培养者课程设计开发与课堂教学实践都要对 TESOL 学习者需求负责。这一需求包括 TESOL 学习者知道什么和能做什么、TESOL 学习者想学习什么和能够做什么。同样，TESOL 学习者需要有机会评价他们的学习，以探究自身已定学习目标的进展。需要引起注意的是，需求评价是建立在 TESOL 学习者的成就和能力基础上，而不是建立在 TESOL 学习者不足的基础上，并允许 TESOL 学习者陈述和展示他

① Marshall B. Preparing for success：A guide for teaching adult English language learners[M]. Washington DC：ERIC Publications，2002：19.

们所知道的观点。[①]这一过程将影响 TESOL 学习者的目标定位、资源选择、课程设计和教学实践。

可是，对 TESOL 学习者需求进行评价并不是一件易事。诚如格兰特（Grant）和尚克（Shank）所言：有效的需求评价很关键，因为 TESOL 学习者如果在英语课堂上不能学到他们想学习的内容，他们将选择退学而非表达他们的不满。所以从英语水平有限的 TESOL 学习者那里明晰需求评价信息并运用于课程设计是非常有挑战性的。对于 TESOL 学习者来说，传统的问卷调查似乎并不恰当或有效，特别是对于读写技能薄弱的 TESOL 学习者。除此之外，参与课程设计开发对于来自不同文化背景的 TESOL 学习者来说可能是怪诞的，但这也是 TESOL 学习者对教师培养者课程教学目标的期望。当教师培养者询问 TESOL 学习者的学习目标时，他们总回答想要提高英语水平，但是这个目标不仅十分模糊而且几乎毫无意义。所以 TESOL 学习者需求必须进行分类。显然，教师培养者在评价 TESOL 学习者需求之前首先得知道对方的具体需求是什么。那么，教师培养者如何知晓 TESOL 学习者需求呢？

TESOL 学习者需求评价可通过评价工具或活动进行洞悉，[②]如调查问卷。调查时，可以罗列一系列主题、技能或语言读写运用，而让 TESOL 学习者进行排序，并选择哪些方面是重要的、有趣的或有需求的及哪些方面是次要或已经掌握的；趣味图片库（picture-interest inventories）是在英语语言和读写课堂中通过一系列图片展示和内容来发现 TESOL 学习者的最大兴趣和学习动机。TESOL 学习者将被要求以不同方式排序和分类，如你每天必须要做的事情和有时需要做的事情，或者容易和比较困难的事情，该活动较适合初学者。

再如图片提示（picture prompts）。不同情景的少量图片将用于课堂讨论。TESOL 学习者被要求识别图片中个体的行为动作、可能谈论的话题并将每一个情景记录下来，同时 TESOL 学习者会被问到他们是否需要做这些事情。

还有像学习者访谈（learner interview）。教师培养者可以采用非正式一对一或小组访谈方式，可以是英语组，也可以是母语组。这对于了解 TESOL 学习者已有认知、入学原因及英语学习的需求等，是一个极好的策略。

另外，阅读材料综述（reading material review）也是 TESOL 学习者需求评价活动的一种。在活动中，TESOL 学习者被要求阅读各种材料并指出哪些是最感兴趣的，哪些是最困难的或哪些是最重要的；语言日志或日记（language logs or

① Needs assessment and learner self-evaluation[EB/OL]. http://www.cal.org/caela/tools/program_development/elltoolkit/Part2-5NeedsAssessment&LearnerSelf-Evaluation.pdf[2017-02-02].

② Marshall B. Preparing for success：A guide for teaching adult English language learners[M]. Washington DC：ERIC Publications，2002：20-21.

journals）是 TESOL 学习者被要求运用英语记下最近发生事情。

语言应用库（language-use inventories）为理解 TESOL 学习者需求评价提供参考。TESOL 学习者被要求列表写下他们应用语言的方式，并不定时利用课堂时间更新列表。相比之下，工作相关利益库（work-related interest inventories）旨在让 TESOL 学习者通过识别不同的职业性质，帮助他们决定优先学习的语言技能和方向。

总之，无论采用何种路径策略，基本目的都是为了确定 TESOL 学习者想要学什么和需要学什么。当 TESOL 学习者了解到教师培养者理解并积极解决他们的需求和兴趣的时候，他们就有了动机进一步推动教师培养项目的实施和学习的发展。在了解 TESOL 学习者需求的基础上，TESOL 学习者动机也就大概了解了。

二、TESOL学习者的动机

动机是二语习得的复杂现象之一，也是实现语言学习目标的重要组元。动机可以是一种冲动、情感或是以某种方式表现出来。自古以来，人类便积极获取知识、探索和增强自我意识，及获得群体的认同、学习他们所处的世界。不同的个体、社会文化和教学因素都会影响 TESOL 学习者的动机。[①]麦克纳马拉（McNamara）认为相比态度，交际对于激发动机更为实在可靠。TESOL 学习者的语言能力弱主要是由于在语言课堂中缺乏交际目的，而不是因为态度差。动机似乎是二语习得的重要因素，而态度则影响二语习得的程度。[②]但是，博田（Hakuta）提出一个有趣的问题："我们如何得知积极态度能更好地促进二语学习，而不是二语学习会帮助 TESOL 学习者养成积极态度呢？"或许两者是相互作用吧。[③]本书亦认为态度是学习的基础，且较为稳定，而动机更强调主观意识，且常常处于动态变化中，两者都对 TESOL 学习者产生作用。那么，就动机来说，有哪些影响因素呢？

凯勒（Keller）指出动机的四个决定因素[④]：兴趣、关联、期望和结果。兴趣，从认知角度看，是激发和维持 TESOL 学习者好奇心的一种积极的刺激反应。关联则是维持动机的前提，并要求 TESOL 学习者理解个体需求是符合学习情景需要的，而个体的基本需求，可称为"工具性需求"。TESOL 学习者期望成功的动机比期望失败的更强，而 TESOL 学习者的动机归因中，其自身的努力因素也比一些

---

① Diaz-Rico L T. Strategies for teaching English learners[M]. Boston：Pearson Education，Inc，2012：54.

② McNamara J. Attitudes and learning a second language[C]// Shuy R W，Rasold R W. Language Attitudes：Current trends and prospects. Washington DC：Georgetown University Press，1973：36-40.

③ Carrasquillo A L. Teaching English as a second language：A resource guide[M]. New York：Garland Publishing，1994：38.

④ Keller J M. Motivational design of instruction[C]// Reigeluth C M. Instructional design theories and models. Hillsdale：Erlbaum，1983：406.

诸如运气、教师情绪和任务困难度等外在因素更为强烈。奖励或惩罚的结果也会影响 TESOL 学习者的动机表现。拉菲尼（Raffini）提出内在动机和外在动机。具备内在动机的 TESOL 学习者，即使当他们不必去做某事时他们也会激励自己去做。相反地，依靠外在动机的 TESOL 学习者，其活动是为了获得奖励或避免惩罚。①通常而言，TESOL 学习者的二语学习活动都是内外动机结合的产物，而非由单一的内在动机或外在动机驱动。

通过了解 TESOL 学习者的动机，发现他们主要以外在动机和工具性需求为主。学习主要是为了找到自己心仪的工作或解决工作中的各种问题，其实用性价值取向较为明显。如访谈资料所示：

研究者：请问您为什么会选择和攻读 TESOL 硕士专业学位？

TESOL 学习者 A：想换个和英语国际教育相关的工作，到学院或大学工作。

TESOL 学习者 B：我是一个学校教育咨询者，喜欢与国际学生打交道。通过学习 TESOL，可以更好地帮助学生解决语言或其他相关问题。

TESOL 学习者 C：想继续深造，提升自己的英语国际教育能力。

在美国，由于父母和同伴的压力，学校环境和师生关系，TESOL 学习者大多具有多重动机，涵盖内在、外在、工具型、融入型等动机。为了更好理解 TESOL 学习者的动机，需要对 TESOL 学习者语言学习的政治和社会环境加以考虑。这种社会力量的参与，使得仅仅罗列语言学习的各种优势已经不足以有效地改变 TESOL 学习者的态度和动机。那么，如何激发 TESOL 学习者的语言学习动机呢？一是帮助 TESOL 学习者制定语言学习的个人目标；二是探讨 TESOL 学习者对语言和文化的看法；三是帮助 TESOL 学习者与社区新成员建立联系；四是文化交流前后给予 TESOL 学习者支持；五是在资源、学习适应性和活动中给予 TESOL 学习者更多选择并支持其自主发展。②另外，TESOL 学习者动机与课堂的成功表现存在一定的关联。以往，大部分有关 TESOL 学习者动机的研究文献关注的是 TESOL 学习者为什么要学习二语，TESOL 学习者使用语言的动因何在等，倾向于 TESOL 学习者的“工具性需求”分析，但是 TESOL 学习者的动机对于二语学习的作用并不仅如此而已，更重要的是教师培养者的行动如何与 TESOL 学习者的动机联系起来。③

---

① Raffini J P. 150 Ways to increase intrinsic motivation in the classroom[M]. Boston：Allyn & Bacon，1996：3-5.

② Horwitz E K. Becoming a language teacher：A practical guide to second language learning and teaching[M]. Boston：Pearson Education，Inc，2012：9-10.

③ Crookes G. A practicum in TESOL：Professional development through teaching practice[M]. Cambridge：Cambridge University Press，2003：128.

概而言之，在 TESOL 教师培养过程中，TESOL 学习者的动机具有多样性，并受兴趣、关联、期望和结果等因素影响，而这些都与 TESOL 学习者的需求密切关联，对 TESOL 学习者自身学习和教师培养者有效教学都产生较大的作用。TESOL 学习者意愿追求目标和迎接挑战是动机的核心所在，而这必将激起 TESOL 学习者对学习需求的自我决定，即学习者自主。

三、TESOL学习者的自主

学习者自主是诸多学科领域中被认为值得追求的指向。从哲学来看，自主强调个体的独立思想和行动的自愿自主，如同通识教育哲学所追求的自由教育思想，为学习者个体适应和应对世界复杂多变的挑战提供最大化的教育机会。从心理学来看，自主吸取了认知主义心理学、人本主义心理学、教学心理学、建构主义心理学等观点，像认知主义心理学言明将学习者的知识认知整合到个体知识框架有助于提升学习成效，人本主义心理学所倡导的学习者自主对情感自尊的作用，教学心理学所指出的学习动机与学习自主之间具有联系性①，建构主义心理学所断言的学习任务、环境与教师、学习者的交互动态思想②。但是，不管是何种学科视角，学习者自主都强调学习者作为一个独立个体所具备的意愿、自由及话语权限。

TESOL 学习者的自主意在说明 TESOL 学习者有能力自我决定做什么，而不是受到他人影响或被告知做什么。③那么，TESOL 学习者怎样才有能力进行自我决定呢？这就需要对 TESOL 学习者进行培养。正如麦克德维特（McDevitt）所揭示的，合适的培养在 TESOL 学习者自主发展中扮演举足轻重的角色。④若没有合适的培养，即使再高动机的 TESOL 学习者也无从下手，且在学习大量资料的时候也会常常感到迷茫，而 TESOL 学习者培养正好可以为他们掌握目的语提供更为系统的指导。在翻转课堂模式理论和实践的基础上，研究者调查翻转课堂模式对 TESOL 学习者的影响，研究对象包括 5 名日本学生、3 名西班牙学生、2 名中国学生、1 名德国学生、1 名葡萄牙学生、1 名土耳其学生和 1 名越南学生，结果发现 TESOL 学习者能够积极自愿地花费时间和精力去探寻学习资源和技术工具。在这期间，TESOL 学习者的动机也会被强化，最后他们的自主性都取得良好的进

---

① Broady E，Kenning M M. Promoting Learner Autonomy in University Language Teaching[M]. London：CILT，1996.

② 戚宏波. 学习者自主的理论溯源[J]. 山东外语教学，2002，(5)：83-86.

③ Benson P，Voller P. Autonomy and independence in language learning[M]. New York：Routledge，2014：4.

④ McDevitt B. Learner autonomy and the need for learner training[J]. Language Learning Journal，1997，16(1)：34-39.

展，同时 TESOL 学习者的学习态度也发生变化，语言能力进一步提升。[①]所以，TESOL 学习者自主的可以从掌控主题（目标）、自由选择活动（手段）和成功的信念（自我效能）[②]三大关键领域入手。掌控主题强调建构主义教学，自由选择活动处理间接或直接的学习策略，而成功的信念是其自身效能发展的重要组元。

然而，TESOL 学习者的自主内涵并非仅仅是“自我决定”之类的如此简单明了。从库玛对自主的观点来看[③]，狭义上的自主指的是“学会学习”，强调教师培养者向 TESOL 学习者提供自主学习的必要工具，教会他们使用恰当的策略来实现学习目标，从而使他们成为策略上的实践者，并在此基础上发挥他们的学习潜力。广义上的自主指的是“学会解放”，旨在促使 TESOL 学习者成为具有批判意识的思考者，帮助他们认清社会政治障碍，从而发挥出他们作为人的根本潜力。相比狭义上的自主，即以学会一门语言作为最终目标，广义上的自主则将其作为达到目标的路径，并认为学会摆脱束缚才是最终目标。然而，不管是狭义还是广义上的自主，都需要有一个支持它的制度环境和良好的班级文化，否则自主将很难获得有效提升。因此，在 TESOL 教师培养中，不仅关注 TESOL 学习者的需求与动机，为 TESOL 学习者自主发展创造条件和机会，而且还要引导 TESOL 学习者学会学习，并在培养中强调他们反思实践和自主建构的重要性，以培养 TESOL 学习者自主批判意识和反思建构意识，为自我解放提供有利的制度环境。正如某 TESOL 教师培养者论述：

> 在我的课堂教学中，学习者从事的是建构性学习。建构性教学不仅要培养学习者的批判思维，还允许和鼓励学习者提出假设和以独立学习者身份提出新问题的新解决办法。

此外，TESOL 学习者自主是一个超越自我动机的概念，也涵括了自我管理教育，体现了 TESOL 学习者的自我动机和自我管理，确保 TESOL 学习者对自身所取得的成就感到自豪。如果 TESOL 学习者是被迫学习、不自主的话，那么他们将会有另一种情怀，如感激教师培养者的帮助或希望成功的信念，而不是对自我成功的感知。对此，强制要求 TESOL 学习者学习英语或开展考试竞争主导的英语学习，其取得的成绩都只是外在的成功。同时，由于二语常常被其本地话语者把持着，导致非本地 TESOL 学习者对自主感到迷茫。然而，二语能力是个人成就的表现，所以 TESOL 教师培养者可以向 TESOL 学习者传授二语知识和技能等，却只

① Han Y J. Successfully flipping the ESL classroom for learner autonomy[J]. NYS TESOL Journal，2015，2(1)：98-109.

② Diaz-Rico L T. Strategies for teaching English learners[M]. Boston：Pearson Education，Inc，2012：101.

③ 库玛. 超越教学法：语言教学的宏观策略[M]. 陶健敏，译. 北京：北京大学出版社，2013：101-110.

有 TESOL 学习者自己才能学会语言。

综上所述，TESOL 学习者需求、动机和自主旨在从学习者视角出发，强调学习者本位学习，为 TESOL 教师培养者有效教学和 TESOL 学习者专业成长提供基本的驱动力。这种学习者本位培养取向也体现出当前 TESOL 教师培养中“反思实践建构型”培养模式的一个重要价值，因为 TESOL 学习者是 TESOL 教师培养反思、实践和建构的主体，而教师培养者则充当引导者和促进者的角色，帮助 TESOL 学习者在建构性学习中不断反思和实践。

第三节 TESOL 教师培养的知识与课程

TESOL 学习者的知识构架内容与其自身所接受的教育和生活经历有着莫大关联。在教育经历中，课程是 TESOL 学习者知识获取的重要途径，而知识的积累与发展为课程开发和创生提供条件。课程是师生协同促进和沟通的通道。对此，理清知识与课程的关系，既可以更新和提升师生的知识涵养，也可以进一步深挖和活化课程资源内容。

一、TESOL教师培养的知识本位分析

TESOL 教师培养是一种专业性活动。相比其他学科专业领域，TESOL 教师培养领域日益多样化，这是由于越来越多母语为非英语的教师也加入这个行业，而教师培养者的背景对 TESOL 学习者学习的影响因素之一就是教师知识。

在教育研究过程中，人们常常基于学生成就来检视教师教学，产生过程-结果研究范式。[①]该范式强调学习者视角，并鼓励教师培养者聚焦技能学习和建构的专业培养。在此影响下，于 20 世纪 70 年代，教学研究领域的专家们开始转向教师认知和思想，包括教师计划、决策、诊断、反思和问题解决。[②]1986 年，教师知识这一术语首次在论文中被提出来[③]，从而引起学者们对教师知识的讨论。TESOL 专业领域也是如此。其实，早在 20 世纪 60 年代，关于 TESOL 教师培养应培养什么知识结构的探索已经萌芽，只是没有真正提出“教师知识”这一概念。至今，许多学者对教师知识阐明出了自己的观点。语言教育维度的教师知识有三个主要研

① Erickson F. Qualitative Methods in Research on Teaching[C]// Wittrock M. Handbook of Research on Teaching. New York：Macmillan，1986：119-161.

② Shulman，L. Research on Teaching：A Historical and Personal Perspective[C]// Oser F K，Dick A，Patry J. Effective and responsible teaching：The new synthesis. San Francisco：Jossey-Bass Inc，1992：22.

③ Wilson S. The wisdom of practice：Essays on teaching，learning，and learning to teach[M]. San Francisco：Jossey-Bass Inc，2004：9.

究路向[①]：一是教师知识的分类；二是教师知识的来源说明；三是教师知识对教学影响的调查。从教师知识的分类来说，列举如下：

Troudi 针对 TESOL 知识结构争议问题，指出教师知识的几种类型，并聚焦学科知识和文化知识这两种知识。[②]学科知识主要通过批判教学法进行传授，而文化知识不仅包括其他国家生活方式的表层信息，还包括其深层内涵。这将成为 TESOL 教师培养者理解 TESOL 学习者社会文化背景的一部分，且这些社会文化背景将影响 TESOL 学习者学习英语的态度和方法。理查兹（Richards）对二语教师培养的学科知识和教学实践进行研究。[③]杰夫·波普科（Jeff Popko）对 TESOL 硕士研究生在英语作为二语课堂中如何运用知识进行探讨。戴（Day）和康克林（Conklin）指出二语教师培养知识本位包括四种知识类型[④]：学科知识（content knowledge）、教育学知识（pedagogic knowledge）、学科教学知识（pedagogic content knowledge）和后备知识（support knowledge）。其中后备知识，如语言心理学、语言学、二语习得理论、社会语言学和研究方法等，并调查 57 个美国 ESL 教师培养硕士项目的 TESOL 学习者，咨询关于这四类知识的必修课和选修课分类，最终发现他们也没有形成统一的共识。在此四类知识的基础上，戴还提出二语教师培养的四种模式或方法[⑤]：学徒-专家模式（apprentice-expert model）、理性主义模式（rationalist model）、案例研究模式（case studies model）、整合模式（integrative model）。教师知识与其培养模式呈现出互动关系，如表 5-1 所示。

表 5-1 知识与模式互动表

知识	学徒-专家模式	理性主义模式	案例研究模式
学科知识	互动	互动	互动
教育学知识	互动	有限互动	有限互动
学科教学知识	互动	有限互动	有限互动
后备知识	不互动	互动	有限互动

在学徒-专家模式中，TESOL 学习者通过观察、教学和实践，学习学科知识、教育学知识和学科教学知识，可以帮助他们更好地实践教学，最强调实践和经验性知识（expcriential knowledge），但对后备知识持怀疑态度，认为其是 TESOL 教

① Lin F-A. Knowledge based of English as a second language teachers[EB/OL]. http://www.ut-ie.com/s/samples/fu-an_lin.pdf[2017-02-12].

② Troudi S. Critical content and cultural knowledge for TESOL teachers[J]. Teacher Development，2005，9(1)：115-129.

③ Richards J C. Content knowledge and instructional practice in second language teacher education[EB/OL]. http://www.professorjackrichards.com/wp-content/uploads/content-knowledge-and-instructional-practice.pdf[2015-12-12].

④ Day R R，Conklin G. The knowledge base in ESL/EFL teacher education[R]. [S.l.：s.n.]，1992.

⑤ Day R R. Models and the knowledge base of second language teacher education[EB/OL]. http://files.eric.ed.gov/fulltext/ED370359.pdf[2015-12-26].

师培养项目的一部分，而非全部，所以应用不是很广泛。理性主义模式，基本假设是教学是一种科学，可以理性客观地检验，其结果是专家将自己认为的该专业基本的科学知识传授给 TESOL 学习者，并强调科学的理论知识（received knowledge）。TESOL 学习者先科学地学习理论，然后将其应用。但是 TESOL 学习者却不懂如何应用理论，且研究与实践脱离，对如何开展英语教学缺乏关注，与教育学知识和学科教学知识的互动也有限。案例研究模式对于学科内容有益，但在处理教育学知识、学科教学知识和后备知识上却有局限，如 TESOL 学习者学习案例之后，他们并不能对教育学和学科教学有深刻的见解，具体来说，他们对教师在课堂上如何规划、评价和决策各种活动并不清楚。这与理性主义模式有点相似，注重知识的输入，只不过是从案例中获得，而不是从整个教学实践中获得而已。整合模式则是对前三种模式，乃至更多知识路径进行综合考量。但是，就算 TESOL 学习者把各种知识路径都掌握了，也不一定就能成功整合，由此，引发对反思实践教师培养的探索。

当前，在 TESOL 教师培养整合发展理念的影响下，教师知识的整合与多元路径探索需要教师具备反思实践能力，而这种反思实践能力兼具一定的批判性和建构性，造就了“反思实践建构型”TESOL 教师培养模式。顾名思义，此模式在传统知识本位的基础上，突出反思、实践和建构“三位一体”的知识范式。本书将从专业性知识、条件性知识、程序性知识和个体性知识四个类别维度出发，进一步理清教师知识与其课程的关系。

TESOL 教师培养的专业性知识，指其学科内容知识，意在解决“TESOL 教师培养者教什么”的问题。如英语语言、文学和英语语言文化，代表课程是语音、语法、语义和语用等语言知识课程及跨文化交际与交际失误（intercultural communication & miscommunication）、跨文化交际中的经验学习设计（experiential learning design for intercultural communication）、情景交际与文化（communication & culture in context）及跨文化教育中的教学艺术等课程。还有与本专业相关的其他知识，如语言学、语言与性别、二语习得理论、社会语言学等课程。TESOL 教师培养的条件性知识，主要体现为教师教育课程、心理学课程等课程知识，而这些课程一般与语言教育和方法相结合，而不是纯粹就教育谈教育，就心理论心理。如哥伦比亚大学开设的语言教师教育：管理（language teacher education: supervision）、调查方法：民族志和参与式观察（methods of inquiry: ethnography and participant observation）、教育民族志（ethnography of education）等课程，佐治亚大学开设的世界语言教育和 TESOL 课程设计（curriculum planning in WLE & TESOL）、教育语言学（educational linguistics）、教育艺术本位研究（arts-based research in education）等课程，宾夕法尼亚大学开设的“自闭症、语言和推理”（autism，language & reasoning）、本土教育与语言振兴（indigenous education & language revitalization）等课程。TESOL 教师培养的程序性知识，也是通用的教学策略、信念和实践，而不管学科教学的核心内容是什么，主要涉及“如何教”的问题，如如何综合教授 TESOL 课程，如何教授听力、口语、阅读和写作课程，如何教语法课程，如何进行 TESOL 教材评价与开发、如何进行 TESOL 测试、如何评价和开发 TESOL 课程、如何教 TESOL 方法课程等。TESOL 教师培养的个体性知识虽然在课程中没有明显设置出来，可以称其隐性课程知识，但是影响着各类课程的实施与发展，是教师个体实践反思和知识建构的主体。这类知识尤其在课堂教学研讨交流、课程开发、教案设计、毕业作品呈现、独立学习和研究中体现其重要性。总之，教师知识是课程在实践中构建和创生的基础，而课程是教师知识的理论反思和实践平台，为“反思实践建构型”TESOL 教师培养模式提供依据。

二、TESOL教师培养的课程设置

TESOL 教师培养的课程设置是师生交流的纽带，也是课程体系与教学体系实施的重要保证。约翰逊（Johnson）指出课程的六大图式[①]：课程是学习效果的结构化系统；选择是课程规划的基本部分；结构是课程的基本特征；课程指导教学；课程评价涵盖选择和结构的验证；课程是教学评价的标准。为此，课程是课程体系的输出，教学体系的输入，且输出和输入要适应评价反馈，以维持体系的稳定。

（一）课程目标与结构

TESOL 教师培养的课程目标与结构存在宏观与微观的关系，就是说课程结构是课程目标的具体化，是课程内容实施的基本支架，而课程目标则为课程结构的分布与调整提供导向。

1. 课程目标

TESOL 教师培养的课程目标是 TESOL 教师培养理念与目标的具体化。所以，它既有 TESOL 教师培养理念与目标的性质内涵，也有课程自身发展的特点。详而论之，课程目标秉承 TESOL 教师培养的本土实践、整合发展和社会文化理念，旨在胜任各种语言教学任务、提升跨文化交际能力、促进理论与实践协同发展，主

① Johnson M. Definitions and models in curriculum theory[J]. Educational Theory，1967，17(2)：127-140.

要涵盖语言、文化、教学、评价和专业化等方面内容，同时旨在培养 TESOL 学习者课程开发、课程理论建构与实践、课程反思与评价方面的能力，彰显出“反思实践建构型”TESOL 教师培养模式的发展特征。

TESOL 教师培养的本土实践理念主要反映在实践类课程中，整合发展理念反映在跨学科类和专题类课程中，社会文化理念主要反映在宽领域类和跨文化类课程中。不管修读何类课程，都强调学生要树立自主思考和逻辑批判意识，主动建构自身的知识和能力结构体系，这不仅仅是 TESOL 学习者专业理论和实践发展的需求，也是 TESOL 教师培养对 TESOL 学习者课程修读的目标要求。如同某教师培养者谈论到的：

> 我想让我的学生成为反思型学习者。我想要我的学生能够花时间批判性地反思他们课堂中所学习的内容。他们可以通过自己、他人或利用其工作环境获得更深层次的理解。

那么，美国高校对 TESOL 专业课程目标要求如何呢？例如，纽约大学 TESOL 专业课程旨在提供各种二语教学方法，以调整和适合来自不同语言、教育和民族背景的学生需求，培养二语教育教学、二语习得研究、语言学、英语语法、跨文化或多元文化研究能力，以及如何开发与创新课程和课堂教学策略，如何提高全球教育背景下多元文化的欣赏能力。①对此，纽约大学 TESOL 专业课程目标在考量不同背景 TESOL 学习者需求的基础上，厚实 TESOL 专业知识和技能，提升 TESOL 学习者的语言教学能力、课程开发与创新能力、多元文化欣赏能力等，从而使 TESOL 学习者具备坚实的知识和技能，以胜任海内外各种英语教育教学任务。南加利福尼亚大学 TESOL 专业课程分为四大类②，分别是基础类、教学方法类、语言和文学类、田野体验类。各大类的目标为：基础类课程既为 TESOL 学习者提供精深的社会学、心理学理论知识及其在课堂中的应用，也提供最新的技术嵌入教学策略。教学方法类课程为不同语言文化背景 TESOL 学习者的英语教学奠定基础，主要横跨所有内容领域的教学设计、实施和评价。语言和文学类既为 TESOL 学习者提供语言和文学理论及其概念应用，也为 TESOL 学习者阐析世界教育改革前沿中的语言和文学问题。田野体验类是大多数课程的重要组成部分。TESOL 学习者将到当地学校课堂中向有经验的教师学习理论和教学方法的实践与应用。由此可见，南加利福尼亚大学 TESOL 专业的课程目标强调培养 TESOL 学习者的跨学科理论思维、教育技术能力、语言教学能力、评价能力、实践能力，

① Department of teaching and learning at NYU. MA in teachers of English to speakers of other language, non-certification[EB/OL]. http://steinhardt.nyu.edu/teachlearn/tesol/ma/noncert[2017-02-08].

② USC Rossier School of Education. Curriculum[EB/OL]. http://rossier.usc.edu/programs/masters/mat-tesol/curriculum/[2017-01-12].

并能时刻关注 TESOL 相关的最新前沿信息。

2. 课程结构

美国各 TESOL 硕士培养项目课程结构划分有所差异，但课程设置的内容则差别不是太大，主要包含 TESOL 专业学科、教师教育、跨文化交际、教育方法、实习实践等内容层面。课程修读的总学分一般为 30—40 学分，单门课程多为 3 学分，课程修读时间多为 2 年，基本贯穿 TESOL 教师培养的整个过程。

2016—2017 学年，宾夕法尼亚州印第安纳大学 TESOL 硕士项目课程类别[①]分为核心必修课程（15 学分）、教师教育课程（6 学分）、TESOL 选修课程（9 学分）、开放式选修课程（6 学分），平均每门课程 3 学分，共计 36 学分。哥伦比亚大学 TESOL 硕士项目总共 60 学分，其中在教师学院（Teacher College）至少修读 30 学分，课程涵盖六大类别：选修课程（9 学分）、转换课程（含普通课程）（≤30 或 36 学分）、K-12 TESOL 教育核心课程（9 学分）、K-12 TESOL 教育研究方法与统计（6 学分）、宽领域必修课程（required out-of-program breadth courses）（6 学分）及毕业项目。南加利福尼亚大学 TESOL 专业课程结构分为四大类别[②]，分别是基础类、教学方法类、语言和文学类、田野体验类。TESOL 专业课程最低要求修读 24 学分，既可以全日制学习也可以非全日制学习，并于 15 个月内完成课程修读任务。[③]北佛罗里达大学 TESOL 专业课程结构分为核心必修课程（6 学分）、主修课程（24 学分）及毕业实践（6 学分），共计 36 学分。密歇根州立大学 TESOL 硕士项目课程结构分为必修课程和选修课程。TESOL 学习者必须修读满 36 学分，每门课程 3 学分。其中，其他机构认证的转学分不超过 9 学分。[④]学习年限为 2 年，如果 TESOL 学习者有兼职也可延长，但最长只能六年。所以，外国学生每个学期至少要修读 9 个学分。佐治亚大学 TESOL 硕士项目要求 TESOL 学习者修读不少于 36 学分的课程，还有 1 门预备课程、一个完整的期末档案和口语测试。[⑤]预备课程在注册之前就必须在网上或课堂内修读，如特殊教育课程（special education course）。课程分为两类，第一类侧重教育理论与实践结合的需要，第二类围绕实习的需要。简言之，课程结构与学分要求反映了 TESOL 学习者需要修读的课程类型与任务，为课程内容的具

① Indiana University of Pennsylvania. 2016-2017 Graduate catalog[EB/OL]. http://www.iup.edu/graduatestudies/catalog/[2017-01-04].

② USC Rossier School of Education. Curriculum[EB/OL]. http://rossier.usc.edu/programs/masters/mat-tesol/curriculum/[2017-01-12].

③ USC Rossier School of Education. Course schedule[EB/OL]. http://rossier.usc.edu/programs/masters/mat-tesol/schedule/[2017-01-12].

④ Michigan State University. TESOL course information [EB/OL]. http://linglang.msu.edu/degree-programs/tesol/course-info/[2017-01-11].

⑤ College of Education in University of Georgia. MAT in TESOL[EB/OL]. https://coe.uga.edu/assets/files/lle/mat-tesol-course-study.pdf[2017-01-08].

体实施提供基本的构架。

（二）课程内容

基于教师培养知识、技能和能力发展的要求，TESOL 教师培养的课程内容涵盖专业性知识、条件性知识、程序性知识和个体性知识，强调英语听说读写技能、教学管理技能、教学方法技能、教育技术技能等，并旨在培养 TESOL 学习者的语言教学能力、跨学科整合能力、反思实践能力、建构学习能力、逻辑批判能力、跨文化交际能力、理论与实践协同能力等，贯穿于教师培养的整个课程内容教学过程中。

不同高校，课程内容和重点取向不同。有的高校主要培养中小学二语教师，其课程设置很多都针对 K-12 教育展开，比如佐治亚大学、哥伦比亚大学等。以哥伦比亚大学为例，其 TESOL 硕士课程内容的设置如下：选修课程，共 9 学分，如课堂话语（classroom discourse）、课堂二语习得（SLA in the classroom）、基于课堂的语言评价（classroom-based language assessment）、对话分析（conversation analysis）、中介语分析（interlanguage analysis）、基于技术的语言教学（tech-based language teaching）。

转换课程指 TESOL 学习者可以到其他专业认证机构学习的课程，或者已经获得本教师学院教育硕士学位而不是 TESOL 或应用语言学领域的课程，最多可以转换 36 学分。如果不是在本教师学院获得的教育硕士学位，最多不能超过 30 学分。同时，转换课程也是有限制的，不是什么课程都可以转换的，主要转换的是一些预备课程，如英语语法教学（pedagogical English grammar）、语音与音系学（phonetics and phonology）、二语习得概况、二语评价、K-12 二语教师教学法（pedagogical approaches in the content areas for teacher of K-12 ESL）、K-6 TESOL 方法论或 K-6 TESOL 学生教学指导、7-12 TESOL 方法论（TESOL methodologies for 7-12）或 7-12 TESOL 学生教学指导等课程。

普通课程（general courses）或称预备课程（prerequisite courses），共 9 门课程，每门课程 3 学分，主要包括 K-6 TESOL 方法论（TESOL methodologies for K-6）、英语语法教学、二语习得概况、二语评价、语音与音系学、7-12 TESOL 方法论、K-12 二语教师教学法、TESOL 学生教学指导：K-6（supervised student teaching in TESOL: K-6）、TESOL 学生教学指导：7-12（supervised student teaching in TESOL: 7-12）。

K-12 TESOL 教育核心课程（core course in TESOL K-12 education），每门课程 3 学分，选择 3 门进行修读，主要涵盖二语读写发展（second language literacy development）、话语分析、语言教师教育：管理、应用语言学和 TESOL 田野调

查：二语研究性实习素养（advanced fieldwork in AL and TESOL: research practicum in L2 literacy）、系统功能语言学（systemic functional linguistics）及各种专题类课程，如二语写作研究、K-12 教育。其中，系统功能语言学是新开设的课程。

K-12 TESOL 教育研究方法与统计（research methods and statistics for TESOL K-12 education），每门课程 3 学分，主要包括应用语言学和 TESOL 研究素养（research literacy in applied linguistics and TESOL）、应用语言学及 TESOL 课堂研究方法（classroom research methods in AL and TESOL）、概率与统计归纳（probability and statistical inference）、测量概况（introduction to measurement）、调查方法：民族志和参与式观察、教育民族志这 5 门课程中任选 1 门进行修读。

宽领域必修课程，每门课程 2 到 3 学分，主要包括中学教学、科学和人文读写教学（teaching literacies in secondary maths，science，and the humanities），各种双语教育专题课程（various topical courses in bilingual/bicultural education），跨文化课堂对话与差异 （dialogue and difference in the multicultural classroom），认知方式（ways of knowing），多样性与社会研究课程（diversity and the social studies curriculum），语言认知发展的神经基础（neural bases of language and cognitive development），言语与语感分析（speech and language perception and processing），幼儿语言读写课程（language and literacy and the early childhood curriculum），小学阅读/写作课堂教学（learning and teaching and the primary reading/writing classroom），读写、文化与阅读教学（literacy culture and the teaching of reading），全纳课堂中差异性教学（differentiating instruction in inclusive classrooms），人类认知与学习（human cognition and learning），语言、社会与学校（languages，society and schools），教育心理学，认知发展，语言发展，科学方法，城市与多元文化科学教育（urban and multicultural science education），小学数学，电子游戏教育（video games in education），信息技术教育（information technology and education），教育技术背景下的教学设计（instructional design of educational technology），多元文化自我发展（development of the multicultural self），组织环境中的跨文化交际（intercultural communications in organizational contexts），文化教学与认知复杂性（teaching to cultural and cognitive complexities）。

相比之下，宾夕法尼亚州印第安纳大学更强调社区学院和海外课堂的 TESOL 教学。2016—2017 学年，宾夕法尼亚州印第安纳大学 TESOL 硕士项目课程内容包含[①]：核心必修课程，如 TESOL 概论、美式英语语法、二语或外语方法论、二

① Indiana University of Pennsylvania. 2016-2017 graduate catalog[EB/OL]. http://www.iup.edu/graduatestudies/catalog/[2017-01-04].

语资源与媒体（ESL material and media）、二语习得。教师教育课程包括 TESOL 实习、英语教学观察、二语或外语实习。TESOL 学习者从中选取两门进行修读。TESOL 选修课程，如语言学与英语教师（linguistics and the English teacher）、二语教育专题（topics in ESL pedagogy）、独立研究（independent study）、二语教学、二语素养（second language literacy）、写作教学、跨文化交际、阅读理论与大学英语教师（reading theory and the college English teacher）。TESOL 学习者任选其中三门课程进行学习。

多数高校 TESOL 课程内容，包容性强。TESOL 学习者毕业之后，可以从事各种与英语相关的职业，包括从幼儿园到大学，从本地、本国到全球各地的英语教师，从事二语或双语教学、管理、咨询、编辑、项目开发等方面的工作及继续深造等。当然，TESOL 学习者根据自己的需求和定位，在课程内容修读和方向选择上都会有所不同。这类高校包括南加利福尼亚大学、亚利桑那州立大学、宾夕法尼亚大学等，其课程内容的简述如下：

南加利福尼亚大学 TESOL 专业课程内容①为第一学期修读应用语言学：阅读和写作（applied linguistics: reading and writing）、语言教学和学习理论（theories of language teaching and learning）、TESOL 社会基础 A（social foundations of TESOL A），第二学期修读 TESOL 教学方法 A（TESOL instruction and methods of teaching A）、应用语言学：听说（applied linguistics: speaking and listening）、TESOL 社会基础 B，第三学期修读不同英语学习者的评价与教学（assessment and instruction for diverse English learners），英语语言学习设计、教学与技术（English language learning design, teaching and technology），第四学期进行 TESOL 毕业设计（capstone in TESOL）。

亚利桑那州立大学 TESOL 硕士项目的学习期长为三个学期的完整学习加上一个暑假的学习，如 2016 年春季入学到 2017 年春季结束。TESOL 学习者必须修读不少于 30 学分的研究生课程，包括研究方法、英语语言学、二语习得理论、二语教学方法、TESOL 硕士研究生实习、毕业研讨（graduate capstone seminar）6 门必修课程（18 学分）及 4 门选修课程（12 学分）。其中，1 门选修课程在英语系修读，其他 3 门在非英语系修读。TESOL 学习者在英语系选修 3 学分，如语音学与音系学、语义学、句法、美式英语、语用学或话语分析、英语语言发展史、二语语法、语言测试和评价、课程设计与教材发展、TESOL 实习、阅读与讨论、专题研究、跨文化研究、作文教学方法与问题、二语写作教学、计算机辅助语言教

① USC Rossier School of Education. Course schedule[EB/OL]. http://rossier.usc.edu/programs/masters/mat-tesol/schedule/[2017-01-12].

学。在其他诸如人类学、教育学、国际文字与文化（international letters and cultures）、听说科学（speech and hearing science）等系修读，至多选修 9 学分。课程如人类学专题研究、双语教育，像少数民族语言教育概论、儿童二语教育、文学或双语文学发展（literacy/biliteracy development）、中学双语或二语文学、双语教育中的社会语言学问题、语言结构习得、双语或二语习得的性质（nature of bilingualism / second language acquisition）、语言教育的父母参与（parent involvement in language）、计算机辅助语言教学实践（computer-assisted language learning praxis）、二语习得、言语或语言习得、专题研究。TESOL 实习是一门必修课程，指的是教学实践或与教学相关的经历。TESOL 学习者必须一次性完成，可获得 3 学分。如果 TESOL 学习者多次实习，最多只能得到 9 学分，且另外的 6 学分计为选修学分。毕业研讨课程主要是让 TESOL 学习者利用先前所学的各种知识理论和实践经验进行有意义和相关的专业研讨。该课程可以是研究论文的撰写，可以是诸如教材、备课及评价工具的设计，也可以是专业作品的设计（developing a professional portfolio）。

宾夕法尼亚大学 TESOL 专业课程分为核心必修课程、分布必修课程（distribution course）、选修课程。[①]其中，核心必修课程 6 门，如英语和其他现代语言教学方法（approaches to teaching English and other modern languages）、社会语言学在教育（sociolinguistics in education）、教育语言学（educational linguistics）、二语发展（second language development）、TESOL 实践教学（TESOL practice teaching）、TESOL 研讨课（TESOL seminar）。值得一提的是，毕业实践也包括 TESOL 研讨课，而研讨课包含 30 个小时的二语教学服务。分布必修课程则必须来自教育研究院，但是不能是教育研究院下属的教育语言学和读写部（the educational linguistics & reading/writing/literacy divisions）设置的课程，共修读 1 门。选修课程，共修读 5 门，其中 4 门必须来自教育语言学和读写部，如公民社会语言学、二语写作教学、课堂话语与互动、跨文化教育中的教学艺术、跨文化意识、语言与性别、跨文化交际与交际失误、基于内容的教学（content-based instruction）、跨文化交际中的经验学习设计、语言评价、语言与专业（language & the professions）、情景交际与文化、语言多样性与教育、英语语言教学课程与教案设计（curriculum & materials design for English language teaching）、英语结构、二语习得问题专题（issues in second language acquisition）、语言政策与规划（language policy & planning）、教育语言学相关主题课程，像“自闭症、语言和推理”、二语教学与研究的会话分析（conversation analysis for second language teaching &

① University of Pennsylvania Graduate School of Education. Teaching English to speakers of other language (TESOL)[EB/OL]. http://www.gse.upenn.edu/elx/tesol[2017-01-10].

research）、本土教育与语言振兴、二语或外语听力、任务型语言教学、二语读写教学（teaching second language literacy）、社会语言学的多样性（the sociolinguistics of super diversity）等课程。

由此可以看出，美国 TESOL 教师培养课程内容十分丰富，必修课程和核心课程对 TESOL 学习者发展起基础和关键作用，各种选修课程增加 TESOL 学习者的选择空间，灵活性强，各类专题课程的设置不仅拓宽 TESOL 学习者的视野，也增强多学科协同思想，同时，活动课程和作品设计等也极大促进 TESOL 学习者的反思实践和建构学习发展。

（三）课程实施与评价

面对如此丰富多样的 TESOL 教师培养课程，美国教师培养者是如何实施的呢？TESOL 课程实施具有一定的适切性、实用性、多元性和复杂性。适切性主要强调课程是根据教师培养者教学和 TESOL 学习者需求所设计和实施的。实用性体现出课程实施的问题导向，即师生都会根据自身的实践经历及其问题展开讨论。多元性反映出课程实施内容的不确定性、实施方法的多样性及实施方式的灵活性等。复杂性则强调课程实施的内外部影响因素不仅多维动态，而且变化发展，对此师生需要不断地进行课程反思和实践，以共铸课程实施的新思想、新方法，推动服务性学习和建构性教学发展。

从 TESOL 教师培养课程实施方式来看，主要采用现场面对面课堂教学、网上课程教学和个体自主学习等方式。在现场教学中，主要采用教师培养者与 TESOL 学习者互相交流和讨论的方式。在 TESOL 课堂教学过程中，TESOL 学习者有疑问就会当场提出，并与教师培养者和同伴一起交流讨论，而教师培养者也会根据 TESOL 学习者的问题做进一步的总结和分析。如有必要，还会拓展相关知识。与此同时，还会全程录像和录音，以供师生课后进一步反思和交流。正如研究者在美国某高校的 TESOL 课堂教学中发现的：

> 在某次 TESOL 课堂教学中，课程实施的目的在于提升 TESOL 学习者对 TESOL 的语言意识和实践问题解决能力。首先，教师培养者根据之前布置的作业情况进行总结分析，并采用引导问答式，帮助 TESOL 学习者理清语言相关概念和语言实践问题，如二语学习与二语习得的区别，有意识学习与无意识学习的应用及区别，课堂中教师培养者何时对 TESOL 学习者进行偏误纠正和反馈比较适当，本土性偏误（local errors）与全球性偏误（global errors）等，而 TESOL 学习者也会根据教师培养者的反馈和授课内容，及时提出自己的问题供师生一起探讨，建构良好的

TESOL 学习课堂。

网上课程教学，主要是针对选修课程或在职 TESOL 学习者开展的教学。一般来说，可以归纳为以下三种实施形式：第一种是将自己现场课堂教学的录像录音上传到网上进行师生学习和交流，第二种是师生通过网络在线视频等方式进行交流和教学，第三种是 TESOL 学习者自己学习或师生一起学习网络课程。不管采用何种形式，TESOL 学习者都可以在网上进行交流和问答，突破课程实施的时间和空间界限，弥补了现场课堂教学中课程实施资源的不足，其实施的灵活性和自主性较强。其实，在课程实施过程中，TESOL 学习者个体自主学习占据主要部分。不管是现场面对面课堂教学还是网上课程教学，主要用来师生互相探讨和解决各种疑惑，且时间有限，而真正培养反思型和建构型学习者则通过课程作业的自主探索、课程拓展资料的学习和反思、课程新旧知识的碰撞与交融等，所以说个体自主学习也是课程实施的一个重要的方式。

从 TESOL 教师培养课程实施取向来看，忠实取向、相互调适取向和创生取向都存在，主要在于不同教师培养者的教学理念和实施取向。有些教师培养者会根据拟定好的课程大纲，一步一步实施，多数教师培养者会结合 TESOL 学习者需求和现实教学情况进一步调整和修改，而少数教师培养者会在调适的基础上进一步反思和生成。以相互调适的课程实施取向为例，如同某 TESOL 学习者所述：

> 不像其他 TESOL 教师培养者，他们可能按照课程大纲或事先设计好的课程方案实施，而 A 教师培养者会征询我们 TESOL 学习者的意见和需求，共同开发和设计课程专题内容，课程实施灵活度和自由度较高，供自主学习和探究的空间较大，所以我们可以从中学到很多内容。

课程评价是对课程实施的有效性、价值性和可能性做出评判。根据不同的评价标准，课程评价可分为诊断性评价、形成性评价和总结性评价，内部评价和外部评价，目标本位评价和目标游离评价，效果评价和过程评价等，体现出课程评价的诊断功能、导向功能、促进功能和决策功能，以及科学主义、人文主义、科学人文主义的评价取向。TESOL 课程评价秉承教育学视域下课程评价的基本义理而展开各种评价活动。如某 TESOL 教师培养者谈论的：

> 我的一个通常的做法是在每门课程结束时，让学生们简要陈述他们在学习过程中发现的最重要或最有趣的内容，如有任何问题，通过一分钟纸条活动（one minute paper activity）集合问题。这不仅强化了学生的

学习，也确保我有足够的时间尽快满足学生的需求，并明晰需要改进的地方。周日志写作（weekly journal writing）也是我教学中常用的反思型路径方法。学生将通过周日志反思他们课堂上和课余时间所学的内容或与课程内容相关的实践活动。这种低风险的形成性评价（low stake formative assessment）活动帮助我认识学生们存在的困难，并能够及时解决他们的个体问题，同时处理学生课堂学习的需求问题。

除了周期反思外，我还让他们于学期末提供终期反思（overall final reflection）报告，以反映他们课程学习的整体风貌。终期反思不仅是让学生有机会使用他们整体性学习的鼓励性手段（empowerment tool），也促进学生将来的进一步采取行动。这也是一种有效的总结性评价手段。据此，我评价他们的整体性学习，并为我日后教学质量的提升奠定基础。课程实施持续性反思方法也帮助我评价学生的渐进式和整体式学习及自我教学的有效性。通过此种方法训练，我帮助学生认清他们自己的强项和弱项及他们需要学习和工作的领域，从而促使他们在学习过程中变得更加具有反思性、批判性和责任心。

综上所述，知识与课程设置都是 TESOL 教师培养的重要组元。知识是 TESOL 教师培养的基础，也是 TESOL 学习者反思和建构 TESOL 课程学习的资本，并为其开展教学实践和研究厚植知识根基。课程设置则为教师培养者和 TESOL 学习者提供交流和学习的跑道，促使师生协同建构和反思实践 TESOL 教学，是 TESOL 学习者专业成长的重要保障。

第四节　TESOL 教师培养的教学实践与研究

TESOL 教师培养的教学实践与研究不仅是检验 TESOL 学习者课程知识与技能的重要方式，也是教师培养过程中 TESOL 学习者反思和建构 TESOL 专业理论实践化及实践理论化的资源支点，有利于提升 TESOL 学习者的反思实践和建构学习能力。

一、TESOL教师培养的教学实践

TESOL 教师培养的教学实践既是一种教师实践机制，一种教师培养理念，亦是一种教师培养课程，主要强调 TESOL 学习者的课堂实践，包括课堂观察、实习及实习指导教师的指导。对此，TESOL 学习者将有机会进行备课、教案设计、真实课堂教学、观察实习指导教师及持续性实践反思。

（一）教学实践目标与要求

教学实践是 TESOL 教师培养课程体系的一部分。通过教学实践，TESOL 学习者不仅可以亲身体验真实的课堂教学情景，也可以对之前所学的理论和方法论进行反思和应用，同时可以向实习指导教师学习各种教学经验和问题解决之道，从而树立专业教师风范，提升语言教学能力及强化教学实践反思与责任意识。以美利坚大学（American University）为例，TESOL 教师培养教学实践的目标在于强化 TESOL 学习者对 TESOL 方法论原则的理解，为 TESOL 学习者提供将理论原则运用于真实课堂实践的机会，提供包括评价在内的实践经验，提供他们亲身教学的广泛反馈，并通过课堂观察、参与教学促进专业发展，建构特定课堂场景结构及培养教师角色扮演的意识，同时熟悉项目设计、课程、教学资源和课堂教学技能，促进 TESOL 学习者反思和评价 TESOL 硕士项目中所学到的知识，以及帮助 TESOL 学习者建立作为专业团体成员的责任感。通过教学实践，TESOL 学习者可以训练教学技能，建立教学自信，获取建设性的教学反馈意见。

TESOL 教师培养的教学实践要求主要涉及 TESOL 学习者的实践任务及时间、与实习指导教师、学生等交流与反思、实习单位的规章制度等。例如，美利坚大学 TESOL 学习者最少要实习 40 个小时，且时间至少为 10 周，同时至少需要承担 5 次主要课堂教学，每次课堂持续 45—90 分钟，或者承担 5 次教学片段，每次课堂持续 45—90 分钟或更长时间。其中，有 2 次课堂教学或教学片段需要全程录像。与实习指导教师、学生交流与反思主要是撰写教案、课堂日志、观察报告、终期评价报告及备课、教学模拟展示、课后反思与改进等，以提供更加客观、真实的信息，从中获得进一步的反思与启示，同时为有效教学实践的开展奠定基础。

除此之外，TESOL 学习者还需要了解实习单位的政策、教学环境及其他规定要求，如实习单位对实习申请材料及实习过程中着装、教学程序安排的要求。这是因为 TESOL 学习者在实习场景中将被当作一名教师，所以他们必须体现教师专业风范，包括着装、行为方式得体及要符合实习单位的政策要求、实习指导教师的要求、相关专业要求等。不过，需要注意的是，不同学校对教学实践要求都略有差异。加利福尼亚州某大学教师培养者关于 TESOL 学习者实践课程的论述如下[①]：

研究者：请问在您的实践课程中有哪些重要活动，有哪些方面是比较有特色的呢？

① Abeywickrama P, Santos M G, Olsher D. Reflecting on the practicum: An invitation to continue the conversation[J]. The CATESOL Journal，2015，27(2)：239-248.

某大学教师培养者：从观察到教学实践整个过程，TESOL 学习者必须与实习指导教师一起学习 50 个小时，并需要在两个不同教学环境（如个别辅导、社区学院或成人教育等环境）下从事 10 小时的课堂观察、实习指导教师在场的 10 小时课堂教学、6 小时的一对一辅导。在教学实践之前，TESOL 学习者先进行 20 分钟的微格教学活动。在实践过程中，TESOL 学习者至少需要录像 2 次，并于最后一次班会中分享教学实践中最精彩和最不如意的部分，同时 TESOL 学习者必须撰写观察报告、教案、课后自我评价、10 篇实习相关的任何主题的日志。实践结束后，TESOL 学习者还要撰写一篇反思型实习的终期文章。此外，学生每周进行阅读，并撰写在线学习日志及问题，促进他们将理论与实践联系起来，以期成为反思型实践者。TESOL 学习者还需要进行教学模拟，同时须设计自己的电子档案，包括一份学习者本位的教学大纲、主题单元计划、2 份教案、教学哲理、个人简历、15 分钟教学示范、商务名片、与实习结合的行动研究计划。最后，当 TESOL 学习者完成社区二语课堂观察和辅导学生个人 10 周后，他们才真正完成整个实习任务。

在 TESOL 教师培养教学实践过程中，TESOL 学习者还需要理解四个角色：一是 TESOL 学习者，既是实习主体也是重要责任体；二是指导 TESOL 学习者的大学教授；三是现场的实习指导教师；四是 TESOL 项目主任，主要安排和协调实习项目。对此，TESOL 学习者不仅要对自身的教学实践负责，强化反思实践能力，还要符合 TESOL 硕士学位和实践课程修读要求，以及遵从 TESOL 项目主任、实习单位、实习指导教师的安排。

（二）教学实践方式与场域

在美国 TESOL 教师培养过程中，TESOL 学习者的教学实践方式与场域多种多样，只要是与 TESOL、ESOL、二语教育、外语教育、双语教育等英语国际教育相关的实践经历就可以。在多数情况下，由高校的学院或机构负责人统一安排实践的场域。如果 TESOL 学习者有疑问或想要自找的话，也要通过学院或机构的相关负责人批准同意后实施。

就教学实践方式而言，有志愿者和非志愿者方式，有班级团体和个体方式，有中小学教育背景、成人教育背景及不同语言水平层次的选择方式，也有现场实践与网络在线实践方式。TESOL 学习者可以从事志愿者工作，如选择到当地公立学校、学院和大学从事志愿者教学工作，此种方式大多数都是二语成人教育项目，也可以选择志愿辅导个体学生。学生也可以选择非志愿者方式，如到国际语言学校、机构或中心实践，到社区学院、私立教育机构，本地中小学校，自己国家的英语教育机构、特许学校，或到家庭辅导国际学生等。甚至，TESOL 学习者如果足够优秀，可以直接选择在本校担任教学助理。例如，根据现实供需情况，亚利桑那州立大学的 TESOL 学习者可以到各种语言项目实习，如美国英语和文化项目（American English and culture program，AECP）、市社区学习中心和救世军城堡（downtown community learning center and Salvation Army Citadel）、工人二语课堂（workers' ESL classes）、亚利桑那儿童收留中心（Arizona Lost Boys and Girls Center）、盖特韦社区学院（Gateway Community College）、国际救援委员会（International Rescue Committee）及校内语言教学机构等。如果 TESOL 学习者的外语能力卓越，可以申请成为语言教学助理。如果 TESOL 学习者想在社区学院实习，还需要满足社区学院规定的一些条件，如到社区学院实习，需要修读社区学院教学（teaching and learning in the community college）课程或相关课程。

TESOL 学习者还可以选择不同层次或背景的学生进行观察和实践。在美国，许多 TESOL 课程要求课堂观察。根据 TESOL 学习者的导师要求，TESOL 学习者可以观察同一种背景的几门课程，如成人教育背景，也可以观察不同背景的几门课程，如读写层次背景、学术英语背景（English for academic purposes，EAP）等。当然，有的学校则要求 TESOL 学习者必须至少选择两种背景进行观察与实践。正如上文加利福尼亚州某大学教师所述，当 TESOL 学习者决定选择观察对象的背景后，美利坚大学则为 TESOL 学习者提供一些二语项目观察点供其选择，比如卡洛斯·罗萨里奥国际公立特许学校（Carlos Rosario International Public Charter School）、蒙哥马利县读写委员会（Literacy Council of Montgomery County）、蒙哥马利县难民培训项目（Montgomery County refugee training program）、威廉王子县成人教育公立学校（Prince William County Public Schools Adult Education）等成人教育背景实践点，蒙哥马利学院美国英语语言项目（Montgomery College the American English language program）、北弗吉尼亚社区学院美国文化与语言机构（Northern Virginia Community College American Culture and Language Institute）或社区教育二语项目（community education ESL program）等实践点，语言研究国际中心（International Center for Language Studies，ICLS）、英林阁语言学校（Inlingua）、拉多国际学校（Lado International College）等私立教育机构实践点。

值得一提的是，美国 TESOL 教师培养的教学实践还可以采用网络在线实践方式，而不仅仅局限于现场课堂观察与教学实习。但是，主要还是以面对面教学实践为主，网络在线实践所占的比例只能是很小。正如访谈资料所示：

研究者：除了面对面现场教学实践外，TESOL 学习者可以在网上教学实践吗？如通过 skype 进行教学实践。

某教师培养者：可以，但主要还是面对面教学，网上的只能几个小时，不能太多。

此外，许多学校还通过一些合作与联合项目，丰富 TESOL 学习者的实践经验。比如，南加利福尼亚大学 TESOL 学习者可以加入联合教育项目（joint educational project，JEP）。该项目从 1972 年开始就成为一个备受尊崇的服务性学习机构。每年，超过 2000 名南加利福尼亚大学 TESOL 学习者加入服务性学习机构中。为保证 TESOL 学习者亲身学习城市社区问题，JEP 为 TESOL 学习者提供真实的服务性学习经历。哥伦比亚大学 TESOL 硕士项目还与社区语言项目（community language program，CLP）合作。CLP 主要是为成人提供二语和外语教育，而在合作中，CLP 主要提供语言教育现场实践，从而为 TESOL 学习者、教师培养者和管理者提供实证探究的机会。

（三）教学实践内容与任务

在 TESOL 教师培养的教学实践过程中，TESOL 学习者应以一名教师身份尽可能多地参与各种课堂活动，包括观察和熟悉课堂与学生，参与诸如备课、教案设计和真实教学等教学活动及反思性自我评价。下文将以美利坚大学为例进行分析。

在进入观察和实践之前，TESOL 学习者需要选择实践方式和场域。当 TESOL 学习者选定观察实践点并与其建立联系时，需要先了解该项目的要求，因为有些项目要求填写观察表并发给项目负责人，并提前一周联系，以确定观察协议。接着，选择和确定观察的时间（建议选择多个时间点，以供项目负责人合理安排），以及明晰观察的目的，并将这些信息以电子邮件的方式发给项目负责人，而他们也会根据 TESOL 学习者选择的时间点和课堂进行安排后给予回复。在进入观察实践点时，TESOL 学习者需要提前 10 分钟到场，向实习指导教师介绍自己，并表示对学校政策和操作程序的尊重。除非另有安排，否则需要观察到整堂课结束并向实习指导教师道谢之后方能离开。在观察过程中，TESOL 学习者不必告知实习指导教师自己要观察教学的哪一个方面，但是可以提及拟观察课堂的课程名称及选择该课程的原因。如果实习指导教师让 TESOL 学习者观察之后反馈给他，那么 TESOL 学习者可以选取其中一些内容进行反馈。即使 TESOL 学习者不同意实习指导教师的课堂教学做法，也要注意保持尊重，而 TESOL 学习者关于此课堂观察的评价和观点也将记录到 TESOL 学习者的观察报告中。

TESOL 项目主任还对 TESOL 学习者与实习指导教师进行引介和协调，并解释实习程序和要求，探讨双方的期望目标及 TESOL 学习者或实习指导教师可能出现的种种问题。对此，TESOL 项目主任通过电子邮件召集 TESOL 学习者与实习指导教师进行会议讨论。会议召开之时，TESOL 学习者就要对他们的实习计划进行陈述，并与实习指导教师一起商讨实习事宜。对此，TESOL 学习者应当探讨实习计划、拟教学实习时间和提前录像时间，强调他们实习主要是为了学习而不是评价，探讨是否可以参观实习机构，并试图从机构管理政策中探寻有关问题，探索课程和教材资料的学习途径，发表他们对实习的期望，并注意与实习指导教师所表述的期望内容进行对比。

在活动观察与熟悉（observation and familiarization activities）阶段，TESOL 学习者以记录笔记、填写观察表及记录相关教学信息等方式观察实习指导教师课堂管理、教学技巧及课堂流程与结构。通过持续观察和收集数据，TESOL 学习者除了完成实习任务外，还获得观察实习指导教师课堂实践的机会。如此一来，TESOL 学习者应抓住机会积极反思他们关于有效教学和课堂实践的理念和价值观念，以检验课堂教学哲理。观察结束后，TESOL 学习者需要提交三份实习日志，但不必提交详细的观察报告，同时须完成教学环境报告（teaching context report）和实习指导教师的理念、价值观及其实践报告（host instructor teaching beliefs，values，and practices report）。

在教学环境报告中，TESOL 学习者主要挖掘课程和学生的有用信息。如在课程报告方面，包括由谁进行课程设计、课程实施的方法论原则是什么、课程发展现状如何、课程与其他课程的关系如何、课程实施的材料和资源是什么及其原因、除了教师和学生外，还有哪些利益相关者影响课程实施等。在学生需求和背景报告方面，TESOL 学习者通过与实习指导教师的沟通与观察，了解课堂教学过程中学生的主要需求和一般背景信息，因为理解学生的需求，可以更好地进行备课和上课。在实践报告中，TESOL 学习者将对实习指导教师的理念、价值观和实践教学进行调查和报告。部分数据将从课堂的观察和实践中获取。此外，TESOL 学习者将与实习指导教师探讨结果，并尽可能完整而准确地完成报告。

那么，TESOL 学习者如何对所观察的语言教学、语言学习和教师、学生的理念、价值观及实践进行分析呢？他们可以根据伍德沃德的四栏解析法（Woodward's four-column analysis），即流程栏（steps）、组块栏（chunks）、假设栏（assumptions/beliefs）、考究栏（archaeology）。[①]流程栏中，TESOL 学习者准确地记录包括实

① Woodward T. Planning lessons and courses：Designing sequences of work for the language classroom[M]. Cambridge：Cambridge University Press，2001：9-14.

习指导教师和学生在内课堂所发生的事情，而这些事情需要提供足够的信息，使得未亲身实践的他人也能洞察和理解课堂中所发生之事。需要注意的是，课后进行记录也是可以的。TESOL 学习者应尽可能记录课堂的进展步骤及实施方式，因为这些记录对于日后验证教学流程至关重要。组块栏中，TESOL 学习者将从流程栏中组织成课堂阶段组块。如教师欢迎学生，教师让一名学生阅读未公布比赛的目标，可组织成初始组块，其他课堂计划方面，可组织成热身组块、展示组块和实践组块。该栏旨在帮助 TESOL 学习者以整合连贯思维反思课堂活动的顺序问题。在流程栏和组块栏的基础上，TESOL 学习者试着假设和解释实习指导教师的各种决策理念。当然，这仅仅是 TESOL 学习者的假设和字面上的理念，所以值得进一步实践，以揭示语言学习和教学理念。考究栏则是通过 TESOL 学习者与实习指导教师进行对话完成。此时，TESOL 学习者通过访谈提问实习指导教师，验证假设及其理念。该栏帮助 TESOL 学习者理解教师如何学习教学艺术及为何理念不总是匹配于真实教学实践。

在参与式活动教学（instructional involvement activities）阶段，TESOL 学习者起初可能会觉得有点尴尬，但随着与实习指导教师和学生熟悉之后就会慢慢顺手。由于要考虑和包容实习指导教师的需求和偏好，有时也会打击到 TESOL 学习者的热情。不论如何，TESOL 学习者应秉承合作和开放的态度参与到实习实践活动中。活动包括引导大型或小组活动、教学片段授课、个别指导学生、引导学生从一活动过渡到另一活动的方法、设计和建设布告栏及其他视觉教具、管理测试或评价工具、设计个性化活动或备课、选择和预览教学软件、视频、影片或文本资料。

在参与实践活动过程中，TESOL 学习者要完成 4 项必修任务。第一项任务是仔细追踪和记录每次活动内容及时间（record of practicum hours and activities），且至少参与 10 次教学活动，并最后提交大学的实习指导教授。

第二项任务是完成三次课堂日志（three class logs）。也许，TESOL 学习者会记录学生的课堂反应、偏误及词汇、语法或其他需要掌握的关键要素，还有实习指导教师丰富的程序性语言等。通过撰写课堂日志，TESOL 学习者可以领悟到真实课堂教学如何不同于计划性课堂，思考学生语言偏误的恰当处理方式，更能感知教师丰富的程序性语言及理解为何教师需要引导学生集中注意，了解学生语言偏误的类型和趋向。另外，建议 TESOL 学习者在课下让实习指导教师甚至学生参阅日志。

第三项任务是备课（lesson/materials planning）。由于 TESOL 学习者至少需要承担 5 次主要教学任务，所以他们需要提前做好准备，并在正式展示之前与实习指导教师交流讨论。备课是一项重要工作，且未经实习指导教师检查过的备课内容是不允许进行展示的。备课包括课程主题、课程目标特征或技能、学生能力水平、学生数量和母语为英语学生的情况、课时长度、学生的类型、学习目标、课堂活动安排等方面，同时对所有材料、讲义和幻灯片等进行备份、反思自我评价（如准备妥当否，为何不妥？如果再次授课，需要做出什么修正？作为一名教师，自己学到什么？）。第四项任务是上课（actual teaching）。为了满足教学要求，TESOL 学习者一般要上完整的课程或针对固定的学生群体授课，并于课后与实习指导教师讨论教学的优点与不足并及时理清修正。

在反思性自我评价活动（reflective self-evaluation activities）阶段，是 TESOL 学习者实习经历中最后且最重要的活动。此阶段有两项任务。第一项任务是教学视频录制与反思（teaching videos and reflection）。两次教学视频录制是 TESOL 学习者实习必须完成的任务，其中一次视频录制（包括教学计划和相关资料复印件）将纳入个人的教学档案。TESOL 学习者与实习指导教师交流讨论后，确定两次正式的教学视频录制。视频录制之后，将其编辑为时长约 30 分钟的教学视频。编辑的时候，TESOL 学习者需要注意哪些部分是对教学评价很重要的必须保留的，哪些部分是可以删除的。随后，TESOL 学习者观看教学视频和撰写反思，如反思真实教学课堂与教学计划如何分离及其原因所在，反思哪些片段不够成功（附上 TESOL 学习者的分析），反思再次授课需改良的地方，并反思从中学到什么等。第二项任务是终期反思报告。当 TESOL 学习者完成实习后，需要对整个实习经历进行整体反思，到底哪些方面做得比较好，哪些方面做得不够好并进行归因分析？如何通过实践提高教学技能？哪些领域仍需要继续努力等。

在所有实践活动完成后，即 TESOL 学习者实习结束之后，实习指导教师将书面出具终期评价报告给 TESOL 学习者所在大学的实习指导教授。实习指导教授则基于实习指导教师所提供的报告和学习者所呈交的材料（可能还包含每次实习时间及相应活动记录）对 TESOL 学习者的实习进行综合评价。这些教学实践经历和专业反思活动，为 TESOL 学习者提供多种反思实践及建构自身专业教学的机会，从而培养“反思实践建构型”的 TESOL 学习者。

二、TESOL教师培养的研究

撰写研究论文或毕业综合考试是 TESOL 专业硕士研究生必经的一个环节。对此，研究论文是美国 TESOL 教师培养的或然组元，也就是说 TESOL 学习者可以选择撰写研究论文，也可以选择进行毕业设计或毕业综合考试。但是，有的学校如美利坚大学，不管 TESOL 学习者是否撰写研究论文，他们都必须参加综合口语考试（oral comprehensive exam）。所以，不同学校会有所差异，灵活性较大，需要具体问题具体分析。

在美国 TESOL 教师培养过程中，各高校十分鼓励 TESOL 学习者进行研究写作，并积极为他们提供各种支撑条件和资源。例如，虽然独立研究不是密歇根州立大学 TESOL 硕士项目的主要目标，但是 TESOL 学习者也有机会在课堂、会议中进行独立研究和发表自己的研究成果。同时，学校也鼓励 TESOL 学习者攻读博士学位和从事独立研究工作，包括撰写研究论文，而 TESOL 学习者在研究论文撰写中亦将有教师培养者给予专门指导。亚利桑那州立大学还为 TESOL 学习者提供各种专业成长的机会，如亚利桑那州的 TESOL 毕业会议、每年春季的语言或 TESOL 专业毕业生座谈会等，同时还会提供非教学专业实践和校外就业机会，如推荐 TESOL 学习者到亚洲研究中心、暑期项目机构、中世纪和文艺复兴研究亚利桑那中心（Arizona Center for Medieval and Renaissance Studies）等交流。①对此，TESOL 学习者通过参加各种学术会议和实地考察实践，为提升专业研究素养能力奠定基础。同样，密歇根州立大学 TESOL 专业不仅仅供 TESOL 学习者修读课程，还会提供各种机会，如参加讲座和工作室研讨、参加地方和全国会议、发表新闻通讯文章和书评、开发语言教学资源及从事语言教学和二语习得领域研究等，强化 TESOL 学习者的实践教研能力。

但是，研究论文与是否获得 TESOL 硕士学位没有必然联系。研究论文只是毕业要求中一个选择项。即使 TESOL 学习者不撰写硕士学位论文也照样可以毕业，不过他们就要通过毕业综合考试或满足其他毕业设计要求。密歇根州立大学的论文或考试必修②，指 TESOL 学习者必须撰写一篇论文或参加毕业综合考试。如果 TESOL 学习者有攻读博士学位的意向，将会选择撰写论文。TESOL 学习者撰写 TESOL 硕士研究论文，需要在第一年学期末完成独立选题、撰写流程和预期期限。如果 TESOL 学习者选择收集数据，那么在第一年和第二年的暑假期间就要收集数据。当 TESOL 学习者选择并完成硕士学位论文后，便可获得 4 个选修学分。

若从毕业综合考试来看，考试更倾向于关注教学而非研究。一年有两次机会，十月和三月各一次，TESOL 学习者可以补考。如果两次都没通过考试，将取消学位授予资格。毕业综合考试的内容包括二语书籍综述、教案设计 I 和教案设计 II 及其原理陈述。二语书籍综述，即 TESOL 学习者选择一本美国、加拿大或英国最近出版的二语书籍进行综合论述和评价，总字数不超过 1500 字，但不含参考文献字数。需要注意的是，评价必须是新的评价，而不能是前人已有的评价。教案设

① Arizona State University. Master of teaching English to speakers of other language handbook[EB/OL]. https://live-english.ws.asu.edu/node/704[2017-01-05].

② Michigan State University. TESOL Course Information[EB/OL]. http://linglang.msu.edu/degree-programs/tesol/course-info/[2017-01-11].

计 I，意在让 TESOL 学习者设计一个 2 小时的课堂授课计划。该计划需要涵盖听说读写四大语言技能及其内容材料，如阅读段落、相关录像资料及学习者数量信息。除了必要材料之外，TESOL 学习者应尽可能在课堂中少用其他材料，如讲义、网站、额外阅读材料、幻灯片等。教案设计 II，即设计一个在交际文化环境中历时 1 小时的语法教学计划。该计划主要包括语法材料及学习者信息，其他方面要求与教案设计 I 差不多。不管是教案设计 I 还是教案设计 II，TESOL 项目主任将提前近两个月告知 TESOL 学习者准备，而且每个教案设计必须陈述其设计的原理，每个不超过 1250 字，但不包含参考文献字数。该原理一方面要探讨教学对象（学生）对语言学习和教学的信念如何反映在教学计划中，并阐述其原因，另一方面要基于当前理论进行分析，并附上合适的参考文献。尽管学校鼓励 TESOL 学习者使用一手文献，但是二手文献也是可以使用的。两个学期过后，TESOL 项目主任将审查 TESOL 学习者的学业成长，包括学业成绩和专业操守。TESOL 学习者课程成绩总的平均绩点不得低于 3.0 才能毕业，而且如累计有 6 学分低于 3.0 可能就不能满足学位要求。如果 TESOL 学习者低于此标准，将有两个学期的重修时间。要是再不能达到标准，将不能继续攻读学位并被劝退。

不管 TESOL 学习者选择撰写研究论文还是毕业综合考试，研究与实践总是密不可分的。在实践中需要有反思批判的研究意识，在研究中也需要树立实践的问题意识。正如研究者在美国实地调查所发现的：

> 某大学 TESOL 专业的实践课程中主要涵盖田野实习、研究性实践（research practice）或研究项目（research project）及电子档案（E-portfolio）。田野实习包括课堂观察与见习、独立实习实践，其内容须与 TESOL、ESOL 或双语教育等相关。研究性实践旨在基于田野实习基础进一步调查和研究，以解决实践过程中出现的问题，但 TESOL 学习者可以不用通过伦理审查委员会（institutional review board，IRB）的研究标准，花费时间较短。相比之下，研究项目就要通过 IRB，且对专业研究的质量要求较高，甚至要达到刊物发表的水平，研究历时长些。如果 TESOL 学习者能够完成研究实践或研究项目，可获得 3 学分。电子档案则收录 TESOL 学习者入学以来重要的文档资料，包括个人简历、课程设计与实施计划、教学方案、实习报告等，而实习实践研究也是电子档案建设的重要内容。

调查显示，许多 TESOL 学习者认为他们课堂的实践性很强，聚焦日常生活问题。可是，当他们进行课堂讨论的时候，发现很难对自己的教学经历进行广泛而又深入的研究。为解决此问题，“教师研究”被提上议程。“教师研究”来源于实践问题的系统性研究，并常被运用于最为接近的场景，尽管研究成果的适用性可能超越所运用的场景。当前，许多研究者注重 TESOL 学习者的反思、教育决策、问题解决、分析和评价领域。[①]所以说，没有理论根基的田野实习是不够的。[②]曾经就读于宾夕法尼亚大学的某研究生指出宾夕法尼亚大学 TESOL 项目提供扎实的理论基础、研究和实践。每一门课程里都会包含语言学（理论基础）、研究技能（分析他人与自身研究）、实践（社区教学）。[③]简言之，TESOL 项目虽然关注专业实践，但也十分注重理论研究。

总而论之，“教师研究”通常作为 TESOL 教师培养过程中的一个选择项目，在 TESOL 项目的毕业要求中并没有硬性规定。但许多高校的教师培养者仍积极鼓励 TESOL 学习者从事一定的研究工作，因为这是 TESOL 学习者反思实践和运用理论的一个重要表现，彰显出反思型 TESOL 教师培养的重要性，为“反思实践建构型”教师培养模式发展提供思想来源。

第五节　TESOL 教师培养的反思与评价

在新的经济和社会发展背景下，TESOL 教师培养的反思与评价成为当前美国高等教育关注的焦点。TESOL 教师培养者和大众都积极为 TESOL 学习者设立标准，以衡量 TESOL 学习者的表现和支持 TESOL 学习者取得成功，进而从侧面彰显出教师培养效果。

一、多元性评价的教学之思

在 TESOL 教师培养过程中，评价是教师培养者和 TESOL 学习者成长的关键环节，对教师培养者教学产生较大的影响。对此，教师评价必须与教学紧密相连，并通过评价进一步反思教学和改善教学，从而培养反思型的评价者。

评价者与教师培养者之间需要有一个反思通道。那么，TESOL 教师培养者如何借助反思处理好教学与评价的关系，首先，明晰反思型教学的理念内涵是 TESOL 教师培养者进行反思和评价的思想导向。反思型教学有五种理念向度[④]：一是反思型教学作为一种深思熟虑的实践，不会被动顺从既有的教学程序；二是

① Reichelt M. Case studies in L2 teacher education[J]. ELT Journal，2000，54(4)：346-353.

② Bodur Y. Impact of course and fieldwork on multicultural beliefs and attitudes[J]. The Educational Forum，2012，76 (1)：41-56.

③ University of Pennsylvania Graduate School of Education. Teaching English abroad[EB/OL]. http://www.gse.upenn.edu/content/teaching-english-abroad[2017-01-04].

④ Sze P. Reflective teaching in second language teacher education：An overview[J]. Educational Research Journal，1999，14(1)：131-155.

反思型教学作为一种教师准备的模式，从传统规定性转向建构性和经验性，强调反思对理论和实践的联合作用；三是反思型教学作为一种有组织性的专业发展，是在组织性活动中从事反思实践的；四是反思型教学作为一种课堂探究，突出教师是研究者，是课堂本位探究者，也是行动研究者；五是反思型教学作为实现社会正义的一种手段，强调教师反思的不仅仅是日常的教学，还包括教师工作与其他社会成员的关系，这是一种超越教学技能的反思。由此看来，反思型教学是在实践变革性、主动建构性、组织专业性、课堂研究性、社会文化性等基础上动态养成的。某 TESOL 教师培养者对她的课堂教学评论道：

> 在我的课堂教学中，没有一种最好的方法可以运用于所有的教学情景中，因为每一位 TESOL 学习者和每一次课堂场景都是独特的，而且 TESOL 学习者的情况经常变化着。因此，我的教学提升空间将是无止境的。我通过不断更新我的教学理论和实践，常常参加教学工作会议，阅读各种可利用的资料，并使用各种方式方法来提升我的教学水平和教学质量。我也利用这些资源进一步反思我的教学方法，并在适当的时候修正它们，努力使自己成为一名最有效的教师。通常，我通过课堂本位研究（classroom-based research）来评价自身教学的有效性，并基于循证教学实践（evidence-based teaching practice），有力地提升我的教学质量，进而推动 TESOL 教师培养的可持续发展。

教学反思不仅是教师培养者课堂教学的思想活动，也是目标达成的选择性手段。这种教学活动是富有思想性、分析性和客观性的。[①]据研究者课堂观察发现：

> 某 TESOL 教师培养者会邀请认识的有经验的教师、博士生参与到她的课堂活动中，与 TESOL 学习者进行交流并分享他们的实践经验，促进 TESOL 学习者对 TESOL 理论和实践的思考，帮助他们成为反思型语言教师。

除了理清反思型教学理念外，教师培养者还需要掌握多种评价方法。这些评价方法为教师培养者进一步理解 TESOL 学习者和反思教学提供工具。在后现代主义视域下，评价的类型和方法多种多样，比如传统考核、绩效考核（performance measure）、真实评量（authentic assessment）、定量评价、定性评价、嵌入性评价（embedded assessment）、形成性评价和总结性评价。[②]其中，传统评价，指教师培养者通过传统测验方式对 TESOL 学习者是否达到预期目标进行考核，而测验

① Cruickshank D R，Applegate J H. Reflective teaching as a strategy for teacher growth[J]. Education Leadership，1981，38(7)：4.

② Diaz-Rico L T. Strategies for teaching English learners[M]. Boston：Pearson Education，Inc，2012：78.

包含选择题、问答和作文等。绩效考核，则需要 TESOL 学习者根据考核要求和内容提供可以证明自己能力的资料。比如 TESOL 学习者可以通过演讲来表明自己已经学会某一任务的技能、概念及方法的知识。真实评量，强调将评价过程融入相关真实或相似的世界活动或事件中，如通过日常的对话和交流进行评价。通过真实评量整个教与学的过程，教师培养者能够整体判断 TESOL 学习者英语学习进展，以及他们的目标、阅读、听力、写作、口语、文化知识和交际能力。定量评价，注重评价结果，并依据大量的数据，以计分的方式呈现。定性评价既可以通过口头描述，也可以通过计分、评价准则、评定量表或其他指标实现。嵌入性评价主要考核 TESOL 学习者已经学会的知识和技能，如通过课堂作业评价。形成性评价旨在以反馈的形式来改进评价，且通常通过检查表（checklist）或话语训导实现。总结性评价是课程结束或单元结束后进行的评价，并伴有成绩或评定等级。

在多元性评价发展取向下，越来越多的 TESOL 教师培养者认为英语语言能力及学业内容需要从整体上进行评价，包括学校记录单、学生档案、考勤、体检表、指南报告、推荐表；TESOL 学习者、父母、教师培养者与其他合适学校人员的访谈资料；TESOL 学习者在课堂、操场及主要场所的日常记录或直接观察及他们与母语为英语的人的日常互动；非正式工具，如检查表、评定量表、完形填空、写作样本和课堂测验；专家设计的标准化测验。[①]由此，教师培养者通过 TESOL 学习者先前学校记录单、成绩单等，与其父母、监护者访谈及相关语言能力测试证明等评价 TESOL 学习者入学前的基本情况。如果没有相关语言能力测试证明，教师培养者必须再次测验他们先前的知识。事实上，许多没有 TESOL 教学经验的教师培养者往往不能意识到这些复杂问题及其对 TESOL 学习者学习的影响。所以，当 TESOL 学习者出现问题时，他们往往不能很好地为 TESOL 学习者提供特殊服务。在测验中，他们会认为 TESOL 学习者的英语水平不够，可是，有时事实并非如此。有经验的教师培养者就知道 TESOL 学习者的关注点已经超越当前的英语学习任务，只是由于某些原因而无法得到应有的特殊服务。[②]

因此，TESOL 教师培养者需要理解 TESOL 学习者的独特性和变化性，因为 TESOL 学习者是反思型教师评价和教育教学的双核心主体。只有真正了解和理解 TESOL 学习者，才能更好地评价和有效教学，为 TESOL 学习者提供各种反思和发展的机会，从而培养出“反思实践建构型”TESOL 学习者。TESOL 学习者个体的多元性和特殊性，促使 TESOL 教师培养者必然需要选择综合性的评价

---

① Whelan Ariza E N，Morales-Jones C A，Yahya N，et al. Why TESOL?Theory and issues in teaching English to speakers of other languages in K-12 classrooms[M]. Hoboken：Kendall Hunt Publishing，2010：202.

② Whelan Ariza E N，Morales-Jones C A，Yahya N，et al. Why TESOL?Theory and issues in teaching English to speakers of other languages in K-12 classrooms[M]. Hoboken：Kendall Hunt Publishing，2010：218.

机制和方法。

二、选择性评价的必然之举

评价是一件主观性很强的事情。如何客观公正地评价 TESOL 学习者的思想、语言能力、教学技能及综合素养等方面，给 TESOL 教师培养者带来了不少的挑战。近年来，TESOL 教师培养标准的实施，给教师培养者提供一个指南，使他们能够识别教学目标，确定如何评价 TESOL 学习者及将评价的结果转换为成绩，同时给 TESOL 学习者提供一个评定他们英语能力和学习成就的标准。

在多元开放的时代环境下，标准本位评价、表现本位评价、能力本位评价、选择性评价等各种评价机制与方法充斥着 TESOL 教师培养，而选择性评价作为一种综合性的评价方法论吸引着教师培养者的眼球。选择性评价是以方法、工具和文件的方式，而不是以标准化测验方式来评价 TESOL 学习者发展的一种实践活动。这些方法包括档案袋法、日志、访谈等，彰显出 TESOL 学习者有能力完成自己本级别的学习任务。在选择性评价指标中，真实评量、绩效考核和自然评价（naturalistic assessment）也都是有价值的方法指标。其中，自然评价需要教师培养者在自然非正式场景中观察 TESOL 学习者的表现行为。那么，选择性评价的优势有哪些呢？

在评价 TESOL 学习者时，选择性评价是一个富有价值和正确的选择，这是因为它具有真实性，其评价反映出当地课程内容的真实课堂任务，并为语言习得提供确切信息；具有多样性，就是说对 TESOL 学习者表现的评价是基于多样的评价视角，而不是依靠有限的评量，同时提供一个国际化视野去分析 TESOL 学习者的进展；具有过程取向性，其进展监评是关于学习过程、策略及结果产出；具有持续性，旨在说明 TESOL 学习者的表现贯穿于整个学业发展的持续过程；具有教学评价性，其教学能够适应 TESOL 学习者的需求并反馈教学的有效性；具有合作性，则显示教师与 TESOL 学习者表现可以通过教育教学和学习过程中的各种小事件产生整体协同的作用。

概而言之，选择性评价的真实性、多样性、过程进取性、持续性、教学评价性和合作性等特征优势，既符合英语发展的潮势，也为 TESOL 教师培养教学反思和全面评价 TESOL 学习者提供合理的依据。档案袋评价，作为选择性评价的一部分，则成为 TESOL 教师培养中最常用且运用较为广泛的一种评价工具。

三、档案袋评价的运用之理

档案袋评价不仅是当前美国许多高校采用的一种评价机制和工具方式，也是 TESOL 教师培养者使用较广的一种评价方法。教师、学生、公私立机构职员、就业者和其他大量个体等都通过档案袋来展现他们的发展过程与能力。同样，在 TESOL 教师培养过程中，档案袋不但记录 TESOL 学习者在校的学习成长历程，还包括其与其他学生、教师培养者、父母和管理者的交流，确保教师培养者、父母、管理者能够更好地评价 TESOL 学习者的成长、取得的成就及其思想变化过程。

档案袋评价的目的在于长期记录 TESOL 学习者的发展过程，为 TESOL 学习者的学业成果评价提供一个清晰和有效的策略，进而通过学习进展和成就来提升 TESOL 学习者的自信，识别不同的学习类型，并在 TESOL 学习者自我评价中扮演一个活跃的角色。[①]对此，TESOL 学习者需要悉心地投入档案袋建设，这是 TESOL 学习者自我评价和反思的过程，也是 TESOL 学习者角色扮演的主要阵地，体现出 TESOL 学习者认知、情感和社会发展的过程。与此同时，档案袋也可以直接为教师培养者提供 TESOL 学习者所有的经历信息，有助于启发教师培养者教什么、如何教及什么时候教，是教师培养者教学质量提升的得力助手。另外，它还为教师培养者、TESOL 学习者及其家庭成员提供一个交流的平台，所以它涉及多方利益，是多方合力建设而成的。

从 TESOL 学习者的选择到师生共同声音、教师培养者声音再到学区规定，形成一系列档案袋评价的持续音频。教师培养者的理念、教学实践和学区政策都将影响档案袋评价的决策过程。[②]首先，在某一套指南下，TESOL 学习者可以选择他们要归档的材料。他们将收集他们每一个时期的原始材料，并选择最好的或最具代表性的作品用于评分。其次，当教师培养者和 TESOL 学习者都投入档案袋评价时，他们将共同决定档案的内容。然后，教师培养者将选择标准、样本和评量表对 TESOL 学习者的档案进行系统和统一的评价和确定分数。最后，学区将对如何组织档案袋评价施加影响，包括该采用什么样本和评量表，收集什么条目并可能要求采取标准化举措。此外，在设计和评价 TESOL 学习者档案袋时，教师培养者需要考虑到 TESOL 学习者的年龄、英语能力水平及对档案袋操作的熟悉度。如果 TESOL 学习者英语能力水平低下或者所受正规学校教育有限，就更需要一个结构性的档案袋。一旦 TESOL 学习者懂得档案袋将作为他们学习的主营地，他们方能更自由地选择最能展现自己成绩的内容材料。

TESOL 学习者档案袋的内容可包括作文、报告、口述、图画、信件等书面材

---

① Gottlieb M. Nurturing student learning through portfolios[J]. TESOL Journal，1995，5(1)：12-14.

② Gottlieb M. Assessing English language learners：Bridges from language proficiency to academic achievement[M]. Thousand Oaks：Corwin Press，2006：177-178.

料、TESOL 学习者自我评价、音频记录、照片和视频、关于 TESOL 学习者的笔记等。比如，美利坚大学的所有 TESOL 硕士研究生必须有属于自己完整的电子教学档案袋，其中必选项有包含 TESOL 学习者全名及美利坚大学的学生证件号的扉页信息、涵盖所有教学档案项目及页码的目录信息、教学哲理陈述（philosophy of teaching statement）、教学和学业记录样本、2 份教学计划（教案）、1 个教学视频、1 份个人学业的书面文章（TESOL 课程日志或档案、作业或任务分配、团体项目等除外）。可选项有个人最新简历、教学评价、各种教学资料（不包括必选项中的 2 份教学计划）、各种 TESOL 项目、发表的论文或会议论文。TESOL 教师培养者不会对可选项的内容进行评价，但这些内容对今后就业有一定的帮助。经过初稿和修改定稿之后，TESOL 学习者须提交两个版本的最终档案袋，一个是完整版，包含所有视频和相关材料、原始教案和研究论文/项目，一个是简洁版，不包括原始教案和研究论文/项目。

档案袋评价对于改进 TESOL 教师培养综合考试评价弊端、聚焦 TESOL 学习者成就而非失败、确保评价持续性、追踪 TESOL 学习者学业进展、真实反映 TESOL 学习者的学习生态、构建师生积极反思的伙伴关系及推动教师教学发展具有重要意义。但是，师生可能疲于收集、验证和评价档案袋，甚至忽视实习的地位，造成许多 TESOL 学习者教学经验不足。后来，档案袋评价就被分成两部分，一部分是关于应用语言学，一部分是关于实习。前者重在改善课程项目，后者重在发展教学实践。这样，实习就从一个普通的标准课程上升到毕业必修的地位。[①]如今，TESOL 学习者实习成为档案袋评价的必修组元。随着教育信息化发展，TESOL 学习者通过网络技术操作，可以更好实现各种电子档案资料的存档。然而，这并不意味着档案袋或媒体网络创生学习，而是 TESOL 学习者在学习中的思想和反思形成档案袋。通过自我评价，TESOL 学习者可以更加清楚地知道自己在哪些方面已经取得进步，哪些方面仍需要提升，而需要进一步实践和引导，特别是外国学生，因为他们有些在自己的国家文化中很少会聚焦自己。

因此，档案袋评价只是作为 TESOL 教师培养反思和评价的一种工具，其真正目的在于为 TESOL 学习者提供展现自我、建构自我、反思自我和评价自我的机会，促进 TESOL 学习者取得进步，同时促进教师培养者教学实践的改进和优化，以更好地扮演“反思实践建构型”教师的角色。

① Avineri N，Martel J. The evolution of a practicum：Movement toward a capstone[J]. The CATESOL Journal，2015，27(2)：157-170.

第六章　中国 TCSOL 和美国 TESOL 教师培养模式的对比分析

比较是认识事物的基础，也是人类认识、区别和确定事物异同关系的最常用的思维方法。[①]为了更好地理性借鉴和取长补短，有必要理清中国 TCSOL 和美国 TESOL 教师培养模式的异同关系。对此，本章基于贝雷迪的四阶段比较法，并对其做一定修正，形成“比较问题的确定—比较维度的假设—比较事物的描述与解释—比较事物的并置与比较”的比较研究程序，同时试图从多个不同的逻辑视角，重点对中国 TCSOL 和美国 TESOL 教师培养模式的背景、内容及特点进行深入探讨和对比分析，从而展现出“专业实践匠师型”中国 TCSOL 教师培养模式与“反思实践建构型”美国 TESOL 教师培养模式的异同关系。

第一节　教师培养模式的背景对比

中国 TCSOL 和美国 TESOL 教师培养模式都是作为国际语言教师培养模式的一部分，既存在不少相似之处，也存在许多差异。究其原因，这与各自的历史演进背景和现实背景是分不开的，而这些动态多元的背景则共同形塑了语言教师培养模式的内外复杂环境，是语言教师培养的自组织系统与外部系统能量交互转换和相互影响的结果。

一、演进背景探析

基于历史演进，中国 TCSOL 教师培养模式与美国 TESOL 教师培养模式，有着相通的地方，比如都是从模糊到清晰，从单一到多样，从非专业到专业，从传统到现代等发展趋向。但是，从原因—过程—结果的逻辑思维出发，演进动因、路径方式和形态特征也都存在较大差异，彰显出中美两国集体与个体、形式与内

① 袁振国. 教育研究方法[M]. 北京：高等教育出版社，2010：158.

容、统一性与灵活性的差异。

（一）演进背景与动因差异

中国 TCSOL 和美国 TESOL 教师培养模式演进的背景与动因都离不开中美两国各自政治、经济、社会、文化、教育等复杂多元因素的影响，只是影响程度大小不同而已。相比之下，中国 TCSOL 教师培养模式受到国家政治和经济发展动因的影响较大，而美国 TESOL 教师培养模式则主要得利移民、难民和外国学生需求的影响。

1. 国家政治和经济发展对 TCSOL 教师培养模式的驱动

中国 TCSOL 教师培养模式的动因主要基于国家政治和经济发展的驱动。如中华人民共和国成立初期的外派汉语师资就是根据我国与越南、匈牙利、保加利亚等国家的协议而展开的预备式培养，加上当时国家规范语言文字工作及苏联教育的影响，强调语法和句法结构教学，并主要采用了自觉对比法和语法翻译法。此时期，汉语国际教育事业包括师资培训等都是为了服务于政治和外交的需要。

改革开放以后，随着国家对外开放，我国国内政治、经济和社会环境相对宽松，吸引一大批留学生来华学习汉语，引起对汉语教育教学学科问题的思考，并专门开设了第一批对外汉语教学专业，开始面对中国学生专门培养对外汉语教师，同时出现第一个对外汉语教师资格证书制度，推动教师培养的规范化和制度化。此时，交际法的实用取向日益明显，而且培养的主要是适应母语环境下多元文化的留学生汉语课堂教学的国际汉语教师，而不是海外汉语课堂教师，这主要是因为当时对海外学生学习汉语的情况还不够了解。这些都与国家政策环境及经济发展因素有关。

20 世纪 90 年代以后，随着我国经济和社会发展，教师培养的投入力度越来越大，质量要求也越来越高。直到 2004 年，全球第一所孔子学院成立，使得 TCSOL 教师培养模式发生转向，从“请进来”转向“走出去”。以往，仅培养能够适应母语环境下留学生汉语课堂教学的国际汉语教师已经不符合战略需求及海外汉语学习者的需要。所以，如何培养面向海外汉语课堂的国际汉语教师，成为当前 TCSOL 教师培养模式要解决的重要议题。当前，在全球化时代背景下，扩大教育对外开放是我国教育未来的发展方向，而语言作为对外交流的工具和软实力策略，是扩大教育对外开放的排头兵。汉语国际教育必须承担起我国扩大教育对外开放的使命，而国际汉语教师就是核心主体和主要力量。

由此看来，中国 TCSOL 教师培养模式演进的动因受国家政策、经济和社会发展的影响甚大。我国经济繁荣、综合实力与国际地位的提升，不仅影响汉语学习者的汉语学习，也影响教师培养模式的内容取向、路径方式、教学方法及实践环境，加上许多 TCSOL 教学理论和教学方法都借鉴了国外二语或外语教学理论和教学方法，而不是因为汉语自身本土理论和方法论的成熟发展而推动 TCSOL 教师培养模式的发展，所以 TCSOL 教师培养模式演进更多是教育系统的外力作用所产生的影响。

2. 移民、难民和外国学生对 TESOL 教师培养模式的需求

美国 TESOL 教师培养模式的演进动因主要是移民、难民和外国学生的需求，而这一需求也随着英语作为国际语言地位的确立而表现得更加淋漓尽致。其实，这也与美国的移民国家性质和移民政策有关。早期，英语的发展得力于以英语为母语国家政府的殖民扩张。许多移民和难民来到美国寻求新生活。美国独立后，英语教学主要是为了满足那些移民成为美国公民的语言需要。这是因为很多移民或难民者初到美国都是不懂英语的，且许多外国学生到美国也主要通过 TESOL 等相关二语或外语教育来弥补语言能力的不足。据人口普查，20 世纪 40 年代美国移民人口 103.5 万人，60 年代增长到 251.5 万人，80 年代增长到 733.8 万人。[①]外国学生从 50 年代中期的 3.4 万人，60 年代中期增长到 8.2 万人。[②]

第二次世界大战以后，随着政治经济格局的变化和大量移民的流动，TESOL 等概念相继问世。[③]TESOL 被赋予了两种身份，一种是以专业组织的身份出现，一种是以培养项目的形式出现。TESOL 国际协会作为独立的专业组织，始建于 1966 年，是一个全球性教育协会，至今已经超过 13 000 成员，99 个分支机构遍布全球 120 多个国家，其肩负的使命是确保国际英语语言教学的卓越。[④]它的产生还与 5 个组织机构相关，分别是应用语言学中心（Center for Applied Linguistics）、现代语言协会、全美英语教师委员会（National Council of Teachers of English）、全美外国学生事务委员会（National Association of Foreign Student Affairs）、美国言语协会（Speech Association of America）。这 5 个组织都对二语问题十分重视，但却没有一个组织是把二语当成唯一的聚焦点。从此以后，TESOL 作为一种专业快速成长，并获得美国国内和国际的认可。TESOL 国际协会参与了美国英语作为二语和双语政策的制

① U.S. Bureau of the Census. Statistical Abstracts of the United States：1994[M]. Washington DC：US Government Printing Office，1994：10.

② Davis T M. Open Doors 1995/96：Report on International Educational Exchange[R]. New York：Institute of International Education，1996：8.

③ 张新生.《国际汉语教师标准》和汉语外语师资培训本土化[C]//周小兵. 国际汉语（第三辑）. 广州：中山大学出版社，2014：47-51.

④ American TESOL Institute. History of TESOL[EB/OL]. http://www.americantesol.com/History-of-TESOL.pdf[2016-03-25].

定和实施，为美国 ESL 或 EFL 教师培养和双语教育问题提供专业咨询服务，同时被邀请加入 1979 年总统委员会开展关于外语与国际问题研究（foreign languages and international studies）。

在美国文化外交和国际霸主地位的影响下，外国学生来源日益多元化，逐渐延伸到远东、近东及部分欧洲、非洲等国家，并渐渐扩展到世界各地。在学生发展需求的影响下，各种语言教育理论和方法论随之发展起来。最明显的是，学生对语言实用性的追求及学习者中心的教育取向促使 TESOL 教育理论和方法论的转向。例如，由结构主义语言学转向人本主义心理学，由语言知识导向转向语言交际导向，由语法翻译法转向直接法、视听法、听说法、交际法等。这些语言教育理论和方法论进一步丰富和扩展了 TESOL 教师培养的内容和方法。

21 世纪以来，美国已经成为世界上最大的移民输入国，而移民们为了更好地在美国生存和适应美国的风土人情，都需要通过特殊的英语国际教育来进一步提高英语能力。面对巨大的语言需求，面对如此多元的学生背景，面对全球化带来的语言冲击，TESOL 教师培养屹然肩负起移民、难民和外国学生的语言教学任务。2014 年 9 月的数据显示，美国拥有超过 84 万的移民和外国学生和超过 460 万的英语学习者。[①]在全球化背景下，移民、难民和外国学生的多元需求和质量要求，使得单靠某一种教育理论和方法论已经无法满足当今 TESOL 教师培养的质量标准。由此，TESOL 教师培养朝向整合发展的道路前进。

总而言之，中国 TCSOL 和美国 TESOL 教师培养模式演进的背景与动因呈现出集体与个体不同的思维导向。这种背景与动因涉及的组元多样，范围广，影响变化大，构成教师培养模式演进的复杂性。根据复杂系统理论，这种复杂性并不在于说明国际语言教师的培养有多复杂、多艰难，而是在于理解教师培养中各种复杂行为演变、学习和适应所呈现出的复杂现象。在这种复杂现象中，中国 TCSOL 教师培养模式主要是基于国家政治和经济发展的驱动，倾向于集体思维导向，而美国 TESOL 教师培养模式主要是基于移民、难民和外国学生的需求，倾向于个体思维导向。然而，不管是国家政治、经济还是移民、难民和外国学生需求，都只是中国 TCSOL 和美国 TESOL 教师培养模式演进过程中一道主要的风景线而已，其发展还会受到多种动态变化的背景因素的影响，从而形成了不同的路径。

（二）演进路径差异

从演进路径来看，中国 TCSOL 和美国 TESOL 教师培养模式演进体现了“自

① U.S. Department of Education. Educational services for immigrant children and those recently arrived to the United States[EB/OL]. https：//www2.ed.gov/policy/rights/guid/unaccompanied-children.html[2017-03-01].

上而下”与“自下而上”、外延式与内涵式的不同路径，并缔结成形式与内容的逻辑关系。

1. 外延式的“自上而下”TCSOL 教师培养模式改革路径

中国 TCSOL 教师培养模式演进的路径主要通过政府政策和国家经济发展的大力推动，采用的是一种“自上而下”的培养模式改革路径，多属于外延式。“自上而下”路径注重顶层设计和制度组织。相应地，外延式教师培养模式强调拓宽师资国别空间、增加教师数量和扩大培养规模，主要是为了适应外部对汉语师资的需求，绘就市场逻辑导向图。这种外延式“自上而下”的改革路径主要体现在政策组织的顶层设计、汉语国际教育事业的发展及师资队伍的扩充。

某种程度上来说，TCSOL 教师培养模式深受我国汉语国际教育相关战略的政策影响。我国“走出去”战略促进 TCSOL 教师培养转向适应海外汉语课堂阵地。2012 年，《国家中长期语言文字事业改革和发展规划纲要（2012—2020 年）》对我国语言文字事业发展进行规划，包括推进汉语国际教育，加强 TCSOL 教师培养，提高教师的语言文字应用能力，提供资源共享、技术开放的现代化助教助学模式。2016 年，《关于做好新时期教育对外开放工作的若干意见》强调深化与世界各国语言合作交流，加强汉语推广，并把讲好中国故事、传播好中国声音作为教育对外开放的重要内容。《推进共建“一带一路”教育行动》也强调加强汉语教师和汉语教学志愿者队伍建设，全力满足沿线国家汉语学习需求。“一带一路”倡议下沿线国家的国际汉语教师将起着重要的作用，并直接影响汉语人才培养的质量和水平。这些战略政策也进一步加强 TCSOL 教师培养模式的国别性和本土化。

在全球“汉语热”背景下，越来越多来自世界各地的人学习汉语，进一步推动汉语国际教育事业发展。同时，孔子学院（课堂）的快速增加及来华留学生规模的扩大，加大了 TCSOL 教师培养的需求，并对教师质量提出要求。自 2004 年第一所孔子学院成立以来，截至 2020 年 3 月，共有 541 所孔子学院和 1170 个孔子课堂分布于全球 162 个国家（地区）。①据 2018 年教育部来华留学统计数据，共有来自 196 个国家和地区的 492 185 名各类外国留学人员在全国 31 个省（自治区、直辖市）的 1004 所高等院校学习。根据洲别统计，亚洲留学生占 59.95%，非洲留学生占 16.57%，欧洲留学生占 14.96%，美洲留学生占 7.26%，大洋洲留学生占 1.27%。相比 2017 年，2018 年来自非洲的留学生数涨幅最大，来自亚洲的则

---

① 孔子学院总部/国家汉语国际推广领导小组办公室. 关于孔子学院/课堂[EB/OL]. http://www.hanban.org/confuciousinstitutes/node_10961.htm[2020-3-27].

略微上涨，而来自欧洲、美洲和大洋洲的留学生均有所下降。这受到我国大国外交政策及教育援助等政策的影响。按国别排序，前十名分别是韩国、泰国、巴基斯坦、印度、美国、俄罗斯、印度尼西亚、老挝、日本和哈萨克斯坦。相比 2017 年，2018 年来华留学生中来自美国和越南的留学生人数呈现不同程度的下降，而来自泰国和老挝的留学生人数则上涨。可见，国家之间的政治、外交等博弈，也影响了国与国之间的教育输入和教育输出。[①]随着我国综合实力提升、扩大教育对外开放和教育质量提升，来华留学生人数将继续增加。如此大的来华留学群体，为汉语国际教育事业发展注入一股强心剂。在汉语学习群体中，实用性是他们汉语学习的主要考虑因素。对此，“专业实践匠师型”TCSOL 教师培养所强调的专业实践性、职业匠师型，能够更好地引导汉语知识的学习和技能的实践训练，切实地提升他们的汉语教学能力和跨文化交际能力。

TCSOL 教师培养扩充了国际汉语师资队伍，满足了海外的国际汉语教师需求，特别是 2007 年 MTCSOL 专业设置以后，汉语国际教育由专业方向招生发展到专业学位招生，体现了教师培养的专业化和职业化。各高校主要根据《汉语国际教育硕士专业学位设置方案》和《汉语国际教育硕士专业学位研究生指导性培养方案》的目标要求、知识、技能和能力标准、课程设置、实习实践和论文写作等方面，结合自身发展特色和现实条件，对国内学生和来华留学生开展汉语师资培养工作。这是一种“自上而下”的教师培养路径，反映出 TCSOL 教师培养的外在需求。然而，随着我国汉语国际教育事业的深入改革与发展，TCSOL 教师培养将朝内涵式提质增效的道路发展。对此，当外延式“自上而下”的 TCSOL 教师培养模式改革到了某一阶段后，TCSOL 教师培养模式必然会在各种综合势力的影响下，朝“外延式+内涵式”综合改革创新目标发展。

2. 内涵式的“自下而上”TESOL 教师培养模式创新路径

美国 TESOL 教师培养模式演进的路径主要通过每一个时期英语教育理论和方法论及其内外教育效能所追求的不同 TESOL 教师培养模式，采用的是一种“自下而上”的创新路径，多属于内涵式。“自下而上”路径注重底层需求。相应地，内涵式教师培养强调优化教师培养结构、提升培养质量和增强师资队伍实力，主要是为了满足自身内部发展需求，是一种自然发展的相对过程，绘就语言教育逻辑导向图。这种内涵式“自下而上”的路径主要体现在学生需求的底层设计、TESOL 教育理论和教学方法的推动。

① 中华人民共和国教育部. 2018 年度我国来华留学生情况统计[EB/OL]. http://www.moe.gov.cn/jyb_xwfb/gzdt_gzdt/s5987/201904/t20190412_377692.html[2019-12-10].

在 TESOL 教师培养模式演进过程中，如何满足移民、难民和外国学生的语言需求影响了教师培养的要求和标准。曾经有一度，这种学生需求设计也是一种美国式的设计，强调在美式英语和美国文化基础上的不同需求追求。由此，双语教育曾被美国政府所禁止，认为它不仅会产生很多语言问题，也会影响对美国语言和文化的信念和价值观。毋庸置疑，学生需求离不开学生所处的社会、文化和教育背景环境。当结构主义浪潮席卷时，TESOL 教师培养倾向于语法句法训练。当实用主义之风盛行时，TESOL 教师培养倾向于语言交际应用。当后现代主义观念流行时，TESOL 教师培养青睐多种教育理论和方法的整合训练。不管何种影响，TESOL 教师培养注重语言的本质和自然性质，是一种“自下而上”的路径，正如语言学家黛安娜·拉森·弗里曼、凯斯·德博特等认为语言系统是一种“自下而上”的运作方式，与复杂系统理论所隐含的机制方式具有异曲同工之妙。

移民、难民等英语学习需求为英语国际教育发展提供很大的助推力，但每一种模式形态更多的是基于每一个时期英语国际教育理论和方法论的丰富与推进，演化形成对 TESOL 教师培养的需求、条件及质量效果的诉求。当英语国际教育理论和教学方法论处于低谷的时候，教师培养就更加单一和薄弱，反之亦然。追溯英语国际教育理论发展史，索绪尔等的结构主义语言学及行为主义所倡导的刺激-反应理论、乔姆斯基的转换生成语法、科德的内在大纲和习得顺序假说、塞林格的“中介语”理论、吉姆·卡明斯的“深层共享能力假说”二语习得理论、克拉申的二语习得理论假说、麦克劳克林和比亚韦斯托克的可控过程机制和自动过程机制等充实和厚植 TESOL 教师培养的理论基础，有助于推进教师内生培养机制的发展。

就 TESOL 教学方法论演进而言，TESOL 教学方法论经历语法翻译法、直接法、听说法、交际法等。TESOL 教学方法论反映了语言理论和学习者需求的变化，并逐渐向专业化道路发展。语法翻译法，顾名思义，强调教师的语法教学。直接法，认为二语学习和母语学习有相通之处，即强调无意识的口语互动，相比语法分析，其更侧重内容场景分析，并通过使用图片和符号进行日常语言和词汇教学。听说法则十分重视语音教学。从语言学习一开始，就要很明显地传授语音知识及用法等。交际法于 20 世纪 80 年代产生，对当前英语国际教育教学起着重要作用，认为语言的首要目的就是交际，由此交际应当成为国际英语教师从事所有语言教学的核心点。当前，各种教学方法论，像内容本位教学法、能力本位教学法、语言合作学习、任务型教学等综合运用。这些方法论尽管很多也都是借用外语教学方法论，如语法翻译法等，而不是 TESOL 自身创设的教学方法论，但是 TESOL 教师培养模式贯穿着学生对语言观念的塑造、语言知识内容及语言教学方法、语言教材等语言学习的需求，为“反思实践建构型”TESOL 教师培养模式奠定基础。

综上所言，中国 TCSOL 和美国 TESOL 教师培养模式演进的路径方式呈现出形式与内容的关系。中国 TCSOL 教师培养模式倾向于外延式，主要通过政府政策和社会经济发展的大力推动，采用的是一种“自上而下”的顶层设计方式，而美国 TESOL 教师培养模式则倾向于内涵式，其教师培养模式是在历史条件中自然生成，采用的是一种“自下而上”的底层设计方式，彰显了复杂系统理论的方法，因为语言是人们在相互交流中自下而上涌现的。但这种涌现不是简单的因果关系。复杂系统理论解构传统还原论的语言因果研究方法，指出语言系统的组元很难通过因果链而独立提取出来，从而探究语言发展变化的目的与原因。在不同路径方式作用下，中国 TCSOL 教师培养模式强调培养目标达成、知识技能训练、成果评价、共性及规模发展，而美国 TESOL 教师培养模式强调教师专业发展、自我学习建构、过程评价、个性特色及质量发展，为中国 TCSOL 和美国 TESOL 教师培养模式锻造不同的形态特征奠定基础。

（三）演进形态特征差异

中国 TCSOL 和美国 TESOL 教师培养模式在演进的背景与动因和路径作用下，出现不同的历史形态特征，表现出一种统一性和灵活性的逻辑关系。

1. 统一性逻辑视角的 TCSOL 教师培养模式形态

纵观中国 TCSOL 教师培养模式的历史演进，主要呈现出“松散+附庸”工具式形态、“中文+外语”预备式形态、“专门+制度”请进来式形态和“职业+专业”走出去式形态这四个形态特征，而这四个特征都彰显出中国教育集权制下的统一性逻辑，与国家政策方针导向息息相关。

中华人民共和国成立以前，国际汉语教师主要服务于出于政治、宗教、经济和外交需要而进行的语言教学，如一些著名的寺庙、鸿胪寺、国子监等，呈现出零星松散状态，并附庸于政治、宗教、经济和外交发展而进行汉语教育教学，缺乏自身的独立性，且汉语往往作为传教、经贸和政治外交往来的工具，表现出“松散+附庸”工具式形态。

中华人民共和国成立至改革开放期间，同样基于国家政治、经济和外交需要，通过与他国签订协议派选师资，并从高等院校中文系及部分外语专业选拔应届生进行专业培训作为储备外派汉语教师，其培养的内容主要是中文和外语两方面，且带有预备性质的训练。汉语教学内容从注重句法结构分析和语言语法知识教学到语言意义和功能教学。教学方法论则从自觉对比法、语法翻译法到直接法、视听法、交际法。

改革开放以后，应汉语国际教育事业发展需求，开始把汉语教学当作一门学科，并专门开设对外汉语教学专业，制定和实施对外汉语教师资格证书制度，培养层次逐渐从本科到汉语国际教育专业方向硕士生、汉语国际教育专业方向的语言学及应用语言学博士专业和教育博士专业学位学校课程与教学领域汉语国际教育方向。教学重视培养情境功能交际能力，以对话和句型操练为主，教学方法从视听教学法逐渐走向交际法，但是课堂教学主要在中国国内，培养的国际汉语教师定位为对来华留学生进行汉语教育，是请进来式的培养取向。

直到 2004 年，全球第一所孔子学院在韩国挂牌成立，TCSOL 教师培养模式开始着眼海外课堂教学。时至今日，TCSOL 教师培养模式的理念、目标、课程、教学实践和研究都主要立足海外课堂汉语教学实践展开，反映出“走出去”的战略目标追求。此时，TCSOL 教师培养模式更加专业化和职业化，注重知识和技能训练，培养具有工匠精神的专业实践型教师，教学内容涵盖语言本体知识、汉语作为二语教学、中国文化传播和跨文化交际、教育与教学管理等方面，并综合运用了各种教学方法，如词汇-语法教学模式、认知功能教学法、实况听力教学模式、“结构-功能-文化”教学法、分技能教学模式、微技能教学模式、任务型教学模式等方法。这一系列培养内容和方法都是在国际汉语教育事业大的方针政策背景下展开的 TCSOL 教师培养活动，具有集权性质的统一形态特征。

2. 灵活性逻辑视角的 TESOL 教师培养模式形态

回顾美国 TESOL 教师培养模式的历史演进，主要呈现出“模糊+限定”语言导向形态、“短训+双语”传统式形态、“知识+专业”美国式形态、“标准+多元”发展式形态这四个形态特征，而这四个特征都彰显出美国教育分权制下的灵活性逻辑，与移民国家性质和各州教育发展息息相关。

美国作为一个多元文化融合的移民国家，英语是其联合各个不同文化群体的重要语言纽带，英语国际教育旨在满足不同背景移民的语言需求，具有较强的灵活性。早期，美国英语教师对移民及有英语学习需求的国外人只是简单传授英语，与面对本国人的英语教育没多大区别，也没有专门的国际英语师资队伍，对培养移民英语语言能力和技能不清楚，更不用说应培养什么类型的教师，所以培养定位不清晰，也十分有限。其有限性表现在培养的目标、对象、内容、价值、方法等层面，从而呈现出“模糊+限定”语言导向形态。

随着英语国际教育发展，英语国际教育的概念和地位逐渐得到认可，并开始专门对从事外语或二语教育教学的教师进行短期培训培养，以更好地将其与面对本国人的英语教育的教师区别开来，同时注重学生的母语，倡导双语教育，这对教师的多种外语能力要求较高。但在 20 世纪 60 年代，教师培养主要还是应用传统的语言知识教学方式，新出现的暗示法、默教法等应用不广。

在传统知识本位 TESOL 教师培养模式的基础上，TESOL 专业性进一步增强。许多高校纷纷设置了 TESOL 专业，并侧重培养研究生层次，其目的在于将美国的文化、认知和言语传授给学习者。由此，双语教育曾被美国政府禁止，体现出语言作为一种权力资源的特点。TESOL 教师培养模式的专业性不仅体现在专业的设置上，还体现在专业研究领域和专业问题的开拓上。二语教师教育研究领域逐渐成为语言教学的分支领域之一。另外，各种专业组织团体机构也进一步强化和保障 TESOL 教师培养模式的专业性，如 TESOL 执行委员会、全美州长教师教育与认证协会、现代语言协会等组织对 TESOL 教师培养模式的要求与认证。每个专业组织所提出的要求也是有差别的，有助于活化 TESOL 教师培养模式。

20 世纪 90 年代以后，TESOL 教师培养模式不仅仅强调专业，而且要求 TESOL 学习者要达到一定的标准，并运用各种理论和方法论，促进 TESOL 学习者个体自我反思和专业成长。TESOL 国际协会陆续发表了“P-12 英语作为二语学生的学业标准”、TESOL 职前教师教育认证标准、“P-12 英语语言能力标准”、TESOL 技术标准、“P-12 职前二语教师教育认证标准”等。在教育分权制的作用下，美国各州拥有自己的教育权限，而联邦政府只能通过信息、经费等方式影响各州教育而没有决定权，从而确保各州教育质量均衡和帮助 TESOL 学习者取得成功。这种教育制度给各州 TESOL 教师培养带来灵活而宽松的环境，不过也导致各州 TESOL 发展差异很大。一般来说，移民较多的州，对 TESOL 教师培养的要求就越严格，而州政府也比较重视。这些州，如纽约州、加利福尼亚州、得克萨斯州、佛罗里达州。虽然 TESOL 教师培养模式要符合一定的标准要求，但是培养过程却是自由和灵活的。当前，美国 TESOL 教师培养模式的理论、方法论和实践的丰富多样，使教师培养充满各种挑战和机遇。这需要教师培养者灵活地运用各种理论和方法论，并进行有针对性、建构性的教学实践。

综上所述，中国 TCSOL 和美国 TESOL 教师培养模式演进的形态特征结成统一性和灵活性的逻辑关系。显然，这种逻辑关系是相对的。中国在国家战略政策和教育集权制框架下，从 TCSOL 专业学位要求、TCSOL 专业培养方案，乃至课程、教学、实习、论文写作等方面有着较为统一的规定和目标要求，而美国在多元文化和教育分权制框架下，主要由各州自主管理和决策教育，致使 TESOL 教师培养模式的灵活性和差异性较大，加上美国个体主义和新自由主义等思想观念的影响，更加侧重培养个体的反思实践和建构学习。尽管如此，随着全球社会和文化进一步融合，中国 TCSOL 和美国 TESOL 教师培养模式必将缔结殊途同归关系。

二、现实背景影响

除了历史演进的背景渊源外，中国 TCSOL 和美国 TESOL 教师培养模式还与其现实背景有关，既存在全球化、经济发展、文化扩张与外交、政府投资与支持等相似背景，也存在国家政策、需求服务、教育传统差异等不同背景。

（一）相似背景

无论是中国 TCSOL 还是美国 TESOL 教师培养模式，都是随着全球化进程、经济发展、文化扩张与外交、政府投资与支持而不断改革与发展，并凭借语言教师培养系统的耗散结构，不断扩大开放，与全球化社会中语言、文化、教育、经济等组元系统发生联系，从而塑造出适合新时代的教师培养模式。

全球化是当今世界和平与发展不可逆转的趋势。随着全球化发展进程的推进，世界各国联系更加紧密，而语言是世界各国交流与合作的基础，特别是理解和熟悉其他国家的语言与文化，不仅可以更好地互联互通，还能够建立友好的亲和关系。全球化包括政治全球化、经济全球化、文化全球化。其中，政治和经济都是语言发展的硬实力，其政治国际关系和经济综合实力都会影响全球化语言教师培养的需求与取向。相比之下，在教育文化软实力方面，中国 TCSOL 和美国 TESOL 教师培养是国际语言教师培养在文化全球化中最直接的表现。况且，语言和文化是密不可分的，语言是文化全球化的媒介载体。所以，全球化已经对语言教育产生影响。正如库玛从后国家、后现代、后殖民、后传播和后方法五个视域论证了全球化社会对当前语言教师培养的影响。①

英语作为一种全球化时代人们生存的强有力工具，是资本主义全球化所带来的一种新的殖民主义，也是文化扩张和文化外交的重要语言载体。回顾美国语言教育发展，可以发现虽然美国是一个文化大熔炉的国家，但是美国式的 TESOL 教师培养模式烙印一直都存在，并影响着各国人民的思想意识观念和价值观念。同样，我国汉语国际教育也是我国文化外交的重要组成部分。汉语国际推广不仅通过国家汉办、教育部和国务院侨务办公室，也通过外交部进行汉语推广。可是，我国的文化外交走的是和平发展的道路，旨在促进全球多元文化发展及让世界更

① Kumaravadivelu B. Language Teacher Education for a Global Society[M]. New York：Routledge，2012：3-11.

多人民了解中国和理解中国。诚然，全球化社会是一个多元的社会，其语言交流与语言教育也应是多种多样的。文化全球化有助于跨国合作、跨文化和跨民族的多重认同[①]，而语言就是诠释世界最好的方式。多元社会的全球化局势促使中国 TCSOL 和美国 TESOL 教师培养模式都呈现多样化的发展态势。多元课堂环境、多元学生背景和学生需求、多元语言教育理论和方法论、多元语言和文化思想、多元课程设计、多元教学实践等都是中国 TCSOL 和美国 TESOL 教师培养模式发展过程中需要考虑的。相比之下，"专业实践匠师型"中国 TCSOL 教师培养模式较注重不同国家语言和文化思想、多元课堂环境和教学实践，而"反思实践建构型"美国 TESOL 教师培养模式更强调学生的多元需求和背景，并融入多元的理论和方法论给予支撑。

政府投资与支持是中国 TCSOL 和美国 TESOL 教师培养的资金保障。在美国，TESOL 是主要针对移民、难民和外国学生展开的语言教育和培养工作，是实施全民教育和保障社会安定、促进社会发展的重要举措。对此，美国政府十分重视并通过经费拨款、标准政策、法律法规等形式支持各州的 TESOL 教师培养。如在成人教育学生中，有超过 40%的学生是受联邦政府资助的成人英语学习者。[②]另如访谈的某 TESOL 教师培养者所言：

> 各州政府都十分重视 TESOL 教育，因为这不仅可以让他们从联邦政府获得更多的拨款资助，也可以通过教育 TESOL 学习者使之为社会发展服务。有些州，如佛罗里达州，还会通过制定相关的法律，规定教师培养必须开设什么课程，达到什么样的标准等。

在中国，TCSOL 教师培养作为我国汉语国际教育事业发展的重要方面，其投资力度不断加大。财政拨款从 2005 年的不足 1 亿元[③]，增加到 2016 年的 21.6 亿元以上。以 2016 年我国政府各国孔子学院（课堂）的支出来看，共计支出 21.6 亿元以上。[④]此外，我国政府十分重视汉语国际推广，这从政府领导多次出席与访问孔子学院可见一斑。除了高度重视与大力投资外，我国政府还通过汉语国际教育硕士专业学位设置、教师志愿者服务、孔子新汉学计划、品牌项目、教材开发与推广、汉语国际推广基地、孔子学院建设等方式支持国际汉语教师的成长，

① Lin A M Y，Luck J C M. Local creativity in the face of global domination：Insights of Bakhtin for teaching English for dialogic communication[C]// Hall J K，Vitanova G，Marchenkova L. Dialogue with Bakhtin on second and foreign language learning. New perspectives. New Jersey：Lawrence Erlbaum Associates，2005：79.

② U.S. Department of Education. In the TESOL spotlight：Adult English language learners[EB/OL]. https://sites.ed.gov/octae/2013/03/27/in-the-tesol-spotlight-adult-english-language-learners/[2017-02-20].

③ 徐守磊. 从国际比较视角看汉语国际推广拨款机制[J]. 比较教育研究，2010，(11)：48-52.

④ 孔子学院总部/国家汉语国际推广领导小组办公室. 孔子学院年度发展报告 2016[EB/OL]. http://www.hanban.org/report/2016.pdf[2017-05-18].

以服务海外汉语需求，特别是重点支持“一带一路”沿线国家的汉语需求。

（二）不同背景

中国 TCSOL 和美国 TESOL 教师培养模式实施的背景主要存在国家政策、需求服务、教育传统差异等不同背景，既表明不同语言教育系统的差异，也反映出语言教师培养系统受外部场域或语境影响甚大，从而产生了不同的发展路向。

服务国家战略需求是新时期我国汉语国际教育的使命，而国家战略也为汉语国际教育提供保障和新的发展机遇。譬如，《国家中长期语言文字事业改革与发展规划纲要（2012—2020 年）》指出：推进语言文字事业科学发展，是实现教育现代化的必备条件。加强国际汉语教育教师培训、教材建设和教学研究，继续推动汉语相关水平测试向海外拓展，增强中华文化国际影响力。①近年来，在中国经济快速发展和国际地位提升的背景下，“汉语热”在全球蔓延，进一步影响和冲击 TCSOL 教师培养模式的内容、方式和方法。主题型跨学科内容教学、混合型教学方法成为 TCSOL 教师培养模式的发展走向。与此同时，我国经济实力的提升也成为许多留学生汉语学习的动因。在访谈留学生的过程中，就发现有一部分人是因为中国经济发展而选择学习汉语。

在新时期扩大教育对外开放的时代背景下，教育日益开放和多元，并处于动态的立体网络发展中。毋庸置疑，汉语国际教育承担着教育对外开放发展的重要使命。2016 年，《关于做好新时期教育对外开放工作的若干意见》和《推进共建“一带一路”教育行动》都强调语言互通是教育民心工程的重要堡垒。加强在汉语推广，积极传播中国理念成为新时期扩大教育对外开放对汉语国际教育发展的要求，而加强国际汉语教师和汉语教学志愿者队伍建设，全力满足沿线国家汉语学习需求，是汉语国际教育助力“一带一路”建设的支撑力量。在扩大教育对外开放的时代背景下，汉语国际教育作为我国“走出去”战略的重要策略，同时“世界一流大学和一流学科”建设及“一带一路”倡议对国际汉语人才提出新的内涵和质量旨趣，进一步强化 TCSOL 教师培养模式的专业化、国际化、多元化和开放化，并主要服务于海外汉语教学，特别是“一带一路”沿线国家的汉语需求，从而影响“专业实践匠师型”TCSOL 教师培养模式的发展。

对比之下，美国 TESOL 教师培养的使命是推广全民教育，特别是移民、难民和外国学生的语言教育，使他们能够更好地在美国生活，并为社会发展做贡献，其主要服务于美国境内英语教学的需求。全民教育是现代社会民主化和教育民主

① 中华人民共和国教育部. 国家中长期语言文字事业改革与发展规划纲要（2010—2020 年）[EB/OL]. http://old.moe.gov.cn/publicfiles/business/htmlfiles/moe/s7246/201301/146511.html[2018-09-12].

化的要求，旨在满足全体民众基本的教育要求，使得他们通过不断学习来获得生存和改善生活，进而为社会、国家和人类发展做出贡献。在美国联邦法案规定下，所有州和学区都有义务为所有孩子提供公立中小学教育，特别是为移民、难民、外国学生等英语语言薄弱者，提供特殊或必要的语言教学和服务。那么，面对全民教育下多种英语需求，TESOL 教师培养模式如何适应和应对呢？

“反思实践建构型”美国 TESOL 教师培养模式强调学生个体的反思、实践和建构学习，是多元英语需求的诉求和反映，也是多元文化与美国个人主义教育思想的融合，体现复杂系统理论对学生个体建构学习系统和社会文化教育系统的相互作用，且这种作用是开放多元、动态变化和非线性的，因为若某一条件或组元发生变化，语言教师培养的耗散结构系统将会远离平衡，出现涨落、涌现、突变等现象。但是，不管语言教师培养系统内外如何转换，其核心宗旨作为系统的序参量则相对稳定，都是为了更好地推广和服务全民教育，进而促进社会的发展。

从传统文化影响来看，中国 TCSOL 教师培养模式受儒家思想影响大，强调中庸精神。当前，汉语国际教育专业培养内容以传统文化为主。相比之下，由于美国建国时间短，所以历史文化传统不如中国丰富多彩。加上，美国是一个典型的移民国家，个性和自由主义色彩浓厚，强调个性精神，其 TESOL 教师培养模式内容多被赋予现代文化内涵。

在传统文化影响下，中美两国呈现出不同的教育制度、教育思想和教育方式。中国采用的是教育集权制、集体主义教育思想和班级授课教育组织方式，而美国采用的是教育分权制、个人主义教育思想和小组讨论组织方式。例如，“共同核心州立标准”对 TESOL 专业发展和标准要求的影响，不同州的情况是不同的。根据美国教育政策中心（Center for Education Policy）调查分析，38 个州认为“共同核心州立标准”比他们先前制定的标准更加严格，并要求在课程和教学上做出实质性改变。45 个州和 4 个地区都全部或部分采用“共同核心州立标准”，并用于指导教学和评价 K-12 课堂。可见，大多数州还是接受“共同核心州立标准”，并根据标准原则、内容和要求展开教育改革，但也存在不按照此标准进行改革，而是仍旧按照本州的培养标准和要求授予教师资格认证的情况。各州都有自己的教育主权，其是否采用“共同核心州立标准”和运用什么标准内容和要求进行培养教师和资格认证都是由本州自己决定。所以说如果教师想在哪个州任教，那么他们就要符合该州的标准要求，甚至还要参加该州的资格教师考试，因为不是本州认证的教师资格不一定得到认可。这种教育分权制给予 TESOL 教师培养更多的自主权，具有较大的灵活性。这种教育制度也与美国本土的个人主义思想特色相关。法国政治学家和思想家阿历克西·德托克维尔（Alexis de Tocqueville）在《论美国的民主》中最先提出“个人主义”概念，强调以个人为本的哲学理念，认为人是价值的主体，且每个人都能够自我支配与自我发展。在个人主义思想影响下，TESOL 教师培养模式注重学生个体的需求，并提供各种条件和资源帮助学生学会反思和建构学习。在课堂教学中，师生以小组讨论方式进行协同建构，包括课程设计与实施、教学内容、评价与反馈等方面。这种协同共建的方式蕴含着复杂系统理论的协同论原理，是语言教师培养自组织协调机制的一种实践方式。

简言之，中国 TCSOL 和美国 TESOL 教师培养模式的背景，不仅为中美两国的教师培养提供新的时代机遇并赋予了新的发展使命，也影响了中国 TCSOL 和美国 TESOL 教师培养模式的理念、目标、课程设置、教学实践和评价等方面，进而影响教师人才的整体培养规格。

第二节 教师培养模式的内容对比

中国 TCSOL 和美国 TESOL 教师培养模式的内容中，其理念目标、学习者自主与成长、知识与课程、教学实践与研究、反思与评价都有着异同之处。如 TESOL 学习者的自主反思和需求评价、TESOL 教师培养模式研究的或然性、网上实习、档案袋评价等都与 TCSOL 存在一定差异。下文重点选取理念目标的价值旨趣、课程设置的内容选择和教学实践的活动机制展开对比分析。

一、理念目标的价值旨趣

价值旨趣意在从价值论窥探理念目标所蕴含的宗旨和意向。不管是 TCSOL 教师培养模式的实践专业主义旨趣还是 TESOL 教师培养模式的反思建构主义，都着眼于实用价值取向，只不过 TCSOL 教师培养模式更强调外在的学科专业素养和教学实践，而 TESOL 教师培养模式更强调个体内在的反思和建构学习意旨。

（一）着眼于 TCSOL 教师培养模式的实践专业主义

专业性和实践性是“专业实践匠师型”TCSOL 教师培养模式的灵魂和核心。在整个 TCSOL 教师培养过程中，TCSOL 课程、教学实践、专业研究及教师培养者和学习者的需求都将围绕着学科专业性、实践职业性对 TCSOL 学习者进行知识、技能和能力的培养。

从学科专业性角度来看，TCSOL 是一个实践性和应用性很强的专业，要求培养具有实践专业主义素养和能力的教师。具体说来，TCSOL 学习者须具备基本专业素养，如职业精神、专业素养和学术道德。具备一定的专业知识，包括汉语教学基础、汉语教学方法、教学组织与课堂管理、中华文化传播和跨文化交际、职业道德与专业发展，还要具备诸如汉语教学能力、中华文化传播能力、跨文化交际能力、汉语交际能力和外语交际能力、教育研究能力和职业发展能力等专业基本能力，并接受专门的实践训练，完成从听课、评课、说课、试讲到上岗实习的实践性学习过程。[①]与此同时，在实践基础上，完成专业研究训练。由此，专业素养、专业知识、专业能力、专业实践、专业研究等贯穿于整个 TCSOL 教师培养过程中，且实践是 TCSOL 教师培养模式的灵魂，其专业培养是从实践中来，到实践中去，照衬出实践专业主义的基本要旨。

从实践职业性来看，TCSOL 教师培养模式所倡导的实践性和应用性，注重教师教学技能训练，具有工匠精神内涵。在教师培养领域中，工匠精神强调教师的专业精神、创新能力、敬业乐业、终身学习及其应用性和实践性。表层工匠们通常大肆宣扬他们的方法、工作过程，以及他们创造的令人难以置信的产品，而深层工匠们不在乎传播媒介，更专注于通过思想创新改变我们对于事物的思考方式。[②]对此，教师理念是 TCSOL 教师培养模式中思想创新的一个体现。如何培养 TCSOL 学习者拥有个性风格、创新和反思的实践专业能力就显得十分必要。

TCSOL 教师培养模式的基本目标是掌握汉语国际教育学科专业所须的教学知识、技能和方法、理解跨文化传播和跨文化交际，从而在不同文化背景环境中胜任各种汉语教学任务和处理各种可能出现的语言和文化冲突问题。然而，TCSOL 教师培养模式的最高目标应是促使 TCSOL 学习者在基本目标基础上创新思想，养成自身最优的教学理论和风格，这还需要重思 TCSOL 教师培养理念。理念是学习者元认知因素的一部分。[③]元认知指的是学习者如何看待学习过程及认为什么是学习过程。由此看来，在 TCSOL 教师培养过程中，改革和创新教师培养理念需要从 TCSOL 学习者入手，了解 TCSOL 学习者的需求、动机和自主过程，而不是仅仅从教师视角将教师应然的知识和技能传授给 TCSOL 学习者。从工匠精神视角，TCSOL 学习者通过课程学习、教学实践和论文写作等途径发展自身的专业能力、创新反思能力和实践能力，同时增强职业道德素养，积极投身汉语国际教育事业中，以实现真正的敬业乐业，发挥出匠师的风范。

---

① 全国专业学位研究生教育指导委员会. 专业学位类别（领域）博士、硕士学位基本要求[M]. 北京：高等教育出版社，2015：60-64.

② 亚力克·福奇. 工匠精神：缔造伟大传奇的重要力量[M]. 陈劲，译. 杭州：浙江人民出版社，2014：18-19.

③ Horwitz E K. Becoming a language teacher：A practical guide to second language learning and teaching[M]. Boston：Pearson Education，Inc，2012：15.

（二）厚植于 TESOL 教师培养模式的反思建构主义

在“反思实践建构型”TESOL 教师培养模式视域下，TESOL 教师培养的理念目标秉承反思建构主义的价值旨趣，包括理论和实践的反思与建构、个体和社会的反思与建构、师生角色的反思与建构等。

理论与实践协同发展是美国高校 TESOL 教师培养模式的一个目标向度，如宾夕法尼亚大学、密歇根州立大学和宾夕法尼亚州印第安纳大学等都强调理论与实践并重的目标取向。教师培养理念是教师理论和实践结合的产物，也是教师反思和建构 TESOL 教师培养模式的思想观念。TESOL 教师培养理念对本土课堂教学实践产生深远的影响。可以说，教师培养理念是教师课堂实践的映照，所以理解教师培养理念有助于理解教师课堂实践。①加顿（Garton）观察得出：教师培养理念系统是教师课堂行为实践的核心，且不同的理念及其整合方式将产生不一样却有效的课堂行动。②这种理念和课堂行动是基于 TESOL 学习者现实生活，有利于激发 TESOL 学习者积极反思和营造建构性 TESOL 语言课堂环境，有利于发展师生的情感。如同某 TESOL 教师培养者的教学理念：

> 我将通过聚焦 TESOL 学习者个体层面、培养课堂关系和促进师生、生生合作等方式来影响 TESOL 学习者。作为一名教师培养者，我积极创设最好的学习环境激发、挑战和支持不同背景的 TESOL 学习者，使他们的课堂学习变得更加有意义和更加贴近现实生活情景。

反思实践模式鼓励发展伦理道德的认知和情感理论，并将这些理论融入个体信念系统中，而这是基于他们自己的经历，不是被动地吸收专业行为的各种“规则”。据此，TESOL 学习者将积极建构现实，并通过解析这些现实和自身的经历感知，加深理解和创造意义。当 TESOL 学习者不能将自身经历与特定理论和概念结合的时候，则显示出他们缺乏理论建构的经验，因为知识的建构来源于经验和个体所处世界的生活方式。因此，TESOL 学习者反思和建构的不仅仅是个体知识结构，还包括他们所处的社会环境。通过个体与社会的互动，培养社会文化理念，有助于拓展反思思维和提升建构效果，从而推进个体学习系统的内外能量转换，并发挥出系统参量的协同效应，以真正提升语言能力。如某 TESOL 教师培养者所述：

---

① Brown A V. Students' and teachers' perceptions of effective foreign language teaching：A comparison of ideas[J]. The Modern Language Journal，2009，93(1)：46-60.

② Garton S. Teacher beliefs and interaction in the language classroom[C]//Garton S，Richards K. Professional encounters in TESOL：Discourses of teachers in teaching. London：Palgrave Macmillan，2008：67-86.

我主要运用建构教学理念支持 TESOL 学习者学习。比如，根据 TESOL 学习者已有经验，提供新的材料、提供反映真实世界背景的可信任务，从而培养 TESOL 学习者的反思实践能力。当 TESOL 学习者不能通过特定的学习策略习得知识的时候，我会返回深思我的建构观，以寻求为何我的教学策略无法帮助 TESOL 学习者达成目标。例如，我曾根据 TESOL 学习者已有经验及为他们如何挖掘一个新的观点提供适当的支持，以推动 TESOL 学习者在现有水平的基础上更进一步。

在建构主义视域下，TESOL 教师培养者扮演着建构者、促进者和倡导者等角色。从教师培养者作为建构者的角色来看，教师培养者积极为 TESOL 学习者建构学习提供各种有益条件和资源，并依据个体建构主义和社会建构主义理论，发现 TESOL 学习者的最近发展区，促进 TESOL 学习者全面反思和建构自己的知识、能力、技能和情感框架。

从教师培养者作为促进者来看，教师培养者在发现 TESOL 学习者最近发展区之前，需要十分了解自己的教学对象，明晰他们的需求、动机和自主情况，以在适当的时候提供必要的帮助，促进 TESOL 学习者反思自身知识学习和教学实践。反过来，也有助于教师培养者进一步反思自身教学，推进教师培养者的专业发展。

从教师培养者作为倡导者角色来看，教师培养理念重在表明如何受到生活经历、专业准备、国际英语教师经历及某一特定政策或标准知识的影响。[①]教师培养理念相对稳定，不易改变，但是为了识别教师培养理念，教师培养项目须能够有效提升 TESOL 学习者的意识，以形成最佳的预期特质。

相对而言，TESOL 学习者亦扮演着建构者、学习者和反思者的角色。课堂是师生一起建构教与学的场所，也是师生双主体间活动的反思阵地。所以，TESOL 学习者既是学习的主体和主导者，也是课堂和知识的建构者，更是学习的反思者，因为知识和技能只有通过 TESOL 学习者的反思，融入其内在机制，才能建构起他们自身的知识和能力结构。

总的来说，中国 TCSOL 和美国 TESOL 教师培养模式的理念目标都十分重视实践，表现出实用主义的价值取向。在培养过程中，中美两国都在语言理论知识和技能训练中给予较大关注，并注重实习实践，反映出该学科专业培养所强调的专业素质和专业实践能力。相比之下，美国 TESOL 教师培养模式的理念还特别注重个体反思、建构学习信念和社会文化意识，而中国 TCSOL 教师培养模式则更关注专业素养和职业实践技能，呈现出不同的价值旨趣。

① Linville H A.ESOL teachers as advocates：An important role?[J]. TESOL Journal，2016，7(1)：98-131.

二、课程设置的内容选择

课程设置集中反映了设置主体的教育观、学习观、知识观和学生观，其内容的选择也反映出不同主体间的理念与逻辑。中国 TCSOL 和美国 TESOL 教师培养模式在课程设置的内容选择上表现出表层与内在、预设与生成、结果与过程的逻辑向度。

（一）中国 TCSOL 教师培养模式课程设置的内容选择

在遵照国家、学校关于 TCSOL 硕士专业学位设置及其培养方案中对知识与课程要求的前提下，TCSOL 教师培养者通常会结合自身的知识结构与实践经历选择适当的内容进行教学。

大体看来，TCSOL 教师培养模式课程设置的内容大同小异，只是因学校、任课教师、教材选择及学习对象的不同而略有差异。课程设置的内容主要包括汉语作为二语教学、二语习得、国外汉语课堂教学案例、中华文化传播或中华文化专题、跨文化交际课程等核心课程，汉语作为外语教学类（汉语语言要素教学、偏误分析、汉外语言对比、课程设计、现代语言教育技术、汉语教材与教学资源等课程）、中华文化传播和跨文化交际类（中国思想史、国别与地域文化、中外文化交流专题、礼仪与国际关系等课程）、教育与教学管理类（外语教育心理学、国外中小学教育专题、教学设计与管理、汉语国际推广专题等课程）等拓展课程，教学调查与分析、课堂观察与实践、教学测试与评估、中华文化才艺与展示、研究方法与学位论文写作等训练课程。不管是核心课程、拓展课程还是训练课程，基本上都是必修课程，选修课程的数量不多，且提供的选择也不多。

另外，我国高校还有针对中国学生开设的政治和外语，或针对外国学生开设的当代中国专题、高级汉语、汉语语言学。有的高校还开设了语言、文化、教育专题讲座、中国文化体验活动。随着“一带一路”倡议的实施与推进，沿线国家的小语种教学得到重视，并在 TCSOL 教师培养模式课程设置的内容中反映出来。如中山大学增设的西班牙语和韩语，华南师范大学开设的印度尼西亚语、法语等。同时，国别或区域性文化课程也不断拓展。如首都师范大学 TCSOL 课程设置的西班牙语国家国情概览和俄语国家国情概览，中国人民大学设置的英法德国家文化习俗[①]等课程。

由此可以看出，语言学类和二语教育教学类，即教什么和怎么教所涉略的内

① 胡泊. 汉语国际教育专业硕士课程设置研究[D]. 沈阳：沈阳师范大学，2012：30.

容比较多，并强调文化传播、文化交际、文化才艺、教育与教学管理、教学调查、教学测试与评估等方面，而对学生视角下的课程内容选择则略显不足，特别是学生怎么学、从哪里学、如何评价等方面。相应地，文化类课程、方法类课程、教育心理学类课程开设的也都不多，这与当前注重的实践应用型培养取向及过度强调语言教学技能有关。从复杂系统理论来看，知识和技能都属于语言教师培养系统协同的快参量，而能力是序参量或慢参量。高质量的 TCSOL 教师培养模式需要从“人”出发，理清 TCSOL 学习者需掌握什么样的知识、技能和能力才能胜任汉语国际教学任务及如何创造条件促进各个系统参量的协同，并产生最大的效应，形成最佳的教师培养模式。

（二）美国 TESOL 教师培养模式课程设置的内容选择

鉴于美国是一个教育分权制国家，各州各个学校的教育体制要求都不一样。TESOL 教师培养模式课程设置的内容也因州因校而异。但多数知名学校在 TESOL 课程设置内容选择上还是有共通的地方，主要包括：二语基础课程、方法论或学习理论、二语习得、英语结构或语法、教育评价、语言和文化、课程与教案设计、研究方法。[①]

其一，二语基础课程旨在为 TESOL 学习者提供二语教学的总体概览，既可以为 TESOL 学习者提供社区资源，也可以让 TESOL 学习者观察和访谈二语教师、二语课堂及其学生。其二，方法论或学习理论着眼于不同的学习理论和教学方法，使 TESOL 学习者能够掌握每一种理论的优点和不足。其三，二语习得类课程涵盖的课程不止一个，其内容主要关注的是 TESOL 学习者如何学习语言，语言习得的阶段及辅助二语习得过程的各种教学策略等。其四，英语结构或语法课程并非每所学校都会独立开设，因为它可能作为二语习得课程的一部分。在二语课堂教学中，教师培养者对部分英语结构进行解释是十分重要的。毫无疑问，TESOL 学习者也会询问与英语语法相关的问题。由于英语为母语者从小就已经沉浸语言中而没有刻意学习这些语言规则，所以他们在向母语为非英语的学习者阐释英语语法或规则时会感到一定的困难。其五，教育评价课程主要学习二语课程的各种评价方法，包括语言测试的信度、效度及其在课堂中的运用。其六，语言和文化课程的教学方式多种多样。TESOL 学习者要学会如何处理多元文化课堂中的种种问题，包括世界不同地区的政治或教育理念问题，还可能要了解自身所在国家的学生是如何被教育及不同学校的差异性情况。简言之，高水平的跨文化理解和意识

① TESOL International Association. Tips for choosing a TESOL Master’ s program[EB/OL]. http://www.tesol.org/docs/career-center/tips-for-choosing-a-ma-in-tesol-program---michelle-bagwell-4-9-13.pdf?sfvrsn=2[2017-01-02].

是二语教师基本的品质。其七，课程与教案设计旨在促进 TESOL 学习者设计自己的课程、教育目标、短期目标及实施教学标准及其评价、测试等。其八，研究方法课程解释定性和定量研究方法，揭示研究的局限、数据的作用，以及如何发表论文、使用研究结果。由于大多数高校鼓励 TESOL 学习者进行 TESOL 领域的研究，所以研究方法至关重要。

以密歇根州立大学为例，其课程类别分为必修课程和选修课程。[①]第一学期，学生修读 2 门必修课程，分别是中介语分析和二语课堂实践，为日后继续学习奠定基础。中介语分析课程为二语习得和教学提供语音学、音系学、词法、句法基础，其主题包括语言教师语音、语音过程、词法和句法结构在二语习得的角色及其在二语教学中的应用。二语课堂实践课程旨在培养学生进行有效教学实习的各种技能，以顺利开展二语课堂教学。具体来说，通过此门课程学习，TESOL 学习者能够撰写教案，能够为不同水平 TESOL 学习者选择真实的口头和书面材料，并在使用这些真实材料的同时坚守语言学习目标，能够通过恰当的教学和管理互动进行有效的管理课堂，能够对产生的问题进行隐性和显性反馈，能够洞察 TESOL 学习者的理解，能够评价是否达成教学目标。

除了这两门必修课程外，必修课程还有语言教学与研究评价、语言教学方法、二语阅读和写作教学、二语或外语学习和教学专题、英语结构与功能、二语习得概论、语言教学和二语学习研究方法、TESOL 实习及语言情景课。

语言教学与研究评价课程重在传授语言评价方法，包括课堂诊断、学生学业成就评价及培养项目水平评价。对此，标准化能力测验及诸如档案袋的选择性评价方法将得以运用，信度、效度等基本问题得以解决，还有基于研究目的的特殊技巧得以掌握。语言教学方法课程不仅传授语言教学的基本概念和方法演变，也聚焦理论、研究和实践中的听说读写等各种技能。课程任务包括课堂观察、备课、教材评析、研究内容展示、阅读周报及期末考试。二语阅读和写作教学课程的主题涵括词汇与预读活动、材料设计、综合阅读与写作、评价阅读与写作技能的发展。通过修读此门课程，TESOL 学习者将掌握不同二语或外语场景的课堂数学技能、评价阅读和写作的教案及理解当前的相关研究成果。二语或外语学习和教学专题课程，如 2017 年春季开设的计算机辅助语言学习（computer-assisted language learning，CALL）专题。英语结构与功能课程侧重英语语法，包括比较不同的语言理论、探讨语法结构如何适应当前语言教学及其对语法教学的意义等。二语习得概论课程主要介绍二语习得的理论和方法，如二语习得认知、本土和情景法

① Michigan State University. TESOL course information [EB/OL]. http://linglang.msu.edu/degree-programs/tesol/course-info/[2017-01-11].

（nativist and environmentalist approaches）、互动假说（interactionist hypothesis）等。年龄、第一语言、发展水平、动机、态度、认知类型和形式教学等二语习得的影响因素也将考虑在内。研究设计、数据收集和分析、二语发展测量亦将得以解决。此外，如何运用二语习得理论和方法，缩小二语研究和教学的鸿沟也囊括在此课程教学中。语言教学和二语学习研究方法课程的目标是发展批判性阅读研究文献的能力、熟悉二语习得和教学的各个研究阶段、理解本领域通用的数据测验，所以教学内容将涵盖研究问题和一般假设、各个变量界定与描述、数据收集与流程、数据分析和基本的数据概念，还有定量研究和定性研究设计都将贯穿整个研究范畴。同时，TESOL 学习者将通过亲身实践对研究结果进行解释，而实践活动包括数据分析、文献综述、研究计划和试验。在 TESOL 实习课程中，TESOL 学习者将在二语课堂中对成人进行 6 周的团队教学，其内容主要着眼于英语会话。在实习过程中，TESOL 学习者将回顾课程计划，开展示范教学和接受反馈。语言情景课程，如多语环境中的语言认同与意识形态（language identity and ideology in multilingual settings）、社会语言学、语言和文化、跨文化交际等课程。①如果 TESOL 学习者想申请免修 TESOL 实习课程，必须要有两年完整的二语教学经验。

选修课程方面，TESOL 学习者有各种选择机会和各种获取学分的方式。大多数学生会选修一门课程，如语言学习和教学专题。如果 TESOL 学习者选择并完成硕士论文研究，也可获得 4 个选修学分。如果 TESOL 学习者在英语语言中心担任教学助理，同样可以获得选修学分。

合而言之，就课程学分来看，中国 TCSOL 和美国 TESOL 专业修读总学分都为 30—40 学分，整体相差无几，可能 TCSOL 相对略多点，多数高校规定 38 学分以上，但由于美国每门课程的学分多为 3 学分，而中国多为 2 学分，所以在总学分相差不大的情况下，中国 TCSOL 学习者所修读的课程数量较多。

从课程内容选择上分析，在中国 TCSOL 和美国 TESOL 教师培养模式课程设置中教育心理学类课程所占比例都较少，文化课程也不多，而语言学类课程所占比例则最多，还有二语习得与教学类课程也得到中美两国的重视。不过李晓琪和张菡分别考察中国 TCSOL 和美国 TESOL 硕士课程设置，揭示近 10 年间美国 TESOL 硕士课程设置的特点，并比较分析得出②：TCSOL 和 TESOL 硕士课程都将“语言本体教学类”课程置于首位。不同的是，TCSOL 硕士课程更注重文化类课程，而 TESOL 硕士课程更注重二语习得与教学理论类课程。本书则认为中美两国所开设的文化类课程都不多，甚至赵金铭等学者还认为文化课程需要潜移默化，

① Michigan State University. TESOL course information[EB/OL]. http://linglang.msu.edu/degree-programs/tesol/course-info/[2017-01-11].

② 李晓琪，张菡. 国际汉语教师培养课程设置思考[J]. 国际汉语教育，2010，(4)：3-12.

而不是靠表面开设几门课程就能实现其目标，所以将多数文化内容可以将其融入语言课程教学中即可。

相比之下，美国开设的 TESOL 专业选修课程比较丰富多样，可供选择余地较大，而且专题类和跨学科类课程也比较多样，往往某一专题就会涉及很多方面，并能够与语言联系起来。此外，美国对语言评价和方法论训练也比较重视，而中国开设的 TCSOL 专业的课程内容选择在评价和方法论上略显式微。但是，TCSOL 教师培养模式课程设置的内容更加注重中华文化传播、中华文化才艺与展示方面，且随着我国“一带一路”倡议推进，小语种课程也渐渐体现在课程设置的内容中。总之，整个 TESOL 教师培养模式的课程设置在内容选择上凸显出课程设置的过程性和生成性逻辑特点，而中国 TCSOL 教师培养模式课程设置的内容选择更关注结果性及目标的达成度，其预设逻辑相对较为明显。

三、教学实践的活动机理

中国 TCSOL 和美国 TESOL 教师培养模式都是着眼于培养国际语言教师，而如何进行语言教学是国际语言教师培养最为基本的内容，是中国 TCSOL 和美国 TESOL 教师培养过程中重要的实践活动。那么，中国 TCSOL 和美国 TESOL 教师培养模式在实践过程中分别体现出什么样的活动机理，其差异何在呢？

（一）TCSOL 教师培养模式实践活动的语言文化性

语言教师培养强调丰富的语言活动[①]，而实践活动是教师培养的重要载体。在 TCSOL 教师培养过程中，其实践活动的语言和文化倾向较为明显，这从语言教学活动和各类中华文化活动中可见一斑。

语言教学活动方面，TCSOL 教师培养模式注重教育资源的投入，如开设什么课程，教师就教什么内容，而且课程设置基本都根据国家教指委和学校拟定的培养方案实施的。只是因每个教师培养者的知识体系及教学经历不同，在采用的方法手段和资料选择上存在差异，但一般都是围绕语言和文化的实践展开知识和技能训练。对此，语言教学活动作为课程实施的主体活动，表现出较强的语言和文化预设性质。换句话说，TCSOL 语言教学课堂活动充满语言知识、语言技能和文化思想。特别是在多元文化背景的 TCSOL 语言教学课堂活动中，不同背景 TCSOL 学习者间语言和文化的交流，极大地促进了语言和文化的多元发展，从而实现相

① Flores B B，Smith H L. Teachers' characteristics and attitudinal beliefs about linguistic and cultural diversity[J]. Bilingual Research Journal，2009，31(1-2)：323-358.

互尊重、相互理解的和谐愿景。相比之下，虽然美国 TESOL 教师培养模式语言教学活动也是具有语言和文化意味，但是都是先通过 TESOL 学习者自身建构的语言和文化，再开展相应的实践活动，从而让 TESOL 学习者积极发挥自身强项和展示自己，而不是直接事先预设好的语言教学活动场景。因此，TCSOL 教师培养模式语言教学活动重在通过语言和文化强化 TCSOL 学习者薄弱的汉语知识、技能和能力，并通过各种各样的形式，增强 TCSOL 学习者的汉语能力和中华文化的理解力。

中华文化活动方面，特别是传统文化活动，体现出 TCSOL 教师培养模式的特色，即 TCSOL 学习者需要具备传播和组织中华文化活动的各种技能，懂得如何将传统文化与当地语言教学、学生需求联系起来。中华传统文化活动，主要包括书法、剪纸、武术、太极、中国结、脸谱、戏曲和春节、端午节、中秋节等传统节日活动。在实践活动中，结合学生的年龄阶段和知识水平，TCSOL 学习者可在语言教学中适当开展文化活动或在文化活动实践中进行语言教学。正如某 TCSOL 学习者所言：

> 刚开始，我不是很了解学生。学生对汉语学习也不是很积极。后来，在理解学生需求和汉语水平后，我会通过游戏、角色扮演及相关文化活动来讲解汉语语言与文化，使学生在游戏活动中体验语言和文化的魅力。中华文化活动可以很好地提高学生语言学习的兴趣，关键是如何组织和开展，以及如何将语言和文化联系起来。

无论是语言教学活动还是中华文化活动，TCSOL 教师培养模式都表现出强烈的语言教学和文化传播的取向，让 TCSOL 学习者能够在各种语言和文化实践活动中提升汉语语言能力和文化理解能力，为认识中国和理解中国奠定基础。相比之下，美国作为新兴的移民国家，其 TESOL 教师培养模式更倾向于满足移民、难民和外国学生的基本语言需要，强调 TESOL 学习者的个体学习和自我建构。

（二）TESOL 教师培养模式实践活动的学生建构性

在美国个体主义的思想土壤里，TESOL 教师培养模式的实践活动关注的是对 TESOL 学习者不同经历和背景的理解，并强调如何通过各种实践机会反思和建构个体教育教学理论和实践，最终以档案袋评价方式呈现出个体学业发展的整个过程。

在美国 TESOL 专业硕士学位项目的毕业要求中，TESOL 学习者需要完成教学实习、毕业设计或作品、研究论文撰写等一项或多项任务。在教学实习方面，TESOL 学习者会被安排到二语课堂进行一段时间的实习实践，并负责备课、上课、作业布置等方面，同时与导师交流实习的一切情况。毕业设计或作品指的是学生在读期间建构的作品档案，包括课程计划、教学理念、自我评价、行动研究计划等。研究论文撰写则是一项扩展研究项目。学习者对自己感兴趣并想学习更多内容的主题进行研究，包含对 TESOL 某一特定领域的调查，且通常包括文献综述和对整个研究的实施计划，为日后 TESOL 学习者从事科研工作或在大学任教奠定基础。不过，不管是哪项任务要求，都是 TESOL 实践活动的重要组元，都需要 TESOL 学习者对自己的专业实践进行总结、反思和建构，并强调 TESOL 学习者学习成果的产出。

在 TESOL 教师培养模式实践活动过程中，许多教师培养者已经认识到需要进一步强化语言习得理论和有效 TESOL 教学方法的意识，掌握听说读写等基本的语言技能和语言文化知识依旧是 TESOL 教师培养模式的基础知识和技能。然而，有的学者指出未来英语教学不必要求掌握大量的知识或技能，只需要符合最低的准备要求。这对学生获得高质量的英语教学和 TESOL 专业发展都是不利的。因为如果国际英语教师不能具备厚实的知识和技能的话，TESOL 将不被认为是一种专门的学术学科领域，也就会失去学科专业应享有的特权和福利。所以，职前教师首先要认可 TESOL 领域是一个学术学科领域，并彰显广博的知识和丰富的实践经历对于教师培养的基础意义。①

此外，TESOL 学习者是 TESOL 教师培养者教学的研究来源。由此，教师培养者教学实践需要多了解 TESOL 学习者和关心 TESOL 学习者，理解他们的经历、身份和语言、社会和文化背景，并对 TESOL 学习者的生活及成长产生影响。正是因为 TESOL 学习者的多元性，所以 TESOL 教师培养模式实践活动领域十分广泛。然而，TESOL 教育项目常常忽略社会和学术发展，且未能很好地将语言与课程联系起来。Amevuvor 回忆自身经历所得感悟②：

> TESOL 教师培养者需要更多了解 TESOL 学习者及其身份、经历，而不是仅仅教语法规则及如何写作等，所以说不能把 TESOL 仅仅看作是教学而已。曾经，我认为特定英语技能的方法论教学十分重要，就算不是唯一的，也是 TESOL 重要的一方面。可是，当我与 TESOL 学习者讨论方法论时，我感觉教学灵魂不见了，这是因为着眼于方法论相当于

① Diniz De Figueiredo E H，Hammill M J，Fredricks D E. Marginalizing TESOL：Preservice teacher training in Arizona[J]. The CATESOL Journal，2010，22(1)：11-17.

② Amevuvor J. The difference a year makes：The transformative journey of an MA TESOL student[J]. TESOL Journal，2014，5(3)：541-545.

把教学行为置于中心，而不是学生及其语言、经验、文化和家族性资源。后来，我意识到教学是关于学生的全部，而不是教师做了什么，对此 TESOL 研究领域非常广泛，因为学生是多元的。

在教学实践实习中，TESOL 学习者的反思与建构性活动和行为既有自身的特征，也有自身的优缺点。正如 Stoynoff 总结美国国际英语教师实习模式时，指出的五大模式特征：实习融入 TESOL 学习者学业生涯中；团队发展作用；精细化指导；广泛系统地观察；档案袋评价方法。同时，对该模式的优缺点进行评价，如获得实质性支持、团队成员融入每一个学习活动中、档案袋评价等优势及在合作沟通中教师权威低、费用高等不足。[①]对此，TESOL 学习者建构性实践活动还需要充分做好教师、学生和社会准备，并提供必要的条件和资源给予支撑和保障。

需要注意的是，TESOL 教师培养模式实践活动所倡导的学生建构性，涉及 TESOL 语言、文化、课程、教学、评价、专业及教师、同事、学生及其家人等，而这些方面又建立在彼此之间的反思评价与合作互动的基础上。譬如，TESOL 国际协会在 2017 年改革的新草案中指出[②]：TESOL 学习者应理解与同事合作的工作角色及与学生家人交流的角色，以支持学生在不同的内容领域中发展自身的语言能力；TESOL 学习者主要通过研究本位、学生中心和互动方法进行教学，并基于批判精神反思英语学习者的学习效果来进一步调整和验证教学决策；TESOL 学习者须能够运用评价原则对英语学习者的多元性评价进行设计、调适、分析和解释，并懂得如何制定明智的决策助力英语语言和内容学习、评价发展过程及促进彼此间的合作与支持。TESOL 学习者须具备一定的专业主义精神和领导才能，使得他们能够更好地与同事合作、支持英语学习者及其家人、从事自我评价和反思、追求专业发展和通过指导性教学锻炼教学实践能力。

综上所述，中国 TCSOL 和美国 TESOL 教师培养模式都是建立在语言教学实践的基础上。比较而言，TCSOL 教师培养模式教学实践的活动机理倾向于教育资源投入，注重发展 TESOL 学习者的短板，凸显汉语语言和文化活动特色，而 TESOL 教师培养模式则倾向于 TESOL 学习者学习成果产出，注重发扬 TESOL 学习者的长处，强调 TESOL 学习者对话性、思维性和建构性学习的活动机理。然而不管何种活动机理，都是语言教师培养复杂系统中各种组元交互作用和相互影响的结果。

---

① Stoynoff S. The TESOL Practicum：An integrated model in the US[J]. TESOL Quarterly，1999，33(1)：145-151.

② TESOL International Association. Draft 2017 TESOL standards for P-12 teacher education programs[EB/OL]. https：//www.tesol.org/docs/default-source/advocacy/tesol_standards-p12-teacheredprograms-public-draft.pdf?sfvrsn=0 [2017-04-01].

第三节 教师培养模式的特点对比

在历史和现实条件的作用下，中国 TCSOL 和美国 TESOL 教师培养模式的演进形态和内容已经出现许多共通和差异之处。那么，从整体来看，中国 TCSOL 和美国 TESOL 教师培养模式各自又有何特点呢？

一、TCSOL教师培养模式的特点剖析

TCSOL 教师培养模式是汉语国际教育长期实践和发展的产物。从本质论、目的论和价值论三个维度思考 TCSOL 教师培养模式的现状，彰显出汉语教学化、人文交流性和实用价值性的特点。

（一）汉语教学化

当前，TCSOL 教师培养模式的目标、课程内容及实习实践都旨在提升 TCSOL 学习者的汉语教学能力。汉语作为二语教学能力是 TCSOL 教师培养模式的核心能力之一。赵金铭指出：汉语国际教育的本质是汉语教学。汉语国际教育专业学科代码由中文类转化为教育类，代表了一种对学科理念的新认识，说明汉语的教育教学性。还有课程内容不管是语言本体类，还是教育管理类，或是跨文化交际类，都是为了服务于实践教学的需要，而实习则为 TCSOL 学习者践行汉语教学技能提供良好的机会。通过汉语教学，国际汉语教师传播中华文化，促进各国人民的语言交流，增强彼此的相互理解和信任。对此，汉语教学化是 TCSOL 教师培养模式的主轴，也是汉语国际教育的本质所在，对 TCSOL 学习者成长具有重要的作用。如同某教师培养者所述：

> ……最后要落实到自己教学。如果没有教学能力，人很内向，那是不能教的，我们现在让 TCSOL 学习者他们学会教学流程，微课你也要会教，首先要会教课。你不会教课，你怎么开展？学生会出现哪些问题？教这个会出现什么问题？不知道，不懂……所以必须要有教学能力，教学能力也是很重要的。

汉语教学化的目标就是在汉语课堂教学活动中创造各种条件，使 TCSOL 学习者能够在最短的时间内高效学习，从而最大程度开发 TCSOL 学习者的学习潜能，提升汉语语言教学能力和跨文化交际能力。正如库玛理论所揭示的课堂教学

的目的在于实现学习机会最大化。这意味着仅创造条件和机会还是不够的，还需要创造出高质量的机会。所以，TCSOL 教师培养模式必须以汉语教学为本质内容，以实践活动为载体，以汉语交际为媒介，以汉语能力和质量提升为目的，从而真正推进 TCSOL 学习者的专业成长。

（二）人文交流性

在新时期扩大教育对外开放和“一带一路”倡议背景下，TCSOL 教师培养模式被赋予新的内涵，凸显出教师在促进不同国家人文交流中的意义，推动民心基础工程建设。2016 年，《推进共建“一带一路”教育行动》指出：坚持育人为本，人文先行，建立区域人文交流机制，搭建民心相通桥梁。TCSOL 教师培养模式十分重视跨文化交际，而跨文化交际不仅是汉语国际教育有别于其他教育的特征，也是汉语国际教育人文交流的重要内容。在 TCSOL 培养方案中，几乎所有中国高校都指出要以提高跨文化交际能力为培养目标。只是对于中国学生，倾向于培养他们的跨文化传播能力，而外国学生则倾向于加强他们的中华文化理解能力。跨文化交际是跨文化传播和跨文化理解、融通的基础。只有懂得如何与不同语言和文化背景的人进行交际，才能进一步传播本国的语言和文化，也才能更好理解双方的立场和价值取向，最终形成融通的局面，其意在育人中增强人文交流，促进世界和谐，构建人类命运共同体。国际汉语教师在跨文化交际中扮演主体角色，其培养的目的向度就在于人文交流。如访谈中某 TCSOL 学习者所述：

> TCSOL 就是很多来自世界不同国家的学生，为学习一门语言，大家就坐在一起，进行交流与学习，然后互相了解，这样就可以增进友谊，增进对世界不同文化的理解和包容。从某种意义上来说，还能够促进世界的和谐发展。

在全球化社会中，人文交流性是世界各国人民语言交流的根本属性，目的就是增强人们对不同语言和文化的理解，进而理解人们的话语和行为体系，为合作共赢提供保障基础。汉语作为当今全球发展的重要语言之一。汉语教育国际化的程度直接影响中国同世界其他国家的人文交流程度，而跨文化交际虽说只是汉语教育国际化发展中一个着力点，却是当前 TCSOL 教师培养模式中的重要能力之一。通过提升 TCSOL 学习者的跨文化交际能力，可以进一步增强人文交流能力，也就是说跨文化交际能力与人文交流能力成正比关系。因此，TCSOL 教师培养模式以跨文化交际为基本目标，以人文交流性为最终目标。

（三）实用价值性

实用价值性不仅体现了 TCSOL 教师培养模式的功用特征，也反衬出汉语人才培养的主导价值形态。汉语人才的实用价值性坚守期望价值理论和实用进步主义内涵，展现出人才未来成长目标与汉语学习任务的联动关系。[①]在 TCSOL 教师培养过程中，实用价值性主要体现在理论知识、实践教学及论文写作的实用取向。换言之，什么样的理论知识才算是实用的，如何才能将理论知识应用于实践中呢？在实践教学中，如何将教学与 TCSOL 学习者实际生活紧密结合？论文写作的选题、内容、方法如何彰显实用性？在理论知识学习中，注重联系 TCSOL 学习者对汉语语言的现实需求，采用案例教学等各种教学法，突出知识的历史价值和现实意义。在此基础上，树立陶行知的“生活即教育”和杜威的“教育即生活”的教育思想，使 TCSOL 学习者在生活中体验汉语的魅力，在学习中发现生活的精彩，这也是汉语教学与实际生活交互作用的效果。同样，TCSOL 专业论文写作也着眼于实际问题的解决，从实践中选题，通过各种方法研究实践中的内容，并旨归实践发展，从而形成“实践+理论+实践”的螺旋式的研究路线。TCSOL 教师培养模式的重点和核心都植根于实践，正如某教师培养者所言：

> 我们重视实践，重视实践环节，如重视微课的能力、跨文化的意识。因为他们没出过国，通过老师给他们讲解案例来培养、树立他们这样的意识。

此外，从语言诞生开始，语言本身就带有实用性质，即交流和沟通作用。就是说，语言本身就是人类在实践交往活动中演化而成，其实用交际功能明显。这就要求在 TCSOL 教师培养过程中，不能忘记语言的最初价值。这种最初价值就是实用价值，所以 TCSOL 学习者学习语言，或多或少都不能避免这一实用功能。只是在不同条件和环境下，TCSOL 学习者学习的主要需求或动机可能发生变化，进而产生不同的学习目标取向和价值取向。

二、TESOL教师培养模式的特点剖析

美国 TESOL 教师培养模式发展较早，其理论、实践、结构体系和保障机制都较为完善。从培养的性质、方法和结果的逻辑来审视 TESOL 教师培养模式的特点，主要表现在英语教学化、灵活多样化和学习个性化。

---

① 高皇伟，吴坚. “一带一路”战略下东南亚汉语人才培养探析——以印度尼西亚亚洲国际友好学院为例[J]. 比较教育研究，2016，(12)：31-37.

（一）英语教学化

TESOL 教师培养模式强调英语教学，即如何通过 TESOL 教育项目培养 TESOL 学习者的英语教学能力，从而胜任各种英语教学任务。从培养目的、培养内容及其职业路径可以看出教学是 TESOL 教师培养模式的根本性质。

从培养目的来看，胜任不同语境下英语教学任务是 TESOL 教师培养模式的核心目标。对此，不管 TESOL 学习者的母语是否为英语，他们不仅要具备高水平的口语和写作能力，也要具备教学能力，同时他们需要知道当前的趋势和研究，以及教学对语言学、应用语言学、二语习得、社会语言学、语言教育与方法论、文学发展、课程和教材发展、评价和跨文化交际等领域的影响。此外，TCSOL 学习者还须持续促进自身教学专业的发展。

从培养内容来看，TESOL 教师培养模式课程设置和实践实习基本都是围绕教学展开的。如佐治亚大学 TESOL 硕士项目课程分为两类①，第一类侧重教育理论与实践结合的需要，第二类围绕实习的需要。第一类课程中，学生选择 1 门语言学类课程和 6 门其他课程，每门课程各 3 学分，如 ESOL 服务性学习，针对成人学习者的 TESOL 方法，双语主义和双语教育，论文写作（仅限外国学生），二语写作，计算机辅助语言教学，针对中小学职前和在职教师的西班牙语、世界语言教育和 TESOL 课程设计，教育语言学，ESOL 评价，内容本位 TESOL 及世界语言教育，移民理论政策与实践，K-12 世界语言课堂的西班牙文学教学，传统语言教育，非本国语言读写，课堂范式，第一语言和第二语言习得，K-12 ESOL 方法和资源，语言与文化在课堂，写作文化：创新型教育者的诗意，非通用语言的社会文化背景，学习者语料库分析，双语主义与认知，范式分析与语言教学课堂范式，二语习得研究，教育艺术本位研究等课程内容。

第二类课程，TESOL 学习者于第二学年开始修读，共 5 门，总计 15 学分，其开设课程诸如课程与方法、全职临床实践（full time clinical practice）、临床实践或实习研讨（clinical practice/internship seminar）等。到第二学年秋季的时候，TESOL 学习者将有两种实习经历，分别是小学级别的实习经历和中学或高中级别的实习经历。因此，课程开发与设置都是着眼于培养什么样的教师，而教师又应具备什么知识和能力结构才能有效地进行英语教学。同理，实践实习也为 TESOL 学习者日后从事 TESOL 相关的英语教学提供实践机会。

TESOL 教师培养模式职业路径也必然要求其教师培养模式的英语教学化。例

① College of Education in University of Georgia. MAT in TESOL[EB/OL]. https://coe.uga.edu/assets/files/lle/mat-tesol-course-study.pdf[2017-01-08].

如，哥伦比亚大学 TESOL 专业学生毕业后，可在美国或国际中小学校、学院或大学、语言学校或机构、商业或国际组织从事二语或外语教学，也可到与二语相关的评估机构、技术企业工作。许多毕业生多从事语言项目管理或在全世界各地的学校、学院或大学从事教师培养者工作。亚利桑那州立大学 TESOL 专业的毕业生主要从事与 TESOL 相关的各种本地、本国和国际职业。例如，在亚利桑那州立大学英语写作项目或英语和文化项目、亚利桑那社区学院及在乔治亚州立大学、俄亥俄州立大学、密歇根大学、国防语言学院（Defense Language Institute）等其他州的高中和大学任职，还有在日本东海大学、德国哥廷根大学、跨文化交际和课程发展机构任职，也有许多 TESOL 学习者在亚利桑那州立大学或其他大学继续攻读博士学位。①南加利福尼亚大学 TESOL 学习者的职业路径包括世界范围内的中小学校和语言中心的国际英语教师，学院和大学英语教师，美国国内私立和公立中小学校的二语教师，美国社区学院和大学英语项目的英语教师，其他诸如韩语、汉语、西班牙语的外语教师，二语或外语项目的负责人和管理者，新建私立学校和语言中心的创设者，攻读美国和国外博士研究生，英语语言资料的编辑者和开发者，中学和其他教育机构的课程专家，教育机构和政府部门的咨询者等。②由此可见，英语教学是 TESOL 学习者未来从事工作的核心，而 TESOL 教师培养就是为 TESOL 学习者日后从事英语教学做好准备。

（二）灵活多样化

美国 TESOL 教师培养具有灵活多样化，具体表现为培养项目、课程设置、教学实践、学生评价等方面。每个方面还因各个州、各个高校、各个教师和学生的不同而存在一定的差异。

美国 TESOL 硕士学位项目类型多样，如文学硕士（master of arts degree，MA）、教育学硕士（master’ s degree in education，MED）、教育硕士（master of arts in teaching，MAT）。③文学硕士需要获得学士学位之后才能攻读，并旨在培养 TESOL 学科领域的专业人才。教育学硕士不仅精通于 TESOL 学科，而且能够进行教学。教育硕士和教育学硕士有些类似之处，因为两者都要求精通于 TESOL 学科，且能够运用工具和方法论进行学科教学。不管是何种学位类型，都可分为两种类别，

---

① Arizona State University. Master of teaching English to speakers of other language(TESOL)[EB/OL]. https://live-english.ws.asu.edu/node/703[2017-01-05].

② USC Rossier School of Education. Benefits and career paths[EB/OL]. http://rossier.usc.edu/programs/masters/mat-tesol/careers/[2017-01-14].

③ TESOL International Association. Tips for Choosing a TESOL Master’ s Program[EB/OL]. http://www.tesol.org/docs/career-center/tips-for-choosing-a-ma-in-tesol-program---michelle-bagwell-4-9-13.pdf?sfvrsn=2[2017-01-02].

一种是 TESOL 硕士学位，另一种是应用语言学硕士学位。TESOL 硕士学位关注的是教育学。换言之，如果希望在二语环境或外语环境中为母语为非英语的学生进行二语教学，该学位所提供的培养和实践是再合适不过了。在 TESOL 教师培养过程中，可以不用了解 TESOL 学习者所在国家的语言，但是如果能够对 TESOL 学习者本国的语言和文化有所了解的话，将对于教学有较大的益处。另外，许多学校还会提供州认可的教师资格证书。该证书适用于从幼儿园到高中各个年级，但是 TESOL 学习者还需要修读更多的学分来满足证书的要求，如进行一学期的实习。可是，如果 TESOL 学习者已经获得此证书、已经参加过网上学习或居住在不同州、已经决定从事成年人二语教学，那么 TESOL 学习者就不必取得该州颁发的教师资格证书。应用语言学硕士学位则注重理论和语言研究，为日后从事应用语言学研究奠定基础。该学位既提供丰富的应用语言学领域知识，也提供专业研究所需的专门知识和技能，如语言习得、话语分析等。

TESOL 是一个多维专业，是国际和国内社会、政治、经济等影响而形成的产物，而知识也随着时代变化发展不断进行分化与整合，使各个学科领域知识随之分化与整合。为此，TESOL 教师培养模式的课程设置反映出多个学科综合的协同性质，主要有语言学、教育学、心理学、社会学、政治学等学科领域，并于各种专题课程和选课课程中展现出来，其课程具有灵活多样性。

在教学实践中，TESOL 学习者可以选择多种实践方式和实践场域，如志愿者和非志愿者方式，班级团体和学生个体方式，中小学背景、成人教育背景及不同语言水平层次方式，也有现场实践与网络在线实践方式，而实践场域既可以是公立学校、学院和大学，也可以是国际语言学校机构或中心、社区学院、私立教育机构、本地中小学校、自己所在国家的英语语言机构、特许学校、家庭辅导等。同样，也具有灵活多样的实践内容，可以是语法类、文学类、综合类、技能类、文化类等，这都由 TESOL 学习者的背景及所教学生对象的特点和性质决定。

在学生评价方面，TESOL 教师培养者会运用传统测试、表现评价、定量评价、定性评价、形成性评价、总结性评价、档案袋评价等各种评价方法和手段，综合整体地考察和分析 TESOL 学习者学业的进展，并重在从 TESOL 学习者的优点和长处去评价学生取得的进步和成就。以档案袋评价为例，档案袋的内容可包括口述、信件、作文、报告、图画、等书面材料、TESOL 学习者自我评价、关于 TESOL 学习者的教师笔记、音频记录、照片和视频等。多元化的资源、材料和灵活的评价方法手段为客观、全面地评价 TESOL 学习者成长具有重要意义，体现出 TESOL 教师培养模式的灵活多样化特点。

（三）学习个性化

相比中国 TCSOL 教师培养模式的集体式培养方式，美国 TESOL 教师培养模式更强调个体式培养方式，体现了学习的个性化特点，强调学习成果产出，并遵循了学习需求分析、个体反思与建构学习到自我变革的路线。这种个性化的学习旨在让每一位 TESOL 学习者各展所长，建构自己的 TESOL 知识体系。

学习需求分析是学习个性化的前提。对此，TESOL 教师培养者需要能够识别 TESOL 学习者的需求。在美国，许多州已经有专门法案和评估 TESOL 学习者的程序指南。有些州虽然没有州级法案但也会提供相关评价指南。一般来说，当 TESOL 学习者入学之后，他们会被评估是否有英语语言发展的服务需求。如有需要，他们将会有相应的测试来评估他们该接受什么级别的教学计划。①当 TESOL 学习者进入具体课程学习时，TESOL 教师培养者也会先了解每一位学生的需求，然后进行相关评价，最后师生共同组织和建构即将教学的内容，而这些内容则综合课程教学目标和 TESOL 学习者学习需求，最大限度地促进教师培养者教学和 TESOL 学习者的个性化学习。

在学习需求分析基础上，TESOL 教师培养者通过各种课程作业任务引导 TESOL 学习者阅读大量的材料，并让 TESOL 学习者在阅读中学会自我反思与建构自己的观点。在此基础上，于课堂或网络上将自己的观点表达出来或展现出来。其实，从阅读材料的输入到自我展现的输出，TESOL 学习者都在不断地进行自我思考和学习，而且这种自我思考需要与社会文化背景结合，并在其支持的制度环境中自主地建构。

诚然，TESOL 学习者自我反思和建构学习为他们的个性化发展提供基础。但是，单纯的反思和建构还是不够的，因为他们建构或反思的可能只是在某种政治性或文化性的诠释框架中，不能称得上真正的个性化。其间，TESOL 学习者还需要具备批判性思维，才能进行自我变革，以解放自己，真正实现学习个性化。正如库玛对学习者学习自主所强调的从狭义的“自我学习”到广义的“自我解放”。②总之，学习个性化不仅彰显出美国新自由主义思想对个体自由的追求，也是 TESOL 教师培养模式对未来教师能够在瞬间万变的全球化社会中挑战自我和成就自我的一种思量。然而，TESOL 教师培养模式受州教育政策的影响也很大，其自由和个性发展也限于一定体制内。

① Diaz-Rico L T. Strategies for teaching English learners[M]. Boston：Pearson Education，Inc，2012：84.
② 库玛. 超越教学法：语言教学的宏观策略[M]. 陶健敏，译. 北京：北京大学出版社，2013：101-109.

三、中国TCSOL和美国TESOL教师培养模式特点的比较

中国 TCSOL 和美国 TESOL 教师培养模式的共同之处是十分强调实践，具有明显的实用价值取向。不管是课程学习内容、教学实习，还是研究写作，都围绕着实践展开。这不仅与其学科专业的应用性质相关，也是学习者实用需求的必然抉择。此外，中美两国都着眼语言教学能力和跨文化交际能力发展，强调语言和文化的重要作用，使不同语言和文化背景的学习者能够在明晰 TCSOL 或 TESOL 的语言差异及其文化中胜任各种情景的教学任务和理解包容多元文化。不仅如此，中国 TCSOL 和美国 TESOL 教师培养模式都具有人文交流性，彰显出语言的交际功能。正如曾任 TESOL 国际协会会长琼·莫里（Joan Morely）认为，TESOL 是语言教学、学习和研究理论及其实践沟通的机制，是语言教学、学习和测验理论及教育问题探讨的论坛，是教师教学和学习者语言学习及公众意识、信息服务的工具，也是与人交流和建立友好关系的一种平台。①

不同之处，中国 TCSOL 教师培养模式强调教师视角下的专业实践和专业技能训练，使每个 TCSOL 学习者具备教师专业的素养、知识、技能和能力，并通过不断的教育资源投入，加强 TCSOL 学习者的薄弱环节，而美国 TESOL 教师培养模式则更注重 TCSOL 学习者个体和反思实践、建构学习及理论和实践协同发展，其培养项目、课程设置、教学实践、学生评价也较为灵活多样，意在展现 TCSOL 学习者的长处，并持续地进行建构。从 2017 年 TESOL 国际协会对 P-12 教师培养项目 TESOL 标准的重大改革草案中，可以看出学习者个体在 TESOL 教师培养中的重要地位。

在改革草案中，“语境中的英语语言学习者”单独被新增为一个标准领域。②在该标准领域中，TESOL 学习者须懂得动态学术、个体、家庭、文化、社会和社会政治背景环境对英语学习者的影响及研究和理论对英语学习的促进作用，并能够调查他们所面对英语学习者的个体和学业特征，以实施有效的教学和评价，同时能够认清教育者身份、角色、文化及其偏见对英语学习者强项和需求分析的影响；TESOL 学习者须了解学校和社区中所属的大的社会背景、社会政治因素和立法是如何影响英语学习者的，懂得研究和理论知识的多元思想和公平思想及这些思想如何对英语学习者产生影响。还有 TESOL 学习者须懂得设计和实施各种方法，而

---

① American TESOL Institute. History of TESOL[EB/OL]. http://www.americantesol.com/History-of-TESOL.pdf [2016-03-25].

② TESOL International Association. Draft 2017 TESOL standards for P-12 teacher education programs[EB/OL]. https://www.tesol.org/docs/default-source/advocacy/tesol_standards-p12-teacheredprograms-public-draft.pdf?sfvrsn=0 [2017-04-01].

这些方法能够帮助理解每一位英语学习者的学业特征，包括背景知识、教育经历、当前表现数据，从而为英语学习者提供更加有效的教学实践及评价。与此同时，这些方法也有助于理解英语学习者的个性特征，如兴趣、动机、学习喜好、强项、需求及个体对教育的看法等，并通过与英语学习者及其家人的互动、反思、讨论和调查的方式进行设计和实施；TESOL 学习者能够识别和阐述包括自身在内的文化理解和个体偏见对英语学习者强项和需求分析的普遍影响，并能够考虑英语学习者的家庭环境、语言使用和读写实践对教学实践和家庭功能拓展的作用。

除了培养背景、模式内容和培养特点外，中国 TCSOL 和美国 TESOL 教师培养模式仍存在许多差异。如从语言变体角度看，由于美国 TESOL 教师培养模式发展较早，各方面较为成熟，加上英语作为国际性语言，美国式英语逐步演化为各种变体式英语，而中国式汉语变体仍较为明显，尚未形成本土化的多元变体。从国际功能角度看，美国 TESOL 教师培养模式的国际化特点十分明显，表现为培养的国别普遍化和广泛化、语言媒介国际化、语言应用场合多元化、语言本土教学的全面在地化，语言学习对象大众化、语言教学系统成熟化、语言研究多样化等，而中国 TCSOL 教师培养模式的国际化功能依旧薄弱。从研究写作来看，研究论文撰写是中国 TCSOL 教师培养模式的必然之选，却是美国 TESOL 教师培养模式的或然之选。从保障机制来看，美国具有较为完善的专业组织制度和评价机制，强调过程性和多元性评价，以保障 TESOL 学习者成果产出的全面性和客观性，而中国则较注重结果性评价，评价方法也比较单一，缺乏持续性跟踪，其未来专业发展同样需要加强机制保障。

第七章 中国 TCSOL 教师培养的评价与启示

“专业实践匠师型”教师培养模式不仅是中国 TCSOL 教师培养从学术型走向应用型，从培养方向发展到学科专业的表现，也强调工匠精神视角下的专业素养、知识和技能，有利于充实国际汉语教师队伍和提高教师专业水平。然而，由于历史和现实条件资源的限制，TCSOL 教师培养依然任重道远。为此，基于培养现状，积极探索 TCSOL 教师培养中所取得的成效、存在的问题及影响因素，为进一步改善和优化 TCSOL 教师培养质量奠定基础。

第一节 TCSOL 教师培养的评价

随着汉语国际教育事业的深入发展，汉语教育的对外开放水平和国际化程度得到很大提升，取得良好的成效，但由于自身的不完善和条件限度，仍存在一些问题需要破解，而破解之道则需要理清其发展的影响因素，从而更好优化和提升 TCSOL 教师培养的质量。

一、TCSOL教师培养取得的成效

汉语国际教育事业是我国“软实力”战略的重要组成部分，而国际汉语教师是汉语国际教育的核心力量。在国家政策、信息、资金等方面的支持下，TCSOL 教师培养取得较大成效。从宏观、中观和微观上看，TCSOL 教师培养进一步推动汉语教育现代化发展、缓解海内外国际汉语教师不足的问题及增强国际汉语教师的专业能力。

（一）推动汉语教育现代化发展

汉语教育现代化是对传统汉语教育的超越，反映出了我国汉语教育发展的较高水平状态，其核心在于整体促进人的现代化。在新时期扩大教育对外开放的时

代背景下，TCSOL 教师培养能够促进国际汉语教师走向世界，有力提升国际汉语教师教育的开放水平，是汉语教育现代化发展的必然趋势，也是国际汉语教师发展的重要诉求。在全球化、现代信息化和开放性的背景下，TCSOL 教师培养的现代性价值更加凸显，有利于推动汉语教育现代化发展。

在 TCSOL 教师培养过程中，立足中国、放眼世界，通过汉语知识学习、海外教学实践及中外学生协同交流发展等方式，进一步扩大了 TCSOL 教师培养对外开放，为汉语教育现代化奠定基础。这种开放化的国际环境中，课程开发与实施、汉语教学内容、教学方法、实践路径等方面日益多元，国际交流与合作也越显紧密。例如，许多高校与国外学校联合培养教师，挖掘师资培养的各种资源，特别是大数据和教育信息化资源，通过现代教育技术训练、学术交流、教学研讨、学生实习等途径，提升 TCSOL 教师培养的信息处理能力和国际化水平。综上所述，TCSOL 教师培养的开放性、多元性、国际化、信息化等特征内容，TCSOL 教师培养的现代化发展，有力推动汉语教育现代化发展。

（二）缓解海内外国际汉语教师不足的问题

随着我国汉语国际教育发展和汉语热潮来袭，来华留学人员和孔子学院（课堂）数量均不断增加。据教育部来华留学生数据统计，2013 年来华留学人员 35 万余人，2014 年来华留学人员达到 37.7 万人，2015 年来自 202 个国家或地区的外国留学人员达 40 万人，2016 年已经超过 44 万人，2017 年有 48.92 万人，2018 年达到 49.21 万人。来华留学生人数呈逐年上升趋势，为汉语教育提供更广阔的市场，但也对汉语教育质量提出更高的要求。反观海外汉语教育，自 2004 年第一所孔子学院在韩国成立之后，孔子学院数量也逐年呈现递增趋势。2020 年 3 月，全球已经有 162 个国家建立了孔子学院（课堂）。尽管如此，由于 TCSOL 教师培养体系不完善，很多国家的国际汉语师资来源不稳定，加上缺少教师专业发展路径，教师培养与培训未能有效贯通，加剧了对国际汉语师资高质量与低供给的矛盾现象，在一定程度上也反映出高质量国际汉语师资的不足，引起了全球范围内国际汉语教师需求热。不过，值得注意的是，也存在美国等发达国家国际汉语教师供给过剩等现象。

汉语国际教育专业硕士的师资培养，为海内外输送了大量国际汉语教师人才，有效地缓解了师资的不足。2018 年孔子学院年度报告显示，孔子学院总部/国家汉办累计派出 10.5 万名院长、教师和志愿者。累计培养培训各国本土汉语教师 46 万人次。[①]海外许多中小学校、孔子学院（课堂）都有我国派遣的教师、志愿者，为

① 孔子学院总部/国家汉语国际推广领导小组办公室. 孔子学院年度发展报告2018[EB/OL]. http://www.hanban.org/report/2018.pdf[2019-12-10].

海外汉语教育发展提供人力资源保障。所以，目前 TCSOL 教师培养成为海外国际汉语教师重要的“输血”工程。但是，这些教师流动性大，加上海外专任汉语教师不多，稳定且高质量的教师更是严重匮乏①，需要进一步强化国际汉语教师队伍建设。对此，在“输血”基础上，仍需继续增强“造血”功能。加大本土国际汉语教师培养，将成为今后国际汉语教师培养“造血”工程的重要趋向。不过，就当前来看，来华留学生扮演了重要角色。来华留学生攻读汉语国际教育专业，学成毕业后回到自己本国家从事汉语教育，是“造血”工程的一部分，也进一步缓解了高质量国际汉语师资不足，并成为本土国际汉语教师重要的人才库。

（三）增强国际汉语教师的专业能力

自 TCSOL 专业硕士的设置以来，TCSOL 教师培养步入专业化发展轨道。在专业主义视角下，TCSOL 教师培养的是一种专门的教师专业人才，且这种人才具有一定的专业素质、专业知识、专业能力，以适应和满足世界各国人民对汉语教育专业的需求。汉语国际教育硕士专业学位的基本要求、国际汉语教师资格证书的准入门槛、国际汉语教师标准的专业诉求等都旨在凸显 TCSOL 教师培养的专业性，增强国际汉语教师的专业能力。例如，国际汉语教师标准中鼓励教师寻求专业发展机会，培养专业发展意识。

另外，在培养过程中，国际汉语教师专业能力主要表现在汉语专业教学、中华文化传播、跨文化交际基本技能、专业意识、学科专业基础、职业素养等方面。在汉语专业教学方面，TCSOL 学习者学习专门的汉语语言本体知识、汉语作为二语的教学技能和教育教学理论，并通过课堂观察与实践、专业汉语教学实习等提升专业反思和实践能力。在中华文化传播方面，TCSOL 学习者也专门学习了中华文化的专业知识并加以实践，如武术、剪纸、绘画、书法、歌曲与影视等。在跨文化交际基本技能上，TCSOL 学习者通过跨文化交际课程学习及各种文化活动的组织与参与，培养跨文化和多元文化意识，掌握跨文化交际的策略和技巧，解决跨文化交际的问题。总之，TCSOL 教师培养从内容和形式、组织与方法、理论与实践等思路，进一步增强国际汉语教师的专业能力。

二、TCSOL教师培养存在的问题

随着汉语国际教育的发展，TCSOL 教师培养取得长足的进步。但是，在各种复杂多变的条件限制下，教师培养的质量仍然差强人意。从结构论、适应论、功能论

---

① 陈艺，余子侠. 孔子学院汉语教师问题及培养建议[J]. 世界教育信息，2016，(10)：61-66.

反思 TCSOL 教师培养的质量问题，发现教师供给与需求的错位、教师内外部环境适应的盲点、TCSOL 教师培养功能的迷思制约着 TCSOL 教师培养的可持续发展。

（一）教师供给与需求的错位

教师供给与需求的错位主要指的是 TCSOL 教师培养中供需双方的结构性错位，学用落差大，导致教师供给结构无法灵活适应需求变化或教师需求难以突破原有教师供给。所以，我们不能仅仅满足于培养表面的“高层次”人才，而是要培养真实的“高水平”人才[①]，以缩小学用落差。这既与现实社会供需困局相关，也与教师培养结构的供需矛盾有关。

教师供给和需求的错位具体表现为：一是教师培养者的教学供给与 TCSOL 学习者的学习需求错位，如 TCSOL 学习者多希望教师培养者都具备海外教学经历，并能将汉语知识理论与真实的教学场景结合起来，使他们有如临亲境感受和顿悟汉语教学的点点滴滴，然后国内很多教师培养者较少从 TCSOL 学习者需求出发而是从教学目标和任务出发进行教学。在面对不同语言环境和不同 TCSOL 学习者时，教师培养仍存在知识局限性。[②]对此，需要建立起“需要导向型”TCSOL 教师培养规划机制，强调教师需求的动态发展性和国别差异性。[③]

二是 TCSOL 学习者的知识内容与自身教学实习需求的错位，表明了 TCSOL 学习者自身的理论知识、能力结构与现实的实践知识、能力结构的偏差，如志愿者们在海外教学实践中所遇到的教学、学生学习、课堂管理等问题都展现出自身理论和实践不协调的一面，这需要他们具有反思、专业研究和问题解决能力，而对这些能力的培养也是当前 TCSOL 教师培养中依旧相对薄弱的部分。

三是学校教师培养供给的内容与社会工作需求的错位。一般来说，教育内容的更新落后于社会发展，具有“滞后性”，TCSOL 教师培养也不例外。TCSOL 教师培养自身的国际化内涵，使得学校教师培养不仅要培养出满足各国人民汉语学习需求和国际汉语教师的相关职业要求的人才，也要培养出高素质、全面、创新的国际社会型人才。这从目前汉语国际教育专业培养的条件和资源上讲，是比较困难的。当前，TCSOL 教师培养的痼疾在于未能培养出“体”“用”兼备的普适型教师[④]，教师培养与就业无法对接[⑤]。对此，只能通过政府、社会组织、学校及

① 汪国胜. 对汉语国际教育硕士培养相关问题的反思[J]. 湖北大学学报（哲学社会科学版），2011，38(4)：26-30.

② 王添淼. 国际汉语教师专业发展现状及其对策[J]. 东北师大学报（哲学社会科学版），2015，(2)：229-231.

③ 吴应辉. 国际汉语师资需求的动态发展与国别差异[J]. 教育研究，2016，(11)：144-149.

④ 潘先军. 汉语国际教育硕士培养的普适性与针对性[J]. 学术研究，2015，(3)：129-131.

⑤ 刘振平. 国际汉语教育师资培养策略的调整与模式的创新[J]. 海外华文教育，2012，(4)：339-345.

教师培养者、TCSOL 学习者、管理者等多方协同，共同努力，并结合海内外汉语需求，推动供给和需求双方的结构性改革，切实提升 TCSOL 教师供给质量和增强教师需求的灵活性和适应性。

（二）教师内外部环境适应的盲点

TCSOL 教师培养秉承教育发展的内外部发展规律。从外部发展规律讲，教师培养的发展既受到政治、经济、社会、文化的制约，又对政治、经济、社会、文化起一定的作用。从内部发展规律讲，教师培养发展与教育发展、人的发展、教育过程、学校管理等方面存在多维的非线性关系，且不同的教育活动又有不同层次的发展规律，如教学过程、德育过程、学生学习过程的规律。不管是外部环境还是内部环境，其适应都具有多维交互性、复杂开放性和动态变化性，体现了复杂系统理论中内外系统发展的机理。

正是教师培养内外系统的复杂不确定性，使得 TCSOL 教师培养在内外部环境的适应上还存在诸多的盲点，主要包括教师培养和中华文化的理解与融通、教师培养与社会不同语境的联系、教师培养与学习者成长的协同、教师培养与课程教学的效能等。鉴于教师培养内容与现实文化行为的不一致，一些外国学生在学习中常常感到困惑。例如：

> 有一次，研究者与某一外国学生行走在马路旁，正过红灯时，他竟然和我说：在中国，闯红灯也没事，红灯也可以过去。这与我们学校传授的“红灯停、绿灯行”与现实人们“红灯行”的行为产生矛盾，不免令外国学生产生疑虑，进而对中国文化的学习信念产生动摇，对中华文化的理解产生偏颇。

由于语言是在社会历史发展中产生和发展的，所以 TCSOL 教师培养必须立足社会不同语境进行教育教学，并在适应中不断创生新的语境，在创生课程中不断适应不同的语境变化，而对语境的把握和课程的创生都是 TCSOL 教师培养中需要加强的，这与 TCSOL 学习者的学习和成长尤为密切。可是，TCSOL 教师培养是很难满足不同 TCSOL 学习者成长的需要，加上教师培养者和实习指导者的国际教学能力欠缺，导致课程教学效能不高，进而影响有效教师、有效教学和有效学习的养成。

（三）TCSOL 教师培养功能的迷思

TCSOL 教师培养具有多种功能，如文化功能、国际发展功能、个体功能、社会功能等，阐明了培养系统和教师培养活动对个体和社会发展的影响和作用。当前，TCSOL 教师培养功能的迷思反映在传统文化与现代文化的失衡，特别是现代文化教学特别困难，而国外却十分重视现代文化，如访谈资料所示：

> 研究者：据国外学生反馈，我们汉语教学侧重于传授一些中华传统文化，那对于我们现代文化在教学或在文化活动上有没什么体现？
>
> 教师培养者 A：对，主要是传统文化方面的比较多，现代方面，因为现代的，很难找到一个特别的主题吧，好像比较难。
>
> 教师培养者 B：但是国外恰恰很重视现代文化，外国人很感兴趣，比方说外国人对中国文化，不是问你：吃过了吗，你去哪，你吃了哪些东西，而是问你：你们中国人怎么开始谈话，怎么结束谈话，怎么向别人借钱，为什么你要说“慢走”，你们中国年轻人为什么结婚了还住在家里，这在国外是不可想象的。在美国是不可想象的。还有旗袍领子那么高，不好看，为什么中国人还要穿旗袍，这些都很多，就是外国人不是对什么长城、古代历史感兴趣，因为那些是专业的人做的事。

TCSOL 自身的国际化特点赋予了 TCSOL 教师培养的国际发展功能。但是，目前 TCSOL 教师培养多侧重于中国化教师培养，缺乏国际化教师培养的理念、视野和内容，无法发挥国际师资发展的功能。随着汉语国际教育发展，不管是来华留学生教育，还是海外孔子学院（课堂）建设、海外汉语教育都亟需国际化汉语师资，但是这类培养仍然不尽人意。

就个体功能来说，TCSOL 教师培养多停留在语言和文化教育教学方面，对个人成长关注不够，忽视教育的核心在于“育人”，导致培养中技能重于精神，知识教育重于智慧教育，语言文化重于个人理论和风格，这也是 TCSOL 学习者缺乏独立思考和研究、缺乏批判和创新意识、缺乏“人匠”精神的原因。对此，如何从 TCSOL 教师培养功能的迷思中走出来，是 TCSOL 教师培养走向智慧教育、国际汉语“教书匠”走向“教人匠”、适应综合培养型走向创生有效学习型的关键所在。

三、TCSOL教师培养的影响因素

TCSOL 教师培养的影响因素，既受到国家、社会、经济、政治、文化等因素影响，也受到学校教育因素影响。下文从教育活动的基本要素入手，对 TCSOL 学习者、教师培养者和教育影响三个因素进行分析。

（一）TCSOL 学习者因素

TCSOL 学习者是 TCSOL 教师培养中内在、核心的影响因素，也是教师培养自组织中的序参量，决定着师资培养的质量和实施效果。某种意义上说，TCSOL 学习者的目标、态度、认知及自我反思等自身因素影响着汉语学习和教学实践。正如某教师所述：

> 影响国际汉语教师职前培养最重要的因素是 TCSOL 学习者本身。他想不想把汉语国际教育作为一个崇高的目标，朝着这个目标努力奋斗都会影响培养质量。如果他只是想混个学位，到外面当个老师，找个稳定的、有编制的工作，那我不讲了……如果不想从事汉语国际教育，那学习这个专业是一个重大的损失。第一，浪费父母的金钱，浪费自己的青春，还有让我们来受苦，如我要你的课程达到目标，作业达到目标，你没达到，忽悠我，他抄作业，你要不要给他毕业？我们现在鼓励 TCSOL 学习者考志愿者，让 TCSOL 学习者在海外实践中反思成长。他们自身没实践，不知道自己缺什么。所以做我们这一行，教师、教材什么都不重要，学习者最重要。国外研究教学的人，把这叫 learner autonomy，即学习的自主性。

此外，TCSOL 学习者的知识结构和能力结构不仅是 TCSOL 教师培养过程的结晶，也是教师培养的基础，影响教师培养的方方面面，包括知识教学、技能训练和专业教育等。所以，教师培养者和 TCSOL 学习者都需要根据 TCSOL 学习者现有水平和可能发展水平，寻求最近发展区。虽然，TCSOL 教师培养十分重视汉语知识和实践技能，但是据调查发现 TCSOL 学习者的汉语语言本体知识和实践教学能力依旧较为薄弱，更不用说理论研究能力了。

> 研究者：你们觉得在学习过程中最大的不足是什么？
>
> TCSOL 学习者 A：相对于我这种跨专业的研究生来说，理论知识还是不够扎实。
>
> TCSOL 学习者 B：对我自己而言，汉语专业知识吧，特别是一些汉语语言本体方面的知识，我觉得还有很多欠缺……
>
> TCSOL 学习者 C：我觉得自己的反思和研究能力还不足，影响了我的教学质量。

这种知识结构和能力结构也与学习者的本科专业及专业就业情况相关。由于汉语国际教育自身的多学科性质，所以跨专业学生具有自身的优势，但也造成学生汉语基础知识十分欠缺，加上学科专业及就业体系不够完善且缺乏保障，很多优秀学生都不一定选择此专业，给 TCSOL 教师培养带来一定的影响。如某教师培养者所述：

> 一个是生源，很多优秀的学生不一定学习这个专业，因为这个专业跟就业挂钩。当前，就业不是很乐观，所以很多好的学生，他就不一定读这个专业。就业也是相关的了，还有就是学费比较高，因为我们这个专业的学费都比科学学位的要高，而且奖学金体系也不够完善，没有科学学位那么多。

近几年来，尽管 TCSOL 专业本科出身的人不断增多，但是本科生从事汉语教学实践，特别是具有海外教学经验的人并不是很多，总体实践教学能力平庸。除此之外，本专业出身的学习者也仍旧认为还有待进一步强化汉语知识基础和理论素养。可见，学习者自身的素养对 TCSOL 教师培养质量产生很大的影响。

总之，TCSOL 学习者的背景、目标、态度、价值观、认知、行为等方面，都是 TCSOL 教师培养中需要引起注意的组元因素，多倾听 TCSOL 学习者的心声，为 TCSOL 学习者将来从事汉语国际教育事业奠定基础。当然，除了 TCSOL 学习者因素外，教师培养者和师资队伍因素也非常重要。教师培养者如何教、如何学、如何引导 TCSOL 学习者成长、如何打造高质量的师资队伍等都必将影响 TCSOL 教师培养质量。

（二）教师培养者因素

教师培养者是对 TCSOL 学习者或受教育者有直接影响的人，主要涉及教育计划、学校教师、教科书设计者与编写者、管理者及相关参与教育活动的人员。教师培养者的学缘基础、基本素养、知识结构、教学经历、科研能力、专业发展等因素影响 TCSOL 教师培养的实施效果。

从国内 TCSOL 师资队伍来看，学校基础好的，师资队伍相对雄厚，资源也丰富些，反之亦然。TCSOL 教师培养者基本都来自我国教师，外国教师几乎为零。专任教师比兼职教师略微少些。教师学缘结构也日益多样，更趋于合理。职称结构以副教授为主。硕士和博士学历都有，学士学历的基本退休了。如某高校教师培养者所述：

> 教师培养者的教育背景，有来自中文的、外语的、心理学的、教育学的、文化的……其中，中文和外语类的教师比较多。专职老师是不多，就十几个，兼职好像有二十多个吧，主要是因为我们这个专业的生源都

要看天吃饭的，不是计划内招生，所以每年你也不知道学生数量是怎样的，也不能招太多老师，养太多老师，不实在。学历方面，可能硕士、博士都有。如果说本科的话，到现在基本都退休了。因为我们学校从 2003 年开始，就规定多少岁以上要求博士学位，所以现在进来的肯定都要博士。学位的都要博士，而且还有更高的要求，如科研方面，一类的刊物都要有发表才行。现在这个要求特别高，而且现在讲师都不能招了，主要招副教授及以上人员。

多元的学缘基础，不仅是汉语国际教育多学科的性质使然，也是 TCSOL 教师培养的基础。不仅如此，教师培养者的基本教师素养，如敬业奉献精神、道德伦理、关心学生、爱护学生等，对 TCSOL 教师培养起着重要的作用。

老师要有亲和力，如果学生不来，老师就当他旷课。那么，作为一个老师，首先要问这个学生上个星期为什么没来，是不是生病了，是不是遇到什么困难，是要有人去关心，而有的老师上完课就走了。学生是需要时间陪伴啊……

教师培养者的知识结构、能力及教学经历，如是否具备扎实精深的汉语语言本体知识、教学技能、问题反思与解决能力，是否具有海外教学经历和海外实践能力，是否具备专业科学研究等方面，也对 TCSOL 教师培养产生影响。如访谈资料所示：

TCSOL 学习者 A：教师培养者结合自身的海外教学经历，运用案例教学法，分享他的经验和教训，对我们到海外教学实习具有很大的帮助。

TCSOL 学习者 B：我们老师的课堂教学内容很丰富，并常常教给我们一些海外教学技能和经验。我们在海外碰到的问题很多都被老师们说中了，对我们很有启发。

同样，教师培养者职业的专业成长亦十分重要。很多高校都能积极鼓励教师培养者通过学术交流、同伴互助、奖励资助等方式推动教师专业发展。可是，当前由于 TCSOL 专业学位的应用性和实践性与 TCSOL 教师评价体系有出入，使教师职业发展较为困难，进而影响教师培养质量。如某教师培养者所言：

我们现在这个专业评教授很难，评汉语专业，教学的职业成长和评价体系都成了问题。你学这个专业，现在还强调教学，你评职称还写教学论文？你要从实践教学看，评委们都不认，不像国外，他们不是这样的，senior lecture（高级讲师）在英国，你可以做资深教师，他就跟教授、副教授一样的，待遇一样，国内也想这么做，但 senior lecture 后来还是直接改为教授，之后就没人干这个事……中国成为什么情况，来中国学习语言的，中国政府规定必须在学校里面的，社会机构不能。按照国外，不是 language training（语言培训）吗？这是一种实际，但是我们又不能和英语作为二语比较，它发展相对比较成熟一点，所以我们不是没有其他外语系的老师，但这些老师是为了实践，才来参加汉语的学习，在教学实践中进行反思的。

因此，教师培养者是 TCSOL 教师培养系统的重要参量之一，其自身的专业发展质量会影响 TCSOL 学习者的成长质量，是 TCSOL 学习者个体自组织与外部环境能量转换的重要主体，影响着教师培养的整个过程，甚至对 TCSOL 学习者的人生发展都有莫大的影响。

（三）教育影响因素

TCSOL 学习者和教师培养者是 TCSOL 教师培养的两大主体，但在培养过程中，教育影响这一因素也会有一定的支撑作用。教育影响是教师培养者作用于学习者的全部信息，是内容与形式的统一。内容包括教材、材料及教育内容，形式主要指培养的组织形式、教育方式方法及教育手段等。

TCSOL 教师培养没有规定的教材，也没有明确的教科书，都是每位教师培养者根据课程性质和目标要求，结合自身教学实践经验，选取比较典型且较无争议的知识材料进行教学。由此，每所学校选取的教学内容不同，同一所学校每位教师培养者也各有自身的教学辅助材料。但不管教师培养者个人自编还是选择何种材料，都遵照 TCSOL 教师培养的目标及成为一名国际汉语教师所应具备的素质、知识和能力进行培养和训练，重在以实践为根基和导向，同时辅之以理论指导，对 TCSOL 学习者实施各种教育影响。如访谈资料所示：

教师培养者 A：没有固定的教材，但老师可能指定一些参考书什么。
教师培养者 B：没有合适的教材。

TCSOL 教师培养的组织形式以班级授课制为主，教学方法呈现多元样态，如案例教学法、任务型教学法、交际法、语法翻译法、直接法、视听法等多种方法杂交运用，体现出后现代主义教育思想对汉语国际教育的影响。随着教育信息化发展，“互联网+汉语国际教育”等各种新媒体手段得以发展。如华南师范大学汉语国际教育智慧课堂与云平台信息系统的开发与应用，不仅拓展了师生学习和交流的空间，也丰富了国际汉语教师的教育资源。

综上所述，TCSOL 教师培养受到教师培养系统的快参量、序参量等因素影响。

教师知识、教育影响、教师培养者等因素可归为快参量，教师能力、学习者等可归为序参量。值得注意的是，如学习者里面又有诸如价值观、态度、行为等各种影响因素，并非所有都是起决定作用的序参量。在 TCSOL 教师培养系统中，不管是何种组元，都会根据自身所处的内外部环境和条件变化，在竞争中不断交互转换，以形成竞争合作的协同现象，而这些组元正是 TCSOL 教师培养中需要考虑的影响因素。

第二节 TCSOL 教师培养的启示

TCSOL 教师培养不仅是我国汉语国际教育事业发展的重要组成部分，也是我国走向世界，确保国际竞争地位的人力资源保障，对于进一步扩大教育对外开放，实施“一带一路”倡议具有重要意义。那么，如何更好地优化国际汉语教师的培养质量呢？本书从宏观、中观和微观角度揭示 TCSOL 教师培养优化的思路和走向。

一、转向“走进去”发展战略

鉴于我国国情和汉语国际教育的演进史，TCSOL 教师培养与国家汉语国际教育事业发展战略紧密相关。教师是汉语国际教育“教师、教材、教法”三教问题的核心。当前，在扩大教育对外开放深入发展背景下，TCSOL 教师培养开始从关注数量规模逐渐转向关注质量提效，其培养质量的提升与转型都需要国家战略的有力支撑。

2004 年，全球第一所孔子学院的诞生作为我国“请进来”战略与“走出去”战略的临界点，促使 TCSOL 教师培养从国内汉语课堂转向海外汉语课堂阵地。随着汉语国际教育事业发展和国际汉语师资队伍的壮大，汉语国际教育及其教师培养自身也面临许多困境。在汉语国际教育发展上，汉语文化的向心引力仍然不够，汉语语言的政治和经济附庸功能受到国外学者的批判，社会认同依旧不高，国际话语权亦感无力。正如崔希亮所言：我们需要培养在国际舞台上有发言权的“中国通”[①]。在教师培养与专业发展的过程中，国际汉语教师在不同国别教学的效能问题、国际汉语教师的本土实践与适应问题、国际汉语教师的当地身份与定位问题、国际汉语教师的话语权问题等，都反映出 TCSOL 教师培养本土化与国际化的矛盾关系。鉴于这些问题，我国 TCSOL 发展战略急需再次转型，即从“走出去”战略转向“走进去”战略，从而更好地进行顶层战略设计。

① 崔希亮. 对外汉语教学与汉语国际教育的发展与展望[J]. 语言文字应用，2010，(2)：2-11.

TCSOL“走进去”战略是在“走出去”战略的基础上，强调深入具体国别和本土实践，从而真正走进世界上每一个国家及其人民的心中。“走进去”战略的内涵比“走出去”战略的内涵更加深刻，要求不仅仅要走到海外汉语课堂，还要真正与当地的风土人情融通，为汉语民心工程奠定基础。对于TCSOL教师培养而言，要注重当地情景的教师实践和教师研究、注重培养教师的个体知识和变革能力，使其在发展语言技能基础上，承担汉语教育教学任务和肩负起社会和文化责任。

由于英语国际化结构与功能的完善，TESOL教师培养具备厚强的国际功能和多元的本土实践基础，具体表现为培养国别的普遍化和广泛化、语言媒介国际化、语言应用场合多元化、语言本土教学的全面在地化，语言学习对象大众化、语言教学系统完善成熟化、语言研究多样化等方面，而我国汉语明显还未达到如此国际化和本土化程度，汉语国际教育事业发展在从“中国化”走向“国际化”的同时，还需要加强本土实践探索，以进一步增强汉语的国际化功能，并绽放出多种汉语语言变体教育，如美式汉语教育、英式汉语教育、泰式汉语教育等，既有汉语母语国的语言特征，也有汉语非母语国的本土特色。这些都是“走进去”发展战略的现实表征，也是我国未来汉语国际教育事业和TCSOL教师培养需要考虑的问题。与此同时，“走进去”战略需要与“请进来”“走出去”“传下去”等战略结合起来，形成动态发展的协同战略网，进而为教师培养的各个自组织系统的竞合提供战略后盾。

二、构建多中心自组织协同网

语言是人类在社会文化的历史演变中产生和发展的，并在语言互动情境中不断流变。语言的内在性质决定其发展的整体性、动态性、复杂性和多样性，为构建多中心自组织协同网奠定基础。

多中心自组织协同网的构建是在当前TCSOL教师培养过于分散、理论与实践错位、学用落差、培养方式路径不明、过于强调汉语语言技能及教师内外部环境适应盲点等问题的基础上，秉承复杂系统理论的思想和原则，并从国际视野出发审视语言教师培养而提出的。换言之，语言教师培养系统里存在多个中心，包括政治、经济、社会、语言、文化、教育、教师、学生、管理者、课程、教学等，每个中心独立自成一个自组织系统，且与其他中心互相动态联系，形成一个超越利益集团的协同网，而在这个网中，在不同时空和条件下则允许存在一定的序参量，起着核心主体作用。

在TCSOL教师培养过程中，需要从“局部”思维转向“整体”思维，从“问题解决”转向“问题情境”，并在“自上而下”和“自下而上”路径的基础上，着眼于构建多中心自组织协同网。

首先，多中心自组织协同网的建构需要树立整体思维观。据此，TCSOL 教师培养不仅仅关注局部的语言技能和能力，也不再是简单强调技能，而是从“全人”出发，促进第一语言和第二语言间的协调转换。另外，TCSOL 教师培养课程从“单学科技能型”转向“跨学科主题捆绑式”。教师培养的活动方式也强调整体系统方式，如在活动实践中，需要整体考量培养目标、语言文化、学生需求及活动组织、实施与保障等方面。这种整体思维观是在承认多个中心组元基础上，注重自组织协调机制，强化系统内外部环境的适应性，使 TCSOL 教师培养在耗散结构的协同网中获得最优发展。

其次，TCSOL 教师培养焦点从“问题解决”转向“问题情境”，因为在多中心自组织协同网中，问题的情境性比问题解决性更为重要和更为长久。问题解决往往是一时和短暂的。当情境发生变化时，之前的解决方案常常就会再次陷入困境。所以 TCSOL 教师培养需要更多聚焦问题情境，而不是一味地解决问题或寻找问题的答案。只有 TCSOL 学习者先懂得如何发现和探究问题情境，才能更好地持续破解 TCSOL 教师培养过程中的各种难题。

最后，从培养的路径来看，不管是 TESOL 所倡导的“自下而上”还是 TCSOL 所遵循的“自上而下”，都是单向性思想，无法解释语言教师培养系统中各种复杂多变的现象。对此，TCSOL 教师培养的路径需要从“自上而下”到“自下而上”再到“多中心自组织协同网”。由于我国 TCSOL 教师培养的“自下而上”路径表现不是很突出，需要进一步强化汉语国际教育学科理论和方法论建设，所以在构建多中心自组织协同网之前，得先重视底层需求，重视汉语语言发展的自然属性。在此基础上，探索 TCSOL 教师培养的多个中心结构和功能，并在承认各个自组织差异的同时，推动协同网络的生成。

三、注重人师培养的学生视角

人师培养的学生视角旨在从学生视角出发，立足“全人”思想，培养人师型的国际汉语教师。对此，TCSOL 学习者的公民身份及其做人问题是 TCSOL 教师培养的前提和基础，而这不仅要培养 TCSOL 学习者的素养，还要培养 TCSOL 学习者的反思和批判意识。

目前，在 TCSOL 教师培养过程中，教师培养者对 TCSOL 学习者需求、动机和自主性了解不够，缺乏公民教育（如有的教师培养者上完课就离开，平时也很少与学习者谈心交流，对学习者关爱不够），过于倚重教学专业技术层面教育，忽视了 TCSOL 学习者学习精神、质疑精神、批判精神和探究精神的培养，师生关系既熟悉又陌生等问题，都是缺乏学生视角的表现，并困扰着人师型国际汉语教师的培养。

人师型 TCSOL 教师培养需要从学生视角出发，让 TCSOL 学习者学会做人。这就要求教师培养者自己要有做人的基本道德和素养，才能言传身教，行为师范。在做人的基础上，要培养变革社会和肩负社会责任的教师。我国著名教育家陶行知强调学校要培养学生走向社会，就是学校不能仅仅为社会服务，还要树立一个好的社会导向，这需要学生有批判能力，要有改变社会的能力，而不是一味适应社会。美国 TESOL 教师培养就十分强调个体反思和批判能力，并注重 TCSOL 学习者的自我建构学习，使其将来在全球化竞争中能够随机应变，并承担起 TESOL 的教学责任和社会责任。

TCSOL 教师培养理念与目标需要立足教育学逻辑，并从“人”的成长和“语言与文化”的发展进一步优化和创新，引入教师成长模式。该模式是基于“全人”的整体思想，并聚焦教师自我成长和学生本位的一种新的培养模式，从而铸造新时期适然型教师培养模式，即“专业成长人师型”模式，促使 TCSOL 教师培养从知识技能教育型转向智慧教育型。TCSOL 教师培养的能力旨趣不仅是要培养学生的汉语教学能力、跨文化交际能力和文化传播（中国学生）或文化理解与融通（外国学生）能力，还要培养 TCSOL 学习者肩负起社会责任的能力。

此外，在教育信息化发展背景下 TCSOL 专业招生的学生视角将采用“反向招生”方式，就是 TCSOL 专业申请者先运用网上在线学习媒介进行课程学习，了解自身定位和需求，考量自身是否适合从事国际汉语教师工作，接着通过现场考试和面试等方式，洞察自身的 TCSOL 知识和能力及教师专业素养，最后在考虑多方条件和资源的情况下围绕自身成长制定相应的专业学习计划，并进入相应的招生机构进行系统的专业教育。

在人师培养过程中，课程、教学和师生关系也发生变化。教师课程设计与实施强调师生共同构建，并在实践中生成，其内容能够彰显出 TCSOL 学习者多元需求的跨学科主题捆绑课程向度。教师教学实践从语言文化本位的实践导向育人本位的实践，赋予生命成长实践意义。汉语国际教育文化活动的组织与开展则要赋予传统文化现代的内涵，让传统中华文化寄寓于现代文化，让现代文化融入传统文化中。在人师培养的学生视角下，师生关系不再是既熟悉又陌生，他们彼此互相关爱，互相帮助，呈现“学习共同体”样貌。总之，TCSOL 教师培养需要强化和认识学生视角，注重人师型培养，进而提升教师培养质量。

后　记

国际汉语教师不仅是汉语国际教育"教师、教材、教法"三教问题的核心，也是新时代我国走向世界，提升综合国际竞争力的重要形象大使，对促进中外人文交流和构建人类命运共同体具有举足轻重的作用。因此，如何培养高质量的国际汉语教师，既关乎汉语国际教育事业内涵式质量发展道路的走向，也关乎世界各国人民对中国的价值判断。鉴于此，本书充分利用笔者自身在国际比较教育、教师培养、汉语国际教育领域的优势，从哲学、教育学、管理学、语言学等多学科视角，批判性地比较和分析了中美高校二语教师培养模式，建构了 TESOL 教师培养模式的理论分析框架，揭示了中美高校二语教师培养演进的差异，提出了"专业实践匠师型"中国 TCSOL 教师培养模式和"反思实践建构型"美国 TESOL 教师培养模式，并理清了中美高校二语教师培养模式的异同点，进而提出了国际汉语教师培养质量的优化之道。总而言之，笔者尽自己所能，希望能在 TCSOL 教师培养这一研究领域提出自己的创见，供各位读者参考。由于笔者的能力和资料有限，深知还存在不少不足之处，敬请各位读者和同行们批评指正，特此鸣谢。

高皇伟

2019 年 7 月于广州